JN306749

学問のすゝめ

福沢諭吉
伊藤正雄 校注

講談社学術文庫

校注者はしがき

福沢諭吉の『学問のすゝめ』が近代日本文化史上の名著であることを疑う者はない。多くの先輩たちが若い世代の人々に勧める良書のなかにも、しばしばその名が見られる。この本が一世紀後の今日にも、われわれ日本人に多くの真理を示し、また多くの問題を提供していることは明らかである。しかしながら、本の名前が有名であり、その冒頭の一句、「天は人の上に人を造らず、人の下に人を造らず」だけはだれ知らぬ者もないにかかわらず、本当にこの本を通読した人が現在どれだけあるか、ことに若い人にどれだけあるかというと、存外すくないのではないかと思われる。それはなぜかと言えば、おそらく読みにくいのが大きな原因であろう。もともとこの本は、福沢が明治の初め、小学生にも読めるようにと、つとめてやさしく書いた国民読本であるが、なにぶんその文章は、戦後の現代人にはなじみの薄い文語体であり、また個々の語句のなかにも、「明治」とともに遠くなってしまったものが少なくない。したがって、青少年諸君がせっかく読もうと思っても、かなり読みにくくなっているのはやむを得ないことである。

ところが、今まで『学問のすゝめ』には、一つも注釈書がなかった。いくつも文庫本や普及本は出ているけれども、原文だけでは少々とりつく島がなかった感がある。本書は、この国民必読の名著に細注を加え、原文にルビをつけるなどして、読みやすくした最初の試みである。特に注は、単なる辞書的解釈にとどまることなく、私の年来の研究も多分に加味したつもりである。解説も、紙幅の許す限り、『学問のすゝめ』を中心に、福沢の全貌《ぜんぼう》をとらえ得るよう意を用いた。その中には私の一家言もまじえてあるので、専門学者にも参考にしていただきたい点が少なくない。ともかくも、痒《かゆ》い所に手の届かぬうらみがないよう手を尽くした所存であり、本書によって『学問のすゝめ』は、はじめて国民全部に身近な古典になったと信じている。

　ささやかな一文庫本ではあるが、私は、これによって自分のライフ・ワークの一端を実現できたことに非常な喜びを覚えている。と同時に、たまたま明治百年を迎える時期に臨《のぞ》んで、近代日本の夜明けを告げたこの古典を、こうした形で次の世代に送り得ることに大きな意義を感ぜざるを得ない。読者諸君は、注を参照し、解説を精読して、本文の内容を咀嚼玩《そしやくがん》味《み》されるとともに、進んで福沢の精神を現代の社会と日常の生活に活用されることを切に念願する。

　なお、近く拙著『学問のすゝめ講説』という書も公刊される予定である（昭和四十三年春、風間書房）。これは浩瀚《こうかん》な注解・講説の書であるが、本文庫本によってまず『学問のすゝめ』の門に入《い》った読者が、将来さらに右の書によってその奥を窮められるならば、一段の幸いである。

原文については、次の通りの配慮を加えてある。

一、現在主としてかなを用いる方が習慣となっているような漢字は、おおむねかなに直した。

例―「所謂《いはゆる》」「蓋《けだ》し」「却《かへつ》て」「可《べ》し」「亜細亜《アジア》」等

二、原文にはルビや句読点がないが、適宜にこれを付けた。

三、送りがなも原則としてふやしてある。

四、明白な漢字やかなづかいの誤りは直した。しかし福沢の筆癖、あるいは当時の慣用と思われる当て字や語法は、一応原文のままに残し、傍《かたわら》にカッコに入れて正しい形を注した。

例―「執《(修)》行」「損徳《(得)》」「覚ふ《(ゆ)》」「得せしむ《(しむ)》」等

五、異体同字の漢字は現行の標準字体に、また類似の漢字はなるべく当用漢字に統一した。

例―「歎」「附」「喰」「慾」等を「嘆」「付」「食」「欲」等に改めた。

六、引用符「　」『　』は、現代の慣用に従って、適宜に原文に増減を施した。

七、文章の段落ごとに行を改めた箇所が原文よりも多くなっている。

八、各段冒頭の小見出しは原文になく、新たに加えたものである。

九、本文は『福沢諭吉全集』に拠《よ》ったが、全集刊行後発見された著者自筆草稿（ただし第六編～第十編の零本《れいほん》）の本文をも校訂に利用できたのは、『福沢諭吉全集』編者富田正文氏の御厚志のたまものである。

昭和四十二年十一月

伊藤　正雄

付記

校注者は、主義として歴史的かなづかい尊重の立場をとるものであるが、本文庫の注と解説とは、文庫の性格上、特に現代かなづかいにしたがった。

目次

学問のすゝめ

合本学問之勧序

本編は余が読書の余暇随時に記《しる》すところにして、明治五年二月第一編を初めとして、同九年十一月第十七編をもつて終はり、発兌《はつだ》(1)の全数、今日に至るまでおよそ七十万冊にして、その中《うち》初編は二十万冊に下らず。これに加《くは》ふるに、前年は版権の法厳ならずして、偽《ぎ》版《はん》の流行盛んなりしことなれば、その数もまた十数万なるべし。仮に初編の真偽版本を合《がつ》して二十二万冊とすれば、これを日本の人口三千五百万に比例して、国民百六十名の中一名は必ずこの書を読《よ》みたる者なり。古来稀《け》有《う》の発兌にして、またもつて文学急進(2)の大勢を見るに足《た》るべし。書中所記《しょき》の論説は、随時急須《きふす》のためにするところもあり、(3)また遠く見るところもありて、(4)忽々《そうそう》筆を下《くだ》したるものなれば、(5)毎編意味のはなはだ近浅《きんせん》なるあらん、(6)また迂闊《うくわつ》なるがごときもあらん。(7)今これを合して一本となし、一時合本を通読するときは、あるいは前後の論脈《ろんみやく》相通ぜざるに似たるものあるを覚《(ゆ)》ふべしといへども、(8)少しく心を潜《ひそ》めて、その文を外《ほか》にし、その意を玩味《ぐわんみ》せば、論の主義においては決して違《たが》ふなきを発明すべきのみ。(9)発兌後すでに九年を経たり。先進の学者、いやしくも前の散本を見たるものは、もとよりこの合本を読むべきにあらず[10]。合本はただ今後進歩の輩[11]のためにするものなれば、いささか本編の履歴[12]およびその体裁《ていさい》のことを記すことかくのごとし。

明治十三年七月三十日

福沢諭吉　記

注

(1) 発行。(2) 学問。(3) 臨時の必要に応じて書いたところもあり。(4) 遠い将来を考えて書いたところもあって。(5) いずれも急いで書いたものだから。(6) 内容が卑近《ひきん》すぎるものもあろう。(7) 内容が迂遠《うえん》で、今の時代に間に合わぬように見えるものもあろう。(8) 全編の連絡がないような感もあろうが。「覚ふべし」は「覚ゆべし」が文法上正しい。著者はこういう点には無とんちゃくだったから、この種の誤りは所々にある。(9) 少し注意して、文章の表面はさしおき、その精神をよく味わうならば、この本全体の趣旨には前後矛盾《むじゅん》のないことがわかるだろう。「主義」は主旨。「発明」は発見。(10) 今までに勉強の進んだ学徒で、前にこの本を分冊で読んだ人は、もちろんこの合本を読む必要はない。「学者」は学生。学徒。「散本」は合本の反対。(11) これから勉強しようとする人々。(12) この本の成立のいわれ。

学問のすゝめ　初編

天賦人権

「天は人の上に人を造《つく》らず、人の下に人を造らず(1)」といへり。されば(2)天より人を生ずるには、万人は万人みな同じ位(3)にして、生まれながら貴賤《きせん》上下の差別なく、万物の霊(4)たる身と心との働きをもつて、天地の間にあるよろづの物を資《と》り(5)、もつて衣食住の用を達し、自由自在、互ひに人の妨《さまた》げをなさずして、おのおの安楽にこの世を渡らしめたまふの趣意《しゆい》なり。

注

（1）アメリカの独立宣言（一七七六年）の一節「すべての人は神から平等に造られているうんぬん」（All men are created equal, etc.）を著者流に表現したものかと言われる。当時流行した天賦人権思想（天は人に平等の権利を与えたとする思想）を示す。（2）これ以下の長いセンテンスは上の文の説明。「すなわち（または、けだし）天の人を生ずるには」とするほうが文法的には正確であろう。（3）同じ資格、権利。（4）万物の霊長。人類。（5）利用する。

学問の必要

されども今広くこの人間世界を見渡すに、かしこき人あり、おろかなる人あり、貧しきもあり、富めるもあり、貴人もあり、下人《げにん》もありて、そのありさま雲と泥との相違あるに似たるは何《なん》ぞや。その次第、はなはだ明らかなり。『実語教《じつごけう》』(1)に、「人学ばざれば智なし、智なき者は愚人《ぐじん》なり」とあり。されば賢人《けんじん》と愚人との別は、学ぶと学ばざるとによりて出来《でき》るものなり。また世の中にむづかしき仕事もあり、やすき仕事もあり。そのむづかしき仕事をする者を身分重き人と名づけ、やすき仕事をする者を身分軽き人といふ。すべて心を用ひ心配する仕事はむづかしくして、手足を用ふる力《りき》役《えき》(2)はやすし。ゆゑに医者・学者・政府の役人、または大なる商売をする町人、あまたの奉公人を召し使ふ大百姓《おほびやくしやう》などは、身分重くして貴《たふと》き者といふべし。身分重くして貴ければ、おのづからその家も富んで、下々《しもじも》の者より見れば及ぶべからざるやうなれども、その本《もと》を尋《たづ》ぬれば、ただその人に学問の力あるとなきとによりてその相違も出《で》来《き》たるのみにて、天より定めたる約束にあらず。諺《ことわざ》にいはく、「天は富貴を人に与《あた》へずして、これをその人の働きに与ふる者なり」(3)と。されば前にもいへる通り、人は生まれながらにして貴賤《きせん》・貧富《ひんぷ》の別なし。ただ学問を勤《つと》めて物事をよく知る者は、貴人となり富人となり、無学なる者は、貧人となり下人《げにん》となるなり。

注

（1）昔の代表的な修身書で、寺子屋などで教えられた。簡単な漢文から成る。（2）力仕事。（3）フランクリン（Benjamin Franklin　十八世紀アメリカの政治家・科学者）のことばに「天は万物を人に与へずして、働きに与ふるものなり」とある（著者の訳書、明治五年刊『童蒙をしへ草』巻の一に見える）。

実学の効用

学問とは、ただむづかしき字を知り、解し難き古文を読み、和歌を楽しみ、詩を作るなど、世上《せじやう》に実《じつ》のなき(1)文学をいふにあらず。これらの文学も、おのづから人の心を悦《よろこ》ばしめ、随分調法《てうはふ》(2)なるものなれども、古来世間の儒者《じゆしや》・和学者(3)などの申すやう、さまであがめ貴むべきものにあらず。古来漢学者に世帯持《せたいも》(4)ちの上手《じやうず》なる者も少なく、和歌をよくして商売に巧者《かうしや》なる町人もまれなり。これがため(5)心ある町人・百姓は、その子の学問に出精《しゆつせい》するを見て、やがて身代《しんだい》を持ち崩《くづ》すならんとて、親心《おやごころ》に心配する者あり。無理ならぬことなり。畢竟《ひつきやう》その学問の実に遠くして、日用の間《ま》に合はぬ証拠なり。

されば今、かかる実なき学問はまづ次にし、もつぱら勤《つと》むべきは、人間普通日用に近き実学(6)なり。たとへば、いろは四十七文字を習ひ、手紙の文言《もんごん》・帳合《ちやうあ》ひ(7)の仕方・算《そろ》盤《ばん》の稽古・天秤《てんびん》の取り扱ひ等を心得、なほまた進んで学ぶべき箇条《かでう》ははなはだ多し。地理学とは日本国中はもちろん、世界万国の風土道案内なり。究理学《きうりがく》(8)とは天地万物の性質を見て、その働きを知る学問なり。歴史とは年代記(9)のくはしきものにて、万国古今のありさまを詮索《せんさく》する書物なり。経済学とは一身一家の世帯《せたい》より、天下の世帯を説きたるものなり。修身学《しうしんがく》とは身の行なひを修《をさ》め、人に交はり、この世を渡るべき天然《てんねん》の道理(10)を述《の》べたるものなり。これらの学問をするに、いづれも西洋の翻訳書《ほんやくしよ》を取り調べ、大抵のことは日本の仮名《かな》にて用を便じ(11)、あるいは年少にして文才(12)ある者へは横文字をも読ませ、一科一学も実事を押《おさ》へ(13)、その事に就《つ》きその物に従ひ(14)、近く物事の道理を求めて、今日の用を達すべきなり(15)。右は人間普通の実学にて、人たる者は貴賤上下《きせんじやうげ》の区別なく、みなことごとくたしなむべき心得なれば、この心得ありて後に、士農工商おのおのその分《ぶん》を尽くし、銘々《めいめい》の家業を営《いとな》み、身も独立し、家も独立し、天下国家も独立すべきなり(16)。

注

(1) 文章を主体とした学問。今の文学より広義。 (2) 便利。 (3) 漢学者や国学者。 (4) 所帯《しよたい》持ちに同じ。生活法。（5）財産を失うだろう。（6）実用の学問の意であるが、実験実証の学（科学）をさすこともある。この文でも、すぐあとでその意味に使っている。（7）帳簿の計算や記入等の法。今日の簿記法。（8）窮理学とも書く。物理学の古い名称。広く自然科学をさす場合もあった。（9）年表体の記録。（10）自然の倫理。（11）従来の学問ではむずかしい漢字や漢文を用いる風があったのを戒めたことば。（12）学問の才。文章の才ではない。（13）どんな種類の学問でもまず客観的事実をとらえる。（14）その事実に即して、物事の性質や理法をきわめる。（15）身近な現象のなかに自然・人事の性質・理法を発見して、それを現実生活に活用しなければならぬ。「一科一学も」から一行あまりの文句は、著者の実学の精神をよく示した重要なことばである。実学は実用の学であると同時に、実験実証の学を意味することがわかる。（16）独立するだろう。

自由の真義

学問をするには分限《ぶんげん》(1)を知ること肝要《かんえう》なり。人の天然生まれつきは、繋《つな》がれず縛《しば》られず、一人前《いちにんまへ》の男は男、一人前の女は女にて、自由自在なる者なれども、ただ自由自在とのみ唱《とな》へて分限を知らざれば、我儘放蕩《わがままはうたう》(2)に陥《おちい》ること多し。すなはちその分限とは、天の道理に基《もと》づき、人の情《じやう》に従ひ、他人の妨《さまた》げをなさずして、わが一身の自由を達することなり。自由と我儘との界《さかひ》は、他人の妨げをなすとなさざるとの間にあり。たとへば、自分の金銀を費《つひや》してなすことなれば、たとひ酒色《しゆしよく》に耽《ふけ》り、放蕩を尽くすも、自由自在なるべきに似たれども、決してしからず。一人の放蕩は諸人の手本となり、つひに世間の風俗を乱りて、人の教へに妨げをなすがゆゑに、その費すところの金銀はその人のものたりとも、その罪許すべからず。

注

（1）人間の本分、義務。（2）不身持ち。

国家の独立と、外交の心構へ

また自由独立のことは、人の一身にあるのみならず、一国の上にもあることなり。わが日本はアジア州の東に離れたる一個の島国にて、古来外国と交はりを結ばず、独《ひと》り自国の産物のみを衣食して不足と思ひしこともなかりしが、嘉永《かえい》年中アメリカ人渡来(1)せしより、外国交易《かうえき》の事《こと》始まり、今日のありさまに及びしことにて、開港の後もいろいろと議論多く、鎖国攘夷《さこくじやうい》(2)などとやかましくいひし者もありしかども、その見るところははなはだ狭く、諺《ことわざ》にいふ井の底の蛙《かはづ》(3)にて、その議論取るに足らず。日本とても西洋諸国とても、同じ天地の間にありて、同じ日輪《にちりん》に照らされ、同じ月を眺《なが》め、海を共にし、空気を共にし、情合《じやうあ》ひ(4)相同じき人民なれば、ここに余るものは彼に渡し、彼に余るものは我に取り、互ひに相教へ互ひに相学び、恥《は》づることもなく誇ることもなく、互ひに便利を達し、互ひにその幸《さいはひ》を祈り、天理人道《てんりじんだう》(5)に従つて互ひの交はりを結び、理のためにはアフリカの黒奴《こくど》にも恐れ入り、道のためにはイギリス・アメリカの軍艦をも恐れず、国の恥辱《ちじよく》とありては、日本国中の人民一人《ひとり》も残らず命を棄《す》てて国の威光《ゐくわう》を落とさざるこそ、一国の自由独立と申すべきなり。しかるを支那《しな》人などのごとく、わが国より外《ほか》に国なきごとく、外国の人を見ればひとくちに夷《い》狄《てきい》々《てき》(6)と唱《とな》へ、四足《よつあし》にてあるく畜類のやうにこれを賤《いや》しめ、これを嫌《きら》ひ、自国の力をも計《はか》らずして、みだりに外国人を追ひ払はんとし、かへつてその夷狄に窘《くる》しめらるるなどの始末(7)は、実に国の分限《ぶんげん》を知らず、一人の身の上にていへば、天然の自由を達せずして、我儘放蕩《わがままはうたう》に陥《おちい》る者といふべし。

注

(1) 嘉永六(一八五三)年アメリカの水師提督ペリーが軍艦四隻をひきいて浦賀に来航、幕府に通交を求めた。(2) 開国せずに西洋人を追い払えという議論。(3) 井の中の蛙大海を知らず。(4) 人情。(5) 天から定められた人間の自由平等の原理。明治初年の流行語。(6) 昔から中国人が外国人をいやしめて呼んだことば。(7) 一八四〇〜四二年のアヘン戦争で、イギリスに負けてから、中国はだんだん西洋諸国に植民地化された。

官尊民卑の打破と、言論の自由

王制一度《ひとたび》新たなりしより以来(1)、わが日本の政風《せいふう》大いに改まり、外は万国の公法(2)をもつて外国に交はり、内は人民に自由独立の趣旨《しゆし》を示し、すでに平民へ苗字《めうじ》・乗馬(3)を許せしがごときは開闢《かいびやく》(4)以来の一美事《びじ》、士農工商四民の位を一様にするの基《もとゐ》ここに定まりたりといふべきなり。されば今より後は、日本国中の人民に、生まれながらその身に付《つ》きたる位などと申すはまづなき姿にて、ただその人の才徳とその居処《きよしよ》(5)とによりて位もあるものなり。たとへば政府の官吏《くわんり》を粗略《そりやく》にせざる(6)は当然《たうぜん》のことなれども、こはその人の身の貴《たふと》きにあらず、その人の才徳をもつて、その役義《やくぎ》(7)を勤《つと》め、国民のために貴き国法を取り扱ふがゆゑにこれを貴ぶのみ。人の貴きにあらず、国法の貴きなり。

旧幕府の時代、東海道に御茶壺《おちやつぼ》(8)の通行せしは、みな人の知るところなり。その外《ほか》御用の鷹《たか》(9)は人よりも貴く、御用の馬には往来《わうらい》の旅人も路《みち》を避くるなど、すべて御用の二字を付くれば、石にても瓦《かはら》にても恐ろしく貴きもののやうに見え、世の中の人も数千百年の古《いにしへ》(10)よりこれを嫌ひながら、また自然にその仕来《しきた》りに慣れ、上下互ひに見苦しき風俗をなせしことなれども、畢竟《ひつきやう》これらはみな法の貴きにもあらず、品物の貴きにもあらず、ただいたづらに政府の威光《ゐくわう》を張り、人を畏《おど》して、人の自由を妨げんとする卑怯《ひけふ》なる仕方にて、実なき虚威《きよゐ》といふものなり。今日に至りては、もはや全日本国内にかかる浅ましき制度風俗は絶えてなきはずなれば、人々安心いたし、かりそめにも政府に対して不平を抱《いだ》くことあらば、これを包みかくして暗《あん》に上《かみ》を怨《うら》むることなく、その路を求め、その筋に由《よ》り、静かにこれを訴《うった》へて、遠慮《ゑんりょ》なく議論すべし。(11) 天理《てんり》人情《にんじゃう》(12)にさへ叶《かな》ふことならば、一命をも抛《なげう》ちて争ふべきなり。これすなはち一国人民たる者の分限《ぶんげん》と申すものなり。

注

（1）王政復古・明治維新以来。（2）国際公法を当時は万国公法と呼んだ。国際間の関係をきめた法律。（3）昔は武士以外は苗字（姓）をつけられず、馬にも乗れなかったが、明治三（一八七〇）年九月、平民にも苗字が許され、明治四（一八七一）年四月に乗馬が許された。（4）日本始まって以来。（5）ポスト。役柄。（6）ばかにしない。（7）役目。（8）毎年旧暦四月ごろ、将軍御用の新茶を取り寄せるため、江戸から役人が茶壺を運んで宇治に行く。その往復を御茶壺道中と言い、これに出会う者は土下座しなければならなかった。（9）将軍の鷹狩り（鷹を放って野鳥をとらえる行事）に用いる鷹を役人が運ぶときも、諸人は道を避けなければならなかった。（10）支配者は横暴、人民は卑屈の風習をつくり出した。（11）適切な手段により、正式な機関を通して（または正しい順序をふんで）、おだやかな態度で、遠慮なく自分の意見を主張すべきだ。非合法の手段で、暴力的抵抗などしてはならぬ。（12）前に「すなはちその分限とは、天の道理に基づき、人の情に従ひうんぬん」とあったのを受けた。

平民の覚悟

前条にいへる通り、人の一身も一国も、天の道理に基《もと》づきて不羈《ふき》自由(1)なるものなれば、もしこの一国の自由を妨《さまた》げんとする者あらば、世界万国を敵とするも恐るるに足らず。この一身の自由を妨げんとする者あらば、政府の官吏《くわんり》も憚《はばか》るに足らず。ましてこのごろは四民同等の基本も立ちしことなれば、いづれも安心いたし、ただ天理に従ひて存分《ぞんぶん》に事をなすべし、とは申しながら、およそ人たる者は、それぞれの身分あれば、またその身分に従ひ、相応《さうおう》の才徳《さいとく》なかるべからず。身に才徳を備《そな》へんとするには、物事の理を知らざるべからず。物事の理を知らんとするには、字を学ばざるべからず。これすなはち学問の急務なるわけなり。昨今《さくこん》のありさまを見るに、農工商の三民は、その身分以前に百倍し、やがて士族と肩《かた》を並《なら》ぶるの勢ひに至り、今日にても三民の内に人物あれば、政府の上に採用《さいよう》せらるべき道すでに開けたることなれば、よくその身分を顧《かへり》み、わが身分を重きものと思ひ、卑劣《ひれつ》の所行《しよぎやう》あるべからず。

注

(1) 人から束縛されないこと。

無知文盲《むちもんまう》の罪悪と、政治に対する国民の責任

およそ世の中に、無知文盲の民ほど憐《あは》れむべくまた悪《にく》むべきものはあらず。智恵なきの極は恥を知らざるに至り、己《おの》れが無智をもつて貧究(窮)に陥《おちい》り、飢寒《きかん》に迫《せま》るときは、己れが身を罪せずして、みだりに傍《かたはら》の富める人を怨《うら》み、はなはだしきは徒党《ととう》を結び、強訴《がうそ》・一揆《いつき》(1)などとて乱妨(2)に及ぶことあり。恥を知らざるとやいはん、(3)法を恐れずとやいはん。天下の法度《はふど》(4)を頼みてその身の安全を保ち、その家の渡世《とせい》をいたしながら、その頼むところのみを頼みて、己れが私《し》欲《よく》のためにはまたこれを破る。(5)前後不都《ふつ》合《がふ》の次第ならずや。(6)あるいはたまたま身《み》本慥《もとたし》かにして、相応の身代《しんだい》ある者も、(7)金銭を貯《たくは》ふることを知りて、子孫を教ふることを知らず。教へざる子孫なれば、その愚かなるもまた怪《あや》しむに足らず。つひには遊惰《いうだ》放蕩《はうたう》に流れ、先祖の家督《かとく》(8)をも一朝《いつてう》の煙となす(9)者少なからず。かかる愚民《ぐみん》を支配するには、とても道理をもつて諭《さと》すべき方便《はうべん》なければ、ただ威をもつて畏《おど》すのみ。西洋の諺《ことわざ》に、「愚民の上に苛《から》き政府あり」(10)とはこのことなり。こは政府の苛きにあらず、愚民の自ら招く災《わざはひ》なり。愚民の上に苛き政府あれば、良民の上には良き政府あるの理なり。ゆゑに今わが日本国においても、この人民ありてこの政治あるなり。仮に人民の徳義今日よりも衰へて、なほ無学《むがく》文盲に沈むことあらば、政府の法も今一段厳重《げんぢゆう》になるべく、もしまた人民みな学問に志《こころざ》し

て、物事の理を知り、文明の風《ふう》に赴《おもむ》くことあらば、政府の法もなほまた寛仁大度《くわんじんたいど》(11)の場合に及ぶべし。法の苛きと寛《ゆる》やかなるとは、ただ人民の徳不徳によりておのづから加減あるのみ。

人誰《たれ》か苛政《かせい》を好《この》みて、良政を悪《にく》む者あらん。誰か本国の富強を祈らざる者あらん。誰か外国の侮《あなど》りを甘んずる者あらん。これすなはち人たる者の常の情《じやう》なり。今の世に生まれ、報国の心あらん者は、必ずしも身を苦しめ、思ひを焦《こ》がすほどの心配あるにあらず。ただその大切なる目当ては、この人情《にんじやう》に基づきて、まづ一身の行なひを正《ただ》し、厚く学に志《こころざ》し、博《ひろ》く事を知り、銘々《めいめい》の身分に相応《さうおう》すべきほどの智徳《ちとく》を備へて、政府はその政《まつりごと》を施《ほどこ》すに易《やす》く、諸民はその支配を受けて苦しみなきやう、互ひにその所を得て、(12)ともに全国の太平を護《まも》らんとするの一事のみ。今余輩の勧《すす》むる学問も、もつぱらこの一事をもつて趣旨《しゆし》とせり。

注

(1) 強訴は集団で政府や役所等に押しかけて訴えること。一揆は暴動。(2) 乱暴に同じ。濫妨とも書く。(3)「恥を知らずとやいはん」が文法的には正しい。(4) 法律制度。「ハット」とよめば禁令の意となるが、ここはそうではない。(5) 法律のたよりになる点だけを利用して、自分の都合の悪いときは勝手にこれを破る。(6) 前後矛盾した話ではないか。(7) 素姓《すじょう》もよく、相当の財産のある者。

（8）家の跡目《あとめ》のことであるが、ここは家産の意であろう。（9）たちまち失う。（10）無知の人民は、当然厳重な政府の支配を受けねばならぬ。（11）寛容で、度量が広い。大幅に人民の自由を許すこと。（12）それぞれの責任を尽くして。

端書《はしがき》（1）

本書成立の由来

このたび余輩《よはい》の故郷中津（2）に学校を開くにつき、学問の趣意を記《しる》して、旧《ふる》く交はりたる同郷の友人へ示さんがため一冊を綴《つづ》りしかば、ある人これを見ていはく、「この冊子《さっし》（3）を独《ひと》り中津の人へのみ示さんより、広く世間に布告《ふこく》（4）せば、その益もまた広かるべし」との勧《すす》めにより、すなはち慶応義塾の活字版をもつてこれを摺《す》り、同志の一覧に供《そな》ふるなり。

明治四年未《ひつじ》十二月

福沢　諭吉
小幡篤次郎《をばたとくじろう》（5）記

（明治五年二月出版）

注

（1）序文もしくは付記。ここは後者。（2）今の大分県中津市。旧藩主奥平《おくだいら》家および旧藩士の共同出資で、著者の指導により明治四年中津市学校ができた。教師は慶応義塾から派遣され、いわば慶応義塾の地方分校の観があった。明治十四（一八八一）年廃校。（3）パンフレット。（4）広く知らせる。多くは政府が国民に知らせる場合に言うが、ここはそうではなく、単に普及させる、意。（5）小幡はやはり中津出身で、最古参の福沢門下。中津市学校の初代校長を務めたので、名義上ここに名を連ねたのである。

学問のすゝめ　第二編

端《はし》書《がき》

学問の生活化

学問とは広き言葉にて、無形の学問[1]もあり、有形の学問もあり。心学[2]・神学[3]・理学[4]等は形なき学問なり。天文・地理・窮理《きゆうり》[5]・化学等は形ある学問なり。いづれにてもみな知識見聞《けんもん》の領分《りやうぶん》を広くして、物事の道理を弁《わきま》へ、人たる者の職分《しよくぶん》[6]を知ることとなり。知識見聞を開くためには、あるいは人の言を聞き、あるいは自ら工夫《くふう》を運《めぐ》らし、あるいは書物をも読まざるべからず。ゆゑに学問には文字を知ること必用[7]なれども、古来世の人の思ふごとく、ただ文字を読むのみをもつて学問とするは大なる心得違ひなり。文字は学問をするための道具にて、たとへば家を建つるに槌《つち》・鋸《のこぎり》の入用《にふよう》なるがごとし。槌・鋸は普請《ふしん》に欠くべからざる道具なれども、その道具の名を知るのみにて、家を建つることを知らざる者は、これを大工《だいく》といふべからず。まさしくこのわけにて、文字を読むことのみを知りて、物事の道理を弁へざる者は、これを学者といふべからず。いはゆる論語よみの論語しらず(8)とはすなはちこれなり。

わが邦《くに》の『古事記《こじき》(9)』は諳誦《あんしよう》すれども、今日の米の相場《さうば》を知らざる者は、これを世《せ》帯《たい》の学問(10)に暗《くら》き男といふべし。経書《けいしよ》・史類(11)の奥義《おくぎ》(12)には達したれども、商売の法を心得て正しく取り引きをなすことあたはざる者は、これを帳合《ちやうあ》ひの学問に拙《つたな》き人といふべし。数年の辛苦《しんく》を嘗《な》め、数百の執行金《しゆぎやうきん》(13)を費して、洋学は成業《せいげふ》したれども、なほも一個私立の活計《くわつけい》をなし得ざる者は、(14)時勢の学問に疎《うと》き人なり。これらの人物は、ただこれを文字の問屋《とひや》(15)といふべきのみ。その功能は飯《めし》を食《く》ふ字引に異《こと》ならず。国のためには無用の長物《ちやうぶつ》(16)、経済を妨《さまた》ぐる食客《しよくかく》(17)というて可なり。ゆゑに世帯も学問なり、帳合ひも学問なり、時勢を察するもまた学問なり。なんぞ必ずしも和漢洋の書を読むのみをもつて学問といふの理あらんや。

注

(1) 精神的学問。「有形の学問」は物質的学問。 (2) 修心学（修身学）のことであろう。江戸時代に流行した庶民教育の心学ではない。 (3) 神仏等宗教に関する学問であろう。キリスト教の神学だけではないと思われる。（4）哲学。性理学とも言った。今言う理学（自然科学）ではない。（5）物理学。（6）使命。責任。著者は英語 duty の訳語に用いた。（7）必要に同じ。（8）中国の道徳の古典『論語』を読んでいても、その道徳を実行しない学者をあざけったことば。（9）日本最古の歴史書。和銅五（七一二）年完成。（10）実生活の学問。（11）中国の古い道徳書（『論語』『孟子』等）と歴史書（『史記』『漢書』等）。（12）「オウギ」ともよむ。奥深い意。極意《ごくい》。（13）修行金（修業金）の当て字。学資。著者は「修行」を「執行」と書く癖があった。（14）自分の力で独立の生計を立てられぬ者。「私立」は独立。（15）文字の知識を他人に取り次ぐだけのブローカー。（16）長すぎて役に立たぬもの。有害無益のたとえ。（17）国の経済を害する穀《ごく》つぶし。

本書の方針

この書の表題《へうだい》は『学問のすゝめ』と名づけたれども、決して字を読むことのみを勧《すす》むるにあらず。書中に記《しる》すところは、西洋の諸書より、あるいはその文を直ちに訳し、あるいはその意を訳し、(1)形あることにても形なきことにても、一般に人の心得となるべき事柄を挙《あ》げて、学問の大趣意(2)を示したるものなり。先に著《あら》はしたる一冊を初編となし、(3)なほその意を拡《おしひろ》めてこのたびの二編を綴《つづ》り、次いで三・四編にも及ぶべし。

注

（1）本書の前半のうち、第二編・第三編・第六編・第七編・第八編は、だいたいにおいてアメリカの学者ウェーランド（Wayland）の『修身論』（The Elements of Moral Science）を原型にして、それに自分の意見を付け加えたものである。（2）学問の根本精神。（3）本書は最初一冊だけで完結するはずだったのを、第二編以下を出すことになったので、断り書きをしたのである。

人は同等なること(1)

基本的人権の平等

初編の首《はじめ》に、「人は万人みな同じ位にて、生まれながら上下の別なく、自由自在云々《うんぬん》」とあり。今この義を拡《おしひろ》めていはん。人の生まるるは天のしからしむるところにて、人力《じんりよく》にあらず。この人々互ひに相敬愛《あひけいあい》して、おのおのその職分を尽くし、互ひに相妨《さまた》ぐることなき所以《ゆゑん》は、もと同類の人間にして、ともに一天を与《とも》にし(2)、ともに与に天地の間の造物(3)なればなり。たとへば一家の内にて、兄弟相互《さうご》に睦《むつま》しくするは、もと同一家の兄弟にして、ともに一父一母を与にするの大倫《たいりん》(4)あればなり。

ゆゑに今、人と人との釣り合ひを問へば、これを同等といはざるを得ず。ただしその同等とは、有様《ありさま》(5)の等《ひと》しきをいふにあらず、権理通義《けんりつうぎ》(6)の等しきをいふなり。その有様を論ずるときは、貧富・強弱・智愚の差あることはなはだしく、あるいは大名《だいみやう》華族《くわぞく》(7)とて、御殿《ごてん》に住居《ぢゆうきよ》し、美服美食する者もあり。あるいは人足《にんそく》とて裏店《うらだな》に借屋《しやくや》して、今日の衣食に差し支へる者もあり。あるは才智逞《たくま》しうして役人となり、商人となりて、天下を動かす者もあり。あるいは智恵分別《ふんべつ》なくして、生涯《しやうがい》飴《あめ》やおこし(8)を売る者もあり。あるいは強き相撲《すまう》取りあり。あるいは弱き御姫《おひめ》様あり。いはゆる雲と泥との相違なれども、また一方より見て、その人々持前《もちまへ》の権理通義をもつて論ずるときは、いかにも同等にして、一厘一毛の軽重《けいちよう》あることなし。すなはちその権理通義とは、人々その命を重《おも》んじ、その身代《しんだい》所持の物を守り、その面目名誉《めんもくめいよ》を大切にするの大義(9)なり。

　天の人を生ずるや、これに体《からだ》と心との働きを与《あた》へて、人々をしてこの通義を遂《と》げしむるの仕掛けを設けたるものなれば、なんらの事あるも、人力をもつてこれを害すべからず。大名の命も人足の命も、命の重きは同様なり。豪商百万両の金も、飴やおこし四文《もん》の銭も、己《おの》れが物としてこれを守るの心は同様なり。世の悪《あ》しき諺《ことわざ》(10)に、「泣く子と地頭《ぢとう》には叶《かな》はず(11)」と。またいはく、「親と主人は無理をいふもの」(12)などとて、あるいは人の権理通義をも枉《ま》ぐべきもののやう唱《とな》ふる者あれども、こは有様と通義とを取り違へたる論なり。地頭と百姓とは有様を異《こと》にすれども、その権理を異にするにあらず。百姓の身に痛きことは、地頭の身にも痛きはずなり。地頭の口に甘《あま》きものは、百姓の口にも甘からん。痛きものを遠ざけ、甘きものを取るは人の情欲《じやうよく》なり。他の妨《さまた》げをなさずして達すべきの情を達するは、すなはち人の権理なり。この権理に至りては、地頭も百姓も厘毛《りんまう》の軽重あることなし。ただ地頭は富みて強く、百姓は貧にして弱きのみ。貧富・強弱は人の有様にて、もとより同じかるべからず。しかるに今、富強の勢ひをもつて貧弱なる者へ無理を加へんとするは、有様の不同なるがゆゑにとて、他の権理を害するにあらずや。これをたとへば、力士《りきし》が我に腕の力ありとて、その力の勢ひをもつて隣の人の腕を捻《ねぢ》り折るがごとし。隣の人の力はもとより力士よりも弱かるべけれども、弱ければ弱きままにてその腕を用ひ、自分の便利《べんり》を達して差し支へなきはずなるに、いはれなく力士のために腕を折らるるは迷惑至極《めいわくしごく》といふべし。

注

(1) この編は全体天賦人権論を主題としている。特にその前半は、ウェーランドの『修身論』中の「相互対等のつとめ」(The Duty of Reciprocity) の章を原型とし、それにイギリスのチェンバーズ版『経済読本』(Political Economy) の「個人の権利と責任」(Individual Rights and Duties) の章をつきまぜて、著者流の文章に仕立てたものである。後者はこれよりさき『西洋事情』外編 (明治元年) に「人生の通義およびその職分」と題して翻訳されている。（2）同じ天の下に生存する。（3）神から造られた者。人類。英語 creature（被造物）の訳語。ただし、Creator（造物主。神）の意に用いる場合も多いが、ここは違う。（4）大切な人間関係。（5）英語 condition の訳語。現実の生活状態。（6）権理も通義も、ともに権利の意。権義とも言う。英語 right の訳語。基本的人権。（7）貴族。明治二（一八六九）年六月、旧来の公卿《くげ》および大名を華族と改称した。昭和の終戦後廃止。（8）庶民的菓子の一種。（9）大きな通義。基本的人権。（10）世間に行なわれる誤ったことわざ。（11）「泣く子と地頭には勝てぬ」というのが普通。むちゃくちゃに泣く子と横暴な殿様とには手がつけられぬ。権力者には絶対に服従するほかはないというたとえ。「地頭」はここでは広く領主の意。（12）人間の基本的人権をも放棄せねばならぬように言う者もあるが。

封建時代の士族と平民

(1)また右の議論を世の中の事に当てはめていはん。旧幕府の時代には、士民の区別はなはだしく、士族はみだりに権威《けんゐ》を振ひ、百姓・町人を取り扱ふこと目の下の罪人のごとくし、あるいは切り捨て御免(2)などの法あり。この法によれば、平民の生命はわが生命にあらずして、借《か》り物《もの》に異《こと》ならず。百姓・町人は由縁《ゆかり》もなき士族へ平身低頭《へいしんていとう》し、外にありては路《みち》を避け、内にありて席を譲《ゆづ》り、はなはだしきは、自分の家に飼《か》ひたる馬にも乗られぬほどの不便利を受けたるは、けしからぬことならずや。

注

（1）ウェーランドの『修身論』や、チェンバーズ版『経済読本』によった部分は前段までで、これ以下は原書の精神を日本の現実に当てはめて、著者自身の意見を述べた部分。（2）武士は百姓・町人から無礼をされた場合、切り捨てても、取り調べの上誤りがなければ罪にならぬという法律があった。しかしいくら武士でも、人を切り殺すのはよほど非常の場合だけだから、現実にそれほど切り捨てが行なわれたわけではない。著者は文章を強めるため、わざと極端な表現を用いたのである。

封建時代の政府と人民

右は士族と平民と一人づつ相対したる不公平なれども、政府と人民との間柄に至りては、なほこれよりも見苦しきことあり。幕府はもちろん、三百諸侯《しよこう》(1)の領分にもおのおの小政府を立てて、百姓・町人を勝手次第に取り扱ひ、あるいは慈悲《じひ》に似たることあるも、その実は人に持前《もちまへ》の権理《けんり》通義《つうぎ》を許すことなくして、実に見るに忍《しの》びざること多し。そもそも政府と人民との間柄は、前にもいへるごとく、ただ強弱の有様を異《こと》にするのみにて、権理の異同《いどう》あるの理なし。百姓は米を作りて人を養ひ、町人は物を売《ばい》買《ばい》して世の便利を達す。これすなはち百姓・町人の商売なり。政府は法令を設けて、悪人を制し、善人を保護す。これすなはち政府の商売なり。(2)この商売をなすには莫大《ばくだい》の費《つひ》えなれども、政府には米もなく金もなきゆゑ、百姓・町人より年貢《ねんぐ》・運上《うんじやう》(3)を出だして、政府の勝手方を賄《まかな》はん(4)と、双方一致の上、相談を取り極《き》めたり。これすなはち政府と人民との約束(5)なり。ゆゑに百姓・町人は年貢・運上を出だして固《かた》く国法を守れば、その職分を尽くしたりといふべし。政府は年貢・運上を取りて、正しくその使ひ払ひ(6)を立て、人民を保護すれば、その職分を尽くしたりといふべし。双方すでにその職分を尽くして、約束を違《たが》ふることなき上は、さらになんらの申し分《ぶん》もあるべからず。おのおのその権理通義を逞《たくま》しうして、少しも妨《さまた》げをなすの理なし。

しかるに幕府のとき、政府のことを御上《おかみ》様と唱《とな》へ、御上の御用とあれば、馬鹿《ばか》に威《ゐ》光《くわう》を振ふのみならず、道中の旅籠《はたご》(7)までもただ食ひ倒し、川場(8)に銭を払はず、人足《にんそく》に賃《ちん》銭《せん》を与《あた》へず、はなはだしきは旦那《だんな》が人足をゆすりて、酒代《さかだい》(9)を取るに至れり。沙汰《さた》の限り(10)といふべし。あるいは殿様のものずきにて普請《ふしん》をするか、または役人の取り計らひにていらざる事を起こし、無益に金を費して入用《にふよう》不足すれば、いろいろ言葉を飾りて年貢を増し、御用金(11)をいひつけ、これを「御国恩《ごこくおん》(12)に報ゆる」といふ。そもそも御国恩とは何事を指すや。百姓・町人らが安穏《あんをん》に家業を営み、盗賊《たうぞく》ひとごろしの心配もなくして渡世するを、政府の御恩といふことなるべし。もとよりかく安穏に渡世するは、政府の法あるがためなれども、法を設けて人民を保護するは、もと政府の商売柄にて、当然の職分なり。これを御恩といふべからず。政府もし人民に対し、その保護をもつて御恩とせば、百姓・町人は政府に対し、その年貢・運上をもつて御恩といはん。政府もし人民の公事訴訟《くじそしよう》[13]をもつて御上《おかみ》の御約（厄）介[14]といはば、人民もまたいふべし、「十俵作り出したる米の内より五俵の年貢を取らるるは、[15]百姓のために大なる御約（厄）介なり」と。いはゆる売り言葉に買ひ言葉[16]にて、はてしもあらず。とにかくに等《ひと》しく恩のあるものならば、一方より礼をいひて、一方より礼をいはざるの理はなかるべし。

かかる悪風俗の起こりし由縁《ゆえん》を尋《たづ》ぬるに、その本《もと》は人間同等の大趣意[17]を誤りて、貧富・強弱の有様を悪《あ》しき道具に用ひ、[18]政府富強の勢ひをもつて、貧弱なる人民の権理通義を妨《さまた》ぐるの場合に至りたるなり。ゆゑに人たる者は、常に同位同等の趣意を忘るべからず。人間世界に最も大切なることなり。西洋の言葉にてこれを「レシプロシチ[19]」または「エクウヲリチ[20]」といふ。すなはち初編の首《はじめ》にいへる万人同じ位とはこのことなり。

注

（1）全国大名の概数。各藩ほとんど独立の政治をしていたから、日本中に三百の小政府があったと言える。（2）「政府の職分なり」と言うべきところを「商売なり」と言ったのは、著者の皮肉。（3）年貢は農民が領主に納める田租。運上は商工業・漁業・狩猟・運送等を営む者の納める雑税。（4）政府の台所向き（財政）を引き受ける。（5）こういう考え方を社会契約説と言う。西洋伝来の民主的思想で、明治初年、著者その他の洋学者の間に広く行なわれた政治思想。(6)正しく使用する。「使ひ払ひ」は支払い。(7)宿屋。(8)渡し場。(9)武士が人足をおどして、酒代をせしめる。「旦那」は道中する役人や武士をさす。「酒代」はさかて。人からゆすりとる飲酒料。(10)もってのほか。(11)臨時に百姓・町人に命じて、出させる金。(12)国主(土地の領主)の御恩。国家の恩ではない。(13)公事も訴訟も同じ意味。裁判事件。(14)政府の御迷惑。「約介」は「厄介」の当て字で、著者の癖であった。(15)江戸時代は四公六民で、農民が六俵取り、年貢に四俵出すのが常法だったが、財政難のため、いつしか五公五民が普通となった。(16)相手に不穏当なことを言えば、相手も同じようなことばで言い返すこと。(17)人間の権利は平等であるという根本精神。(18)人間に貧富・強弱の差異があるという事実を悪用して。(19)reciprocity　相互関係。お互いっこ。(20)equality　平等関係。

国民順法の精神

(1)右は百姓・町人に左《さ》袒《たん》(2)して、思ふさまに勢ひを張れといふ議論なれども、また一方よりいへば、別に論ずることとあり。およそ人を取り扱ふには、その相手の人物次第にて、おのづからその法の加減もなかるべからず。元来人民と政府との間柄は、もと同一体にて、その職分を区別し、政府は人民の名代《みやうだい》(3)となりて法を施《ほどこ》し、人民は必ずこの法を守るべしと、固《かた》く約束したるもの(4)なり。たとへば今、日本国中にて明治の年号を奉ずる者は、今の政府の法に従ふべし、と条約を結びたる人民なり。ゆゑに一度《ひとたび》国法と定まりたることは、たとひあるいは人民一個のために不便利あるも、その改革まではこれを動かすを得ず。小心翼々《せうしんよくよく》(5)謹《つつし》みて守らざるべからず。これすなはち人民の職分なり。

しかるに無学文盲《もんまう》、理非の理の字も知らず、身に覚えたる芸は、飲食と寝ると起きるとのみ。その無学のくせに欲は深く、目の前に人を欺《あざむ》きて(6)、巧《たく》みに政府の法を遁《のが》れ、国法の何物たるを知らず、己《おの》れが職分の何物たるを知らず、子をばよく生めども、その子を教ふるの道を知らず、いはゆる恥《はぢ》も法も知らざる馬鹿者《ばかもの》にて、その子孫繁昌《はんじやう》すれば、一国の益はなさずして、かへつて害をなす者なきにあらず。かかる馬鹿者を取り扱ふには、とても道理をもつてすべからず。不本意《ふほんい》ながら力をもつて威《おど》し、一時の大害を鎮《しづ》むるより外《ほか》に方便あることなし。これすなはち世に暴政府のある所以《ゆゑん》なり。独《ひと》りわが旧幕府のみならず、アジア諸国、古来みなしかり。

されば一国の暴政は、必ずしも暴君暴吏《ばうり》の所為《しよゐ》のみにあらず。その実は人民の無智をもつて、自《みづか》ら招く禍《わざはひ》なり。他人にけしかけられて(7)、暗殺を企《くはだ》つる者あり。新法を誤解して、一揆《いつき》を起こす者あり(8)。強訴《がうそ》を名として、金持ちの家を毀《こぼ》ち、酒を飲み、銭を盗む者あり。その挙動《きよどう》は、ほとんど人間の所業と思はれず。かかる賊民《ぞくみん》(9)を取り扱ふには、釈迦《しやか》も孔子《こうし》も銘案《(名)》(10)なきは必定《ひつぢやう》、是非とも苛刻《かこく》(11)の政《まつりごと》を行なふことなるべし。ゆゑにいはく、人民もし暴政を避けんと欲せば、速《すみ》やかに学問に志し、自ら才徳を高くして、政府と相対し、同位同等の地位に登らざるべからず。これすなはち余輩《よはい》の勧《すす》むる学問の趣意なり。

（明治六年十一月出版）

注

（1）この末段に至り一転して国民の義務を説いているが、これも主として『西洋事情』外編に訳したチェンバーズ版『経済読本』の「人生の通義およびその職分」の一節を染めかえて利用している。（2）味方。（3）代理人。（4）この法を守りましょう、と人民は政府に約束した。（5）細心の注意をもって。（6）ぬけぬけと人をだます。（7）これ以下は明治維新以後のわが国情をさしているが、わざと一般論として言っている。当時は社会の大変革期だったから、暗殺が続出した。（8）明治初年は百姓一揆の多かったことも特色である。ただし人民が無知で、政府の新しい政策法令を誤解した場合ももちろんあったが、政府が不慣れで、人民の不便不利を招いた事情もすくなくなかった。（9）社会を害する人民。（10）「名案」の当て字。（11）苛酷に同じ。

学問のすゝめ　第三編

国は同等なること(1)

国権の平等

およそ人とさへ名あれば、富めるも貧しきも、強きも弱きも、人民も政府も、その権義(2)において異《こと》なるなしとのことは、第二編に記《しる》せり。二編にある権理通義の四字を略して、ここにはただ権義と記したり。いづれも英語の「ライト」といふ字に当たる。今この義を拡《おしひろ》めて、国と国との間柄を論ぜん。国とは人の集まりたるものにて、日本国は日本人の集まりたるものなり、英国は英国人の集まりたるものなり。日本人も英国人も等しく天地の間の人《ひと》なれば、互ひにその権義を妨《さまた》ぐるの理なし。一人が一人に向かひて害を加ふるの理なくば、二人が二人に向かひて害を加ふるの理もなかるべし。百万人も千万人も同様のわけにて、物事の道理は人数の多少によりて変ずべからず。今世界中を見渡すに、文明開化(3)とて、文字(4)も武備も盛んにして富強なる国あり。あるいは蛮野未開《ばんやみかい》とて、文武ともに不行き届《ふゆとど》きにして貧弱なる国あり。一般にヨーロッパ・アメリカの諸国は富んで強く、アジア・アフリカの諸国は貧にして弱し。されどもこの貧富・強弱は国の有様《ありさま》なれば、もとより同じかるべからず。しかるに今、自国の富強なる勢ひをもつて貧弱なる国へ無理を加へんとするは、いはゆる力士《りきし》が腕の力をもつて病人の腕を握り折るに異《こと》ならず。国の権義において許すべからざることなり。

近くはわが日本国にても、今日の有様にては西洋諸国の富強に及ばざるところあれども、一国の権義においては厘毛の軽重あることなし。道理に戻《もと》りて曲を蒙《かうむ》るの日に至りては、(5)世界中を敵にするも恐るるに足らず。初編第六葉（本書二十三頁）にもいへるごとく、「日本国中の人民一人《ひとり》も残らず命を棄《す》てて国の威光《ゐくわう》を落とさず」とはこの場合なり。しかのみならず、貧富・強弱の有様は天然の約束にあらず。人の勉と不勉とによりて移り変はるべきものにて、今日の愚人も明日は智者となるべく、昔年《せきねん》の富強も今世《こんせい》の貧弱となるべし。古今その例少なからず。わが日本国人も今より学問に志し、気力を慥《たし》かにして、(6)まづ一身の独立を謀《はか》り、したがつて一国の富強を致《いた》す(7)ことあらば、なんぞ西洋人の力を恐るるに足らん。道理あるものはこれに交はり、道理なきものはこれを打ち払はんのみ。一身独立して一国独立するとはこの事なり。

注

（1）この題下の本文も、やはりウェーランドの「相互対等のつとめ」の一節に基づいて、それを日本の実情にあてはめたのである。天賦人権思想を国際関係に適用したもの。（2）本書、この編以後は、権利の意味に権義と書いた場合が多い。権利と義務ではない。（3）明治初年の流行語。（4）文字は学問の意。ただし著者の原稿には「文学」とあったのを、最初印刷するとき「文字」と誤ったのではないかと疑われる。著者の他の文例では「文学・武備」と並べているのが普通である。（第五編、七十九頁にも例がある）。（5）国際道義に違反して、他国から非道なことを仕向けられた場合は。（6）腹をしっかりすえて。著者の愛用したことば。（7）その結果として一国の富強をもたらす。「致す」は招く意。

一身独立して一国独立すること（1）

独立心と愛国心とは不可分

前条にいへるごとく、国と国とは同等なれども、国中の人民に独立の気力なきときは、一国独立の権義を伸《の》ぶることとあたはず。その次第三箇条あり（2）。

第一条　独立の気力なき者は、国を思ふこと深切（3）ならず。

独立とは、自分にて自分の身を支配し、他に依《よ》りすがる心なきをいふ。自《みづか》ら物事の理非を弁別《べんべつ》して処置《しょち》を誤ることなき者は、他人の智恵に依らざる独立なり。自ら心身を労して私立の活計(4)をなす者は、他人の財に依らざる独立なり。人々この独立の心なくして、ただ他人の力に依りすがらんとのみせば、全国の人はみな依りすがる人のみにて、これを引き受くる者はなかるべし。これをたとへば、盲人《まうじん》の行列に手引きなきがごとし。はなはだ不都合ならずや。

ある人(5)いはく、「民はこれに由《よ》らしむべし、これを知らしむべからず。世の中は目くら千人目あき千人(6)なれば、智者上《かみ》にありて諸民を支配し、上の意に従はしめて可なり」と。この議論は孔子様の流儀なれども、その実は大いに非なり。一国中に人を支配するほどの才徳を備ふる者は、千人の内一人に過ぎず。仮にここに人口百万人の国あらん。この内千人は智者にして、九十九万余の者は無智の小民ならん。智者の才徳をもつてこの小民を支配し、あるいは子のごとくして愛し、あるいは羊のごとくして養ひ、あるいは威《おど》し、あるいは撫《ぶ》し、恩威《おんゐ》ともに行なはれて(7)、その向かふところを示すことあらば、小民も識《し》らず知らずして上《かみ》の命《めい》に従ひ、盗賊・人ごろしの沙汰《さた》もなく、国内安穏《あんをん》に治まることあるべけれども、もとこの国の人民、主客の二様に分かれ(8)、主人たる者は千人の智者にて、よきやうに国を支配し、その余の者は悉皆《しつかい》(9)なにも知らざる客分《きやくぶん》なり。すでに客分とあれば、もとより心配も少なく、ただ主人にのみ依りすがりて、身に引き受くることなきゆゑ、(10)国を患《うれ》ふることも主人のごとくならざるは必然、実に水くさきありさまなり。

国内の事なればともかくもなれども、一旦外国と戦争などの事あらば、その不都合なること思ひ見るべし。無智無力の小民等《ら》、戈《ほこ》を倒《さかしま》にすることもなかるべけれども、「われわれは客分のことなるゆゑ、一命を棄つるは過分なり」(11)とて逃げ走る者多かるべし。さすればこの国の人口、名は百万人なれども、国を守るの一段に至りては、その人数ははなはだ少なく、とても一国の独立は叶《かな》ひ難きなり。(12)

右の次第につき、外国に対してわが国を守らんには、自由独立の気風を全国に充満せしめ、国中の人々、貴賤《きせん》上下の別なく、その国を自分の身の上に引き受け、智者も愚者も、目くらも目あきも、おのおのその国人たるの分を尽くさざるべからず。英人は英国をもつてわが本国と思ひ、日本人は日本国をもつてわが本国と思ひ、その本国の土地は他人の土地にあらず、わが国人の土地なれば、本国のためを思ふことわが家を思ふがごとくし、国のためには財を失ふのみならず、一命をも抛《なげう》ちて惜しむに足らず。これすなはち報国の大義なり。(13)もとより国の政《まつりごと》をなす者は政府にて、その支配を受くる者は人民なれども、こはただ便利のために双方の持ち場を分かちたるのみ。一国全体の面目に拘《かか》はることに至りては、人民の職分として、政府のみに国を預け置き、傍《かたはら》よりこれを見物するの理あらんや。すでに日本国の誰《たれ》、英国の誰と、その姓名の肩書《かたが》きに国の名あれば、その国に住居し、起居眠食《ききよみんしよく》自由自在なるの権義あり。すでにその権義あれば、またしたがつてその職分なかるべからず。

注

（1）個人的独立心の強い国民があって、はじめてその国は独立できるというのがこの編の主題であり、著者生涯の根本精神でもあった。（2）その事情を詳しく言えば、三つの場合がある。（3）深く切実なこと。ここは親切とはやや違う。（4）独立の生計。（5）儒教流の人。以下の句は『論語』（「泰伯」）の「子曰ク、民ハコレニ由ラシムベシ。コレヲ知ラシムベカラズ」をさす。「コレ」は政治。孔子の真意は、政治がよければ、人民に政府を信頼させることができるが、政府の方針を熟知させることは困難だ、という意味と言われるが、一般には著者のように解している。（6）世間は智愚さまざまであるとの意。（7）恩情と威光を並び用いて。（8）そうなると、はじめからこの国の人民は支配者と被支配者にはっきり分かれる。（9）全く。（10）自分に責任がないから。（11）武器を味方に向ける。裏切る。（12）命をすてるのは身分不相応だ。（13）大きな道。

東西両洋国民精神の相違

昔戦国の時、駿河《するが》の今川義元《よしもと》(1)、数万の兵を率《ひき》ゐて織田信長《おだのぶなが》を攻めんとせしとき、信長の策にて桶狭間《をけはざま》に伏勢《ふせぜい》(2)を設け、今川の本陣に迫りて義元の首を取りしかば、駿河の軍勢は蜘蛛《くも》の子を散らすがごとく、戦ひもせずして逃げ走り、当時名高き駿河の今川政府も、一朝に亡びてその痕《あと》なし。近く両三年以前、フランスとプロシアとの戦ひ(3)に、両国接戦の初め、フランス帝ナポレオンはプロシアに生け捕《いど》られたれども、仏人はこれによりて望みを失はざるのみならず、ますます憤発して防ぎ戦ひ、骨をさらし血を流し、数月籠城《ろうじやう》の後、和睦《わぼく》に及びたれども、フランスは依然として旧《もと》のフランスに異《こと》ならず。かの今川の始末に較《くら》ぶれば、日を同じうして語るべからず。(4)そのゆゑは何ぞや。駿河の人民はただ義元一人《ひとり》に依《よ》りすがり、その身は客分の積もりにて、駿河の国をわが本国と思ふ者なく、フランスには報国の士民多くして、国の難を銘々の身に引き受け、人の勧めを待たずして、自《みづか》ら本国のために戦ふ者あるゆゑ、かかる相違も出来しことなり。これによりて考ふれば、外国へ対して自国を守るに当たり、その国人に独立の気力ある者は、国を思ふこと深切にして、独立の気力なき者は、不深切なること推《お》して知るべきなり。

注

(1) 駿河(静岡県)を本拠とした今川義元は、付近の諸国を征服し、永禄三(一五六〇)年、大軍をひきいて上洛する途中、尾張(愛知県)の織田信長の奇襲にあい、尾張の桶狭間(愛知県豊明市)で戦死した。

このため今川氏は滅び、織田氏の勢いが盛んとなる。（2）伏兵《ふくへい》に同じ。忍びの軍勢。（3）普仏戦争（独仏戦争）。一八七〇（明治三）年フランスはプロシアと戦って大敗し、皇帝ナポレオン三世はセダンで捕えられたが、パリ市民は籠城数ヵ月、翌年五月に至り和を結んだ。この戦勝によりプロシアはドイツ統一に成功した。（4）同時に論ぜられる問題ではない。くらべものにならぬ。

日本人民の卑屈

第二条　内に居《ゐ》て独立の地位を得ざる者は、外にありて外国人に接するときも、また独立の権義を伸《の》ぶることあたはず(1)。

独立の気力なき者は、必ず人に依頼す。人に依頼する者は、必ず人を恐る。人を恐るる者は、必ず人に諛《へつら》ふものなり。常に人を恐れ人に諛ふ者は、次第にこれに慣れ、その面《つら》の皮《かは》鉄のごとくなりて、恥づべきを恥ぢず、論ずべきを論ぜず、人をさへ見れば、ただ腰を屈するのみ。いはゆる習ひ性となるとは(2)この事にて、慣れたることは容易に改め難きものなり。たとへば今、日本にて平民に苗字《めうじ》・乗馬を許し、裁判所の風も改まりて(3)、表向きはまづ士族と同等のやうなれども、その習慣俄《にはか》に変ぜず、平民の根性《こんじやう》は依然として旧の平民に異《こと》ならず。言語も賤《いや》しく、応接も賤しく、目上の人に逢《あ》へば、一言半句《いちごんはんく》の理屈を述ぶることあたはず。立てといへば立ち、舞へといへば舞ひ、その柔順なること、家に飼ひたる痩《や》せ犬《いぬ》のごとし。実に無気無力の鉄面皮《てつめんぴ》(4)といふべし。昔鎖国《さこく》の世に、旧幕府のごとき窮屈なる政《まつりごと》を行なふ時代なれば、人民に気力なきも、その政事《せいじ》(5)に差し支へざるのみならず、かへつて便利なるゆゑ、ことさらにこれを無智に陥《おとしい》れ、無理に柔順ならしむるをもつて役人の得意となせしことなれども、今外国と交はるの日に至りては、これがため大なる弊害《へいがい》あり。

たとへば田舎《ゐなか》の商人等《ら》、恐れながら(6)外国の交易に志して、横浜などへ来る者あれば、まづ外国人の骨格逞《たくま》しきを見てこれに驚き、金の多きを見てこれに驚き、商館の洪大《こうだい》なるに驚き、蒸気船の速きに驚き、すでに已《すで》に胆《きも》を落として、(7)おひおひこの外国人に近づき、取り引きするに及んでは、その掛け引きのするどきに驚き、あるいは無理なる理屈をいひ掛けらるることあれば、ただに驚くのみならず、その威力に震《ふる》ひ懼《おそ》れて、無理と知りながら、大なる損亡《そんまう》(8)を受け、大なる恥辱《ちじよく》を蒙《かうむ》ることあり。こは一人の損亡にあらず、一国の損亡なり。一人の恥辱にあらず、一国の恥辱なり。実に馬鹿《ばか》らしきやうなれども、先祖代々独立の気を吸はざる町人根性、武士には窘《くる》しめられ、裁判所(9)には叱《しか》られ、一人扶持《いちにんぶち》取る足軽(10)に逢ひても、御旦那様《おだんなさま》(11)と崇《あが》めし魂は、腹の底まで腐れつき、一朝《てう》一夕《せき》に洗ふべからず。かかる臆病神《おくびやうがみ》の手下ども(12)が、かの大胆不敵なる外国人に逢ひて、胆をぬかるるは無理ならぬことなり。これすなはち内に居《ゐ》て独立を得ざる者は、外にありても独立することあたはざるの証拠なり。

注
(1) 国内においてわが身分に独立の誇りを自覚せぬ者は、外国人と接しても独立の権利を張ることができぬ。ここの「独立の地位」は精神的の独立で、階級的自尊心のこと。「外にありて」は外国に向かっての意。(2) 習慣が性格をつくる。(3) 人民の裁判を平等に扱うようになった。(4) 恥知らず。(5) 政治。(6) 恐る恐る。(7) 初めからすっかり度ぎもを抜かれて。(8) 損失。(9) ここは昔の奉行所や代官所など。(10) 身分の低い武士を誇張して言ったもの。軽輩の武士に一日玄米五合(おとな一日分の食糧)の割で与えられる俸給を一人扶持と言った。足軽は本格的な武士ではないが、苗字を許され、両刀がさせたから、やはり平民よりは身分が上とされていた。(11) 武士に対する尊称。(12) 臆病者をあざけった著者の皮肉。

警戒すべき売国行為

第三条　独立の気力なき者は、人に依頼して(1)悪事をなすことあり。旧幕府の時代に、名目金《みやうもくきん》(2)とて、御三家《ごさんけ》(3)などと唱ふる権威《けんゐ》強き大名の名目を借りて金を貸し、随分《ずゐぶん》無理なる取り引きをなせしことあり。その所業ははなはだ悪《にく》むべし。自分の金を貸して返さざる者あらば、再三再四(4)力を尽くして政府に訴《うつた》ふべきなり。しかるにこの政府を恐れて、訴ふることを知らず、きたなくも他人の名目を借り、他人の暴威に依《よ》りて返金を促《うなが》すとは、卑怯《ひけふ》なる挙動ならずや。今日に至りては、名目金の沙《さ》汰《た》は聞かざれども、あるいは世間に外国人の名目を借る者(5)はあらずや。余輩未《いま》だその確証を得ざるゆゑ、明らかにここに論ずることあたはざれども、昔日の事を思へば、今の世の中にも疑念なきを得ず。この後万々一も外国人雑居《ざつきよ》(6)などの場合に及び、その名目を借りて奸《かん》(7)を働く者あらば、国の禍《わざはひ》実にいふべからざるべし。ゆゑに人民に独立の気力なきは、その取り扱ひに便利、などとて油断すべからず。禍は思はぬところに起こるものなり。国民に独立の気力いよいよ少なければ、国を売るの禍もまたしたがつてますます大なるべし。すなはちこの条の初めにいへる、人に依頼して悪事をなすとはこの事なり。

注

（1）他人の威光をかさに着て。　（2）江戸時代に御三家・諸大名・有力な社寺等の名目（名前）をかりて貸しつけた金。名目金は利子も高く、貸借訴訟上の優先権もあって、貸し主には有利であった。明治元（一八六八）年廃止。　（3）徳川将軍家の親類筋にあたる尾州（愛知）・紀州（和歌山）・水戸（茨城）の三藩。　（4）卑怯にも。　（5）外国の威光を利用して日本人を苦しめる者。　（6）外国人に日本全国を開放して、居住・旅行等を自由にさせること。当時はまだ外国人は居留地以外には住めず、旅行にも制限があった。外国人雑居を許すべきか否かがこの時代の大問題であった（実現したのは明治三十二年）。　（7）悪事を働く。

国民総独立の必要

右三箇条にいふところは、みな人民に独立の心なきより生ずる災害なり。今の世に生まれ、いやしくも愛国の意あらん者は、官私を問はず、(1)まづ自己の独立を謀《はか》り、余力あらば他人の独立を助け成《な》すべし。父兄は子弟に独立を教へ、教師は生徒に独立を勧め、士農工商ともに独立して、国を守らざるべからず。概してこれをいへば、(2)人を束縛《そくばく》して独《ひと》り心配を求むるより、人を放《はな》ちてともに苦楽を与《とも》にするにしかざるなり。(3)

（明治六年十二月出版）

注

（1）官吏と民間人の別なく。（2）一言で言えば。（3）政府が人民の自由を奪って、自分だけで国事に苦労するよりも、人民を解放して権利を与え、国家の苦楽を分かち合うほうが賢明だ。

学問のすゝめ　第四編

学者の職分を論ず[1]

日本の独立は可能なりや

近来ひそかに識者の言を聞くに[2]、「今後日本の盛衰は、人智をもつて明らかに計《はか》り難しといへども、到底その独立を失ふの患《うれ》へはなかるべしや[3]、方今《はうこん》目撃するところの勢ひによりて次第に進歩せば[4]、必ず文明盛大の域《ゐき》に至るべしや」といひて、これを問ふ者あり[5]。あるいは「その独立の保つべきと否《いな》とは、今より二、三十年を過ぎざれば、明らかにこれを期すること難《かた》かるべし」といひて、これを疑ふ者あり[6]。あるいははなはだしくこの国を蔑視《べつし》したる外国人の説に従へば、「とても日本の独立は危《あやふ》し」といひて、これを難《かた》んずる者あり[7]。もとより人の説を聞きて、俄《にはか》にこれを信じ、わが望みを失するには[8]あらざれども、畢竟《ひつきやう》この諸説は、わが独立の保つべきと否とにつきての疑問なり。事に疑ひあらざれば、問ひの由《よ》つて起こるべき理なし。(9) 今試みに英国に行き、「ブリテン(10)の独立保つべきや否」といひてこれを問はば、人みな笑ひて答ふる者なかるべし。その答ふる者なきは何ぞや。これを疑はざればなり。しからばすなはちわが国文明のありさま、今日《こんにち》をもつて昨日《さくじつ》に比すれば、あるいは進歩せしに似たることあるも、その結局に至りては、未《いま》だ一点の疑ひあるを免《まぬか》れず。いやしくもこの国に生まれて日本人の名ある者は、これに寒心(11)せざるを得んや。今わが輩(12)もこの国に生まれて日本人の名あり。すでにその名あれば、またおのおのその分を明らかにして、尽くすところなかるべからず。もとより 政《まつりごと》 の字の義に限りたる事をなすは政府の任なれども、(13) 人間の事務(14)には政府の関《かか》はるべからざるものもまた多し。ゆゑに一国の全体を整理(15)するには、人民と政府と両立して、はじめてその成功を得《う》べきものなれば、わが輩は国民たるの分限(16)を尽くし、政府は政府たるの分限を尽くし、互ひに相助け、もつて全国の独立を維持せざるべからず。

注

（1）学者は官尊民卑の風にならわず、民間で独力の仕事をするのが今日の急務だということを主題とした。この編は多分著者が自分の属していた明六社（一流学者の団体）の会合で行なった談話の文章化らしい。したがって前の諸編とは成立の事情を異にし、文章もややむずかしくなっている。（2）公然とは耳にせぬが。（3）結局独立を失う心配はないだろうか。（4）あるいは現在見ているような情勢にしたがって進んで行けば。（5）これを問題にする者がある。（6）この「とても」は現在の用法と同じだが、当時としては珍しい。（7）困難視する。（8）軽率に信用して失望する。（9）明白な事柄には質問の生ずる余地はない。（10）Britain　イングランド・ウェールズ・スコットランドの総称。大英帝国。（11）心配。（12）われわれ日本人。単数ではない。（13）行政・財政など政の字のつく範囲内のことは政府の任務だが。（14）世間の事業。「人間」は世間。「事務」は今のビジネスより意味が広い。（15）整備充実。（16）責任。

官民の力の平均なかるべからず

すべて物を維持するには、力の平均なかるべからず。たとへば人身のごとし。これを健康に保たんとするには、飲食なかるべからず、大気・光線なかるべからず。寒熱痛痒《つうやう》(1)外《そと》より刺衝《ししよう》(2)して、内よりこれに応じ、もつて一身の働きを調和するなり。今俄《にはか》にこの外物の刺衝を去り、ただ生力の働くところに任《まか》してこれを放頓《はうとん》することあらば(3)、人身の健康は一日も保つべからず。国もまたしかり。政は一国の働きなり。この働きを調和して国の独立を保たんとするには、内に政府の力あり、外に人民の力あり、内外相応じてその力を平均せざるべからず。ゆゑに政府はなほ生力のごとく、人民はなほ外物の刺衝のごとし。今俄にこの刺衝を去り、ただ政府の働くところに任してこれを放頓することあらば、国の独立は一日も保つべからず。いやしくも人身窮理《きゅうり》の義を明らかにし、その定則をもつて一国経済の議論に施《ほどこ》すことを知る者は(4)、この理を疑ふことなかるべし。

注

(1) 痛さやかゆさ。(2) 刺激。(3) 生命力の活動に任せて放置するならば。(4) 人体生理の性質を心得て、その原理を政治の論にもあてはめられることを知る者は。「人身窮理」は生理学、「経済」はここでは経国済民の道、すなわち政治。

依然たる専制の政府と無気力の人民

方今《ほうこん》わが国の形勢を察し、その外国に及ばざるものを挙《あ》ぐれば、いはく学術、いはく商売(1)、いはく法律、これなり。世の文明はもつぱらこの三者に関し、三者挙がらざれば(2)国の独立を得ざること、識者をまたずして明らかなり(3)。しかるに今わが国において、一《いつ》もその体《たい》を成《な》したるものなし(4)。

政府一新の時より、在官の人物、力を尽くさざるにあらず(5)、その才力また拙劣《せつれつ》なるにあらずといへども、事を行なふに当たり、いかんともすべからざるの原因ありて、意のごとくならざるもの多し。その原因とは、人民の無智文盲《もんもう》すなはちこれなり。政府すでにその原因のあるところを知り、頻《しき》りに学術を勧め、法律を議し(6)、商法を立つるの道を示す等(7)、あるいは人民に説諭し、あるいは自《みず》ら先例を示し(8)、百方その術を尽くすといへども、今日に至るまで未だ実効の挙がるを見ず。政府は依然たる専制の政府、人民は依然たる無気無力の愚民のみ。あるいは僅《わず》かに進歩せしことあるも、これがため労するところの力と、費《つひや》すところの金とに比すれば、その奏功見るに足《た》るもの少なきは何ぞや。けだし一国の文明は、独《ひと》り政府の力をもつて進むべきものにあらざるなり。

注

(1)本書では、経済のことをしばしば平易に商売と表現している。(2)この三者が発達せねば。(3)識者の意見を聞かなくてもわかる。(4)軌道に乗ったものはない。(5)明治維新以来、政府の役人が努力しないではない。(6)近代的法律の制定に調査論議を続ける。(7)新しい商売経営の方法を国民に指示する。(8)政府が官営の大工場を建てて、近代産業の範を示したことなどをさす。

人民無気力の由来

人(1)あるいはいはく、「政府はしばらくこの愚民を御《ぎょ》するに一時の術策を用ひ、その智徳の進むを待ちて後に、自《みづか》ら文明の域に入らしむるなり(2)」と。この説は言ふべくして行なふべからず。わが全国の人民、数千百年専制の政治に窘《くる》しめられ、人々その心に思ふところを発露することあたはず。(3)欺《あざむ》きて安全を偸《ぬす》み、詐《いつは》りて罪を遁《のが》れ、(4)欺詐《ぎさ》術策は人生必需の具となり、(5)不誠不実は日常の習慣となり、恥づる者もなく、怪しむ者もなく、一身の廉恥《れんち》すでに地を払つて尽きたり。(6)あに国を思ふに遑《いとま》あらんや。(7)政府はこの悪弊を矯《た》めんとして、ますます虚威を張り、これを嚇《かく》し、これを叱《しつ》し、強《し》ひて誠実に移らしめんとして、かへつてますます不信に導き、(8)その事情あたかも火をもつて火を救ふがごとし。つひに上下の間《あひだ》(10)隔絶して、おのおの一種無形の気風をなせり。(9)その気風(11)とはいはゆる「スピリット」なるものにて、俄《にはか》にこれを動かすべからず。近日に至り、政府の外形は大いに改まりたれども、その専制抑圧《よくあつ》の気風(12)は、今なほ存せり。人民もやや権利(13)を得《う》るに似たれども、その卑屈不信の気風(14)は依然として旧《きう》に異《こと》ならず。この気風は無形無体にして、にはかに一個の人に就《つ》き、一場《いちぢやう》の事を見て名状すべきものにあらざれども、(15)その実の力ははなはだ強くして、世間全体の事跡にあらはるるを見れば、明らかにその虚にあらざるを知るべし。(16)試みにその一を挙げていはん。

注

（1）政府を支持する人。　（2）現政府は愚民を指導するために、当分強制手段をもって政府の方針に従わしめ、彼らの智徳の進むのを待って、自発的に文明に入らしめようとするのだ。（3）自分の本心を正直に言う習慣を失っている。　（4）政府をごまかして安全を図り、役人をだまして罪を遁れる。（5）うそとごまかしが世渡りの必要手段となる。（6）わが身の恥を知る精神などはまったくなくなった。（7）どうして国家を思うようなゆとりがあろうか。（8）封建時代以来、政府は人民の不誠実を改め直すために、お上の威光をかさに着て、おどしたり、しかったりして、正直に導こうとしたが、かえってますます不正直に追いやる結果になった。（9）政府と人民との間がかけ離れて、役人かたぎ・百姓・町人かたぎができてしまった。（10）spirit　その社会の気風。（11）明治になって。（12）役人が人民を押さえつけて、威張る気風。（13）本書中「権利」の字の唯一の例。（14）人民が役人にペコペコする不誠実な気風。（15）ただひとりの人物や一場の事件を見ただけで、たやすくその事実を証明することはできないが。（16）社会全体の現象に出てくるところを見れば、否定できぬであろう。

官民疎隔の伝統

今在官の人物少なしとせず。私《わたくし》(1)にその言を聞き、その行なひを見れば、概《おほむ》ねみな闊達大度《くわつたつたいど》の士君子(2)にて、わが輩これを間然《かんぜん》(3)するあたはざるのみならず、その言行あるいは慕ふべきものあり。また一方よりいへば、平民といへども悉皆《しつかい》無気無力の愚民のみにあらず。万《まん》に一人《ひとり》は公明誠実の良民もあるべし。しかるに今この士君子、政府に会して政《まつりごと》をなすに当たり、その為政《ゐせい》の事跡を見れば、わが輩の悦《よろこ》ばざるものはなはだ多く、またかの誠実なる良民も、政府に接すればたちまちその節を屈し、(4)偽詐《ぎさ》術策、もつて官を欺《あざむ》き、かつて恥づるものなし。(5)この士君子にしてこの政を施し、この民にしてこの賤劣に陥《おちい》るは何ぞや。(6)あたかも一身両頭あるがごとし。私にありては智なり、官にありては愚《ぐ》なり。(7)これを散ずれば明《めい》なり、これを集むれば暗《あん》なり。(8)政府は衆智者の集まる所にして、一愚人の事を行なふものといふべし。(9)あに怪しまざるを得んや。畢竟《ひつきやう》そのしかる由縁《ゆえん》は、かの気風なるものに制せられて、人々自《みづか》ら一個の働きを逞《たくま》しうすることあたはざるに由《よ》りて致《いた》すところならんか。(10)維新以来、政府にて学術・法律・商売等の道を興さんとして効験《かうけん》なきも、その病の原因はけだしここにあるなり。しかるに今、一時の術を用ひて下民《かみん》(11)を御《ぎよ》し、その知徳の進むを待つとは、威《ゐ》をもつて人を文明に強ゆ《(ふ)》る(12)ものか、しからざれば欺きて善に帰せしむるの策なるべし。政府威を用ふれば、人民は偽《ぎ》をもつてこれに応ぜん、政府欺《ぎ》を用ふれば、人民は容《かたち》を作りて(13)これに従はんのみ。これを上策といふべからず。たとひその策は巧みなるも、文明の事実(14)に施して益なかるべし。ゆゑにいはく、世の文明を進むるには、ただ政府の力のみに依頼すべからざるなり。

注

（1）個人的に。（2）気持ちが大きく了見が広い紳士。（3）非難する。（4）卑屈になる。（5）少しも恥としない。（6）こんな偉い紳士がこんなつまらぬ政治をし、こんなりっぱな人民がこんなに卑屈になるのはなぜか。（7）個人としては智者であるが、役人としては愚者となる。（8）ひとりひとり離しておけば賢明だが、集めると暗愚になる。（9）日本の政府はおおぜいの智者が集まって、一つの愚行を演ずる場所と言える。著者の名言の一つ。（10）例の役人かたぎや百姓町人根性に支配されて、各自の個性が発揮できぬためだろう。（11）「ゲミン」ともよむ。愚民。（12）政府の威光で人民に文明を強制する。（13）うわべを繕って。（14）文明の事業。上記の学術・法律・商売等。

洋学者の事大主義

右所論をもつて考ふれば、方今《はうこん》わが国の文明を進むるには、まづかの人心に浸《しん》潤《じゅん》(1)したる気風を一掃せざるべからず。これを一掃するの法、政府の命をもつてし難し。私の説論をもつてし難し。(2)必ずしも(3)人に先《さき》だつて私に事をなし、もつて人民の由《よ》るべき標的を示す者なかるべからず。今この標的となるべき人物を求むるに、農の中《うち》にあらず、商の中にあらず、また和漢の学者中にもあらず。その任に当たる者は、ただ一種の洋学者流あるのみ。(4)しかるにまたこれに依頼すべからざるの事情あり。(5)近来この流の人やうやく世間に増加し、あるいは横文《わうぶん》を講じ、あるいは訳書を読み、もつぱら力を尽くすに似たりといへども、学者あるいは字を読みて義を解《せ》さざるか、(6)あるいは義を解してこれを事実に施すの誠意なきか、その所業につき、わが輩の疑ひを存するもの尠《すく》なからず。その疑ひを存するとは、この学者士君子、みな官あるを知りて、私あるを知らず、(7)政府の上《うへ》に立つの術を知りて、政府の下《した》に居《ゐ》るの道を知らざるの一事なり。畢竟《ひつきやう》漢学者流の悪習(8)を免《まぬか》れざるものにて、あたかも漢を体《たい》にして、洋を衣《い》にするがごとし。(9)試みにその実証を挙《あ》げていはん。

方今《はうこん》世の洋学者流は、概《おほむ》ねみな官途に就《つ》き、(10)私《わたくし》に事をなす者は、僅《わづ》かに指を屈するに足らず。けだしその官にあるは、ただ利これ貪《むさぼ》るのためのみにあらず、生来の教育に先入して、(11)ひたすら政府に眼《め》を着し、政府にあらざれば決して事をなすべからざるものと思ひ、これに依頼して宿昔《しゆくせき》青雲の志を遂《と》げんと欲するのみ。(12)あるいは世に名望ある大家先生といへども、この範囲を脱するを得ず。その所業あるいは賤《いや》しむべきに似たるも、その意は深く咎《とが》むるに足らず。けだし意の悪《あ》しきにあらず、ただ世間の気風に酔ひて、自《みづか》ら知らざるなり。(13)名望を得たる士君子にしてかくのごとし。天下の人あにその風に倣《なら》はざるを得んや。青年の書生僅かに数巻の書を読めば、すなはち官途に志し、有志の町人(14)僅かに数百の元金《もときん》あれば、すなはち官の名をかりて商売を行なはんとし、(15)学校も官許《くわんきよ》なり、説教も官許なり、牧牛も官許、養蚕も官許、およそ民間の事業、十に七、八は官の関せざるものなし。ここをもつて世の人心ますますその風に靡《なび》き、官を慕ひ官を頼み、官を恐れ官に諂《へつら》ひ、毫《がう》も独立の丹心《たんしん》を発露する[16]者なくして、その醜体見るに忍びざることなり。

たとへば方今《はうこん》出版の新聞紙、および諸方の上書《じやうしよ》・建白[17]の類もその一例なり。出版の条令[18]はなはだしく厳なるにあらざれども、新聞紙の面《おもて》を見れば、政府の忌諱《きき》に触るる[19]ことは絶えて載せざるのみならず、官に一毫《いちがう》の美事《びじ》あれば[20]、みだりにこれを称誉してその実に過ぎ、あたかも娼妓《しやうぎ》の客に媚《こ》ぶるがごとし[21]。またかの上書・建白を見れば、その文常に卑劣《ひれつ》をきはめ、みだりに政府を尊崇《そんすう》すること鬼神《きしん》[22]のごとく、自ら賤《いや》しんずること罪人のごとくし、同等の人間世界にあるべからざる虚文[23]を用ひ、恬《てん》として[24]恥づる者なし。この文を読みてその人を想《おも》へば、ただ狂人をもつて評すべきのみ[25]。しかるに今、この新聞紙を出版し、あるいは政府に建白する者は、概《おほむ》ね皆な世の洋学者流にて、その私につきて見れば[26]、必ずしも娼妓にあらず、また狂人にもあらず。しかるにその不誠不実、かくのごときのはなはだしきに至る所以《ゆゑん》は、未《いま》だ世間に民権を首唱する実例なきをもつて[27]、ただかの卑屈の気風に制せられ、その気風に雷同[28]して、国民の本色《ほんしよく》[29]をあらはし得ざるなり。これを概すれば[30]、日本にはただ政府ありて、未だ国民あらずといふも可なり。ゆゑにいはく、人民の気風を一洗して世の文明を進むるには、今の洋学者流にもまた依頼すべからざるなり。

注

（1）しみこむ。（2）だれか偉い人のお説教だけでもだめだ。（3）「必ずしも」は文法的には「必ず」が正しい。著者の文章には、この誤用が多い。世人に先立って民間で事業を実行し、人民に自ら見本を示す人が必要だ。（4）洋学者というただ一種類の人間があるだけだ。（5）肝心の洋学者もあてにならぬ理由がある。（6）西洋の文章だけ読んで、その精神（自由独立の精神）を解せぬのか。文法上「解せざる」が正しい。（7）政府だけに色目を使って、民間の仕事に気がない。（8）封建時代の漢学者は、大名に仕えて御用を勤めるのを名誉とした。（9）漢学者の胴体に洋学の着物をつけただけだ。（10）役人となる。（11）生まれて以来の官尊民卑の教育がしみこんで。（12）政府の力をかりて、永年の出世の希望をとげようとはかるにほかならぬ。「宿昔」は遠い昔。「青雲の志」は立身の願い。「宿昔青雲ノ志、蹉跎《サタ》タリ白髪ノ年」（「照鏡見白髪」、張九齢）の詩句による。（13）自分の卑屈さに気づかないのだ。（14）金もうけしようとする町人。（15）政府の許可を得たことを売り物にする。（16）独立で民業を営む元気を示す者。（17）政府に差し出す書類や意見書。（18）出版取り締まりの規則。（19）「キイ」とよむのは慣用。きげんをそこなう。（20）少しでもいい事があれば。（21）まるで遊女が客のきげんを取るようだ。（22）神霊。（23）同じ人間社会にあるまじき虚礼の文。（24）平気で。（25）この卑劣な文を読んでその筆者を想像すれば、狂人かと思われる。（26）私生活を見れば。（27）人民の権利を主張する先例がなかったので。「民権」は特に国民の参政権を言う場合も多いが、ここでは広く自主自由の権。（28）感染。（29）国民自身の本領。（30）一言で言えば。

わが輩の使命

前条所記の論説はたして是《ぜ》ならば[1]、わが国の文明を進めてその独立を維持するは、独《ひと》り政府の能《よ》くするところにあらず[2]、また今の洋学者流も依頼するに足らず。必ずわが輩の任ずるところにして[3]、まず我より事の端《たん》を開き[4]、愚民の先《せん》をなすのみならず、またかの洋学者流のために先駆《せんく》して、その向かふところを示さざるべからず。今わが輩の身分を考ふるに、その学識もとより浅劣《せんれつ》なりといへども、洋学に志すこと日すでに久しく、この国にありては中人《ちゆうじん》[5]以上の地位にある者なり。晩近《ばんきん》[6]世《よ》の改革も、もしわが輩の主として始めし事にあらざれば、暗《あん》にこれを助け成したるものなり[7]。あるいは助成の力なきも、その改革はわが輩の悦《よろこ》ぶところなれば、世の人もまたわが輩を目《もく》するに改革家流の名をもつてすること必《ひつ》せり[8]。すでに改革家の名ありて、またその身は中人以上の地位にあり。世人あるいはわが輩の所業をもつて標的[9]となす者あるべし。しからばすなはち今、人に先だつて事をなすは、まさにこれをわが輩の任といふべきなり。

そもそも事をなすに、これを命ずるはこれを諭《さと》すにしかず、これを諭すは我よりその実の例を示すにしかず。しかりしかうして[10]、政府はただ命ずるの権あるのみ。これを諭して実の例を示すは私の事[11]なれば、わが輩まず私立の地位を占《し》め[12]、あるいは学術を講じ、あるいは商売に従事し、あるいは法律を議し、あるいは書を著《あら》はし、あるいは新聞紙を出版するなど、およそ国民たるの分限に越えざる事は、忌諱《きき》を憚《はばか》らずして⒀これを行なひ、固《かた》く法を守りて正《ただ》しく事を処し、あるいは政令信ならずして曲を被《かうむ》ることあらば、⒁わが地位を屈せずしてこれを論じ、あたかも政府の頂門に一針《いっしん》を加へ、⒂旧弊を除きて民権を恢復《くわいふく》せんこと、方今《はうこん》至急の要務なるべし。もとより私立の事業は多端、⒃かつこれを行なふ人にもおのおの所長⒄あるものなれば、僅《わづ》かに数輩⒅の学者にて悉皆《しっかい》その事をなすべきにあらざれども、わが目的とするところは、事を行なふの巧みなるを示すにあらず。ただ天下の人に私立の方向を知らしめんとするのみ。百回の説諭《せつゆ》を費《つひや》すは、一回の実例を示すにしかず。今我より私立の実例を示し、「人間の事業⒆は独《ひと》り政府の任にあらず。学者は学者にて私《わたくし》に事を行なふべし。町人は町人にて私に事をなすべし。政府も日本の政府なり。人民も日本の人民なり。政府は恐るべからず、近づくべし。疑ふべからず、親しむべし」⒇との趣を知らしめなば、人民やうやく向かふところを明らかにし、上下固有の気風も次第に消滅《せうめつ》して、はじめて真の日本国民を生じ、政府の玩具《ぐわんぐ》たらずして、政府の刺衝《ししよう》となり、㉑学術以下三者もおのづからその所有に帰して、国民の力と政府の力と互ひに相平均し、もつて全国の独立を維持すべきなり。

注

（1）正しいならば。（2）政府だけの力ではできぬ。（3）われわれの使命である。これ以下の「わが輩」は著者だけでなく、彼の同志（慶応義塾の人々）を含めている。（4）事業の先例をつくる。（5）中流階級。（6）近ごろ。（7）われわれがおもに指導したものか、さもなければかげから助力したものだ。（8）必定だ。（9）模範。（10）そうして。（11）民間人の役目。（12）政府と無関係な立場。（13）政府の鼻息をうかがうことなく。（14）もし政府が法をそのとおり実行せぬために、国民が不当の被害をうけた場合は。（15）いわば政府にお灸《きゅう》をすえて。「頂門の一針」とは頭の急所に針をさすことで、警告の意。（16）多方面。（17）長所。（18）数人。（19）世間の事業。（20）官尊民卑の古来の気風。（21）人民は政府の自由になるおもちゃではなく、政府を強化する刺激となる。

学者独立の急務

以上論ずるところを概すれば、今の世の学者、この国の独立を助け成さんとするに当たりて、政府の範囲に入り、官にありて事をなすと、その範囲を脱して、私立するとの利害得失を述べ、本論は私立に左袒《さたん》（1）したるものなり。すべて世の事物を精《くわ》しく論ずれば、利あらざるものは必ず害あり、得《とく》あらざるものは必ず失あり。利害得失相半ばするものはあるべからず。わが輩もとより為《ため》にするところありて（2）、私立を主張するにあらず、ただ平生の所見を証して、これを論じたるのみ。世人もし確証を掲《かか》げてこの論説を排し、明らかに私立の不利を述ぶる者あらば、余輩は悦《よろこ》んでこれに従ひ、天下の害をなすことなかるべし。

注

(1) 賛成。 (2) ほかになにか目的があって。

付　録

質問に答ふ

本論につき二、三の問答あり、よつてこれを巻末に記《しる》す(1)。

その一にいはく、「事をなすは有力なる政府に依《よ》るの便利にしかず」と。答へていはく、文明を進むるは独《ひと》り政府の力のみに依頼すべからず。その弁論すでに本文に明らかなり。かつ政府にて事をなすはすでに数年の実験(2)あれども、未だその奏功《そうこう》を見ず。あるいは私の事もはたしてその功を期し難しといへども、議論上において明らかに見込みあれば、これを試みざるべからず。未だ試みずしてまづその成否を疑ふ者は、これを勇者といふべからず。

二にいはく、「政府、人に乏《とぼ》し。有力の人物政府を離れなば、官務に差し支《つか》へあるべし」と。答へていはく、決してしからず。今の政府は官員の多きを患《うれ》ふるなり。事を簡にして官員を減ずれば、その事務はよく整理(3)して、その人員は世間の用をなすべし。一挙して両得なり(4)。ことさらに政府の事務を多端にし、有用の人を取りて無用の事をなさしむるは、策の拙《せつ》なるものといふべし。かつこの人物政府を離るるも、去りて外国に行くにあらず、日本に居《ゐ》て日本の事をなすのみ。なんぞ患ふるに足らん。

三にいはく、「政府の外《そと》に私立の人物集まることあらば、おのづから政府のごとくなりて、本政府の権を落とすに至らん」と。答へていはく、この説は小人《せうじん》(5)の説なり。私立の人も在官の人も、等しく日本人なり。ただ地位を異《こと》にして事をなすのみ。その実は相助けて、ともに全国の便利を謀《はか》るものなれば、敵にあらず、真の益友《えきいう》なり。かつこの私立の人物なる者、法を犯《をか》すことあらば、これを罰して可なり。毫《がう》も恐るるに足らず。

四にいはく、「私立せんと欲する人物あるも、官途を離るれば他に活計の道なし」と。答へていはく、この言は士君子のいふべき言にあらず。すでに自ら学者と唱へて天下の事を患ふる者、あに無芸の人物あらんや。芸をもつて口を糊《こ》(6)するは難きにあらず。かつ官にありて公務を司《つかさど》るも、私に居《ゐ》て業を営むも、その難易異《なんいこと》なるの理なし。もし官の事務易くして、その利益私の営業よりも多きことあらば、すなはちその利益は、働きの実に過ぎたるものといふべし。実に過ぐるの利を貪《むさぼ》るは、君子のなさざるところなり。無芸無能、僥倖《げうかう》によりて官途に就《つ》き、みだりに給料を貪りて奢侈《しやし》の資となし、戯《たはむ》れに天下の事を談ずる者は、わが輩の友にあらず。(8)

(明治七年一月出版)

注

(1) 著者が以上の論を明六社の会合で発表した席上、会員の間から質問や反論が出たので、その問答を付記したのであろう。(2) 経験。(3) 整頓。(4) 一つのしわざが二つの利益をもたらす。役人を減らす一事が、かえって政府の事務を整頓させる上、有用な人物を民間に回すことになって、両得である。(5) つまらぬ人間。(6) 身についたわざで生活を立てる。「芸」は技芸だけではなく、専門の学術も含む。(7) その収入は実際の働き以上の不当利得だ。(8) 腹にもなく口先だけで天下国家の事を論ずる者は、われわれの同志となる資格はない。

付記

この学者職分論は、官僚学者の多かった明六社にセンセーションを与え、「明六雑誌」第二号(明治七年三月）には、会員加藤弘之《ひろゆき》・森有礼《ありのり》・津田真道《まさみち》・西周《あまね》の反対論が載った。しかしいずれも著者の信念を打破するほど力強い議論ではなかった。

学問のすゝめ　第五編

端書

『学問のすゝめ』はもと民間の読本《とくほん》または小学の教授本に供《そな》へたるものなれば、初編より二編・三編までも勉《つと》めて俗語を用ひ、文章を読み易《やす》くするを趣意《しゆい》となしたりしが、四編に至り、少しく文の体を改めて、あるいはむづかしき文字を用ひたるところもあり。またこの五編も明治七年一月一日社中会同(1)の時に述べたる詞《ことば》を文章に記《しる》したるものなれば、その文の体裁も四編に異《こと》ならずして、あるいは解し難きの恐れなきにあらず。畢竟《ひつきやう》四・五の二編は学者を相手にして論を立てしものなるゆゑ、この次第に及びたるなり。世の学者は大概みな腰ぬけにて、その気力は不慥《ふたし》かなれども、(2)文字を見る眼《め》は中々慥かにして、いかなる難文にても困る者なきゆゑ、この二冊にも遠慮なく文章をむづかしく書き、その意味もおのづから高上になりて、これがためもと民間の読本たるべき『学問のすゝめ』の趣意を失ひしは、初学の輩に対してはなはだ気の毒なれども、六編より後はまたもとの体裁に復《かへ》り、もつぱら解し易きを主として初学の便利に供し、さらに難文を用ふることなかるべきがゆゑに、看官《かんくわん》(3)この二冊をもつて全部の難易《なんい》を評するなかれ。

注

(1) 慶応義塾の会合。著者が社中と言っているのは、つねに慶応義塾の仲間をさす。(2) 腹がすわってはいないが。(3) 読者。

明治七年一月一日の詞《ことば》(1)

薄弱なる日本の独立

わが輩(2)今日慶応義塾にありて、明治七年一月一日に逢《あ》へり。この年号はわが国独立の年号なり。この塾はわが社中独立の塾なり。独立の塾に居《ゐ》て独立の新年に逢ふを得《う》るは、また悦《よろこ》ばしからずや。けだしこれを得て悦ぶべきものは、これを失へば悲しみとなるべし。ゆゑに今日悦ぶの時において、他日悲しむの時あるを忘るべからず。(3)

古来わが国治乱の沿革(4)により、政府はしばしば改まりたれども、今日に至るまで国の独立を失はざりし由縁《ゆえん》は、国民鎖国《さこく》の風習に安んじ、治乱興廃《ちらんこうはい》、外国に関することなかりしをもつてなり。外国に関係あらざれば、治《ち》も一国内の治なり、乱も一国内の乱なり。またこの治乱を経て失はざりし独立も、ただ一国内の独立にて、未《いま》だ他に対して鋒《ほこさき》を争ひしものにあらず。(5) これをたとへば、小児《せうに》の家内に育せられて、未だ外人(6)に接せざる者のごとし。その薄弱なること、もとより知るべきなり。

今や外国の交際俄《にはか》に開け、国内の事務一《いつ》としてこれに関せざるものなし。事々物々《じじぶつぶつ》、みな外国に比較して処置せざるべからざるの勢ひに至り、古来わが国人《こくじん》の力にて僅《わづ》かに達し得たる文明のありさまをもつて、西洋諸国のありさまに比すれば、ただに三舎を譲る(7)のみならず、これは倣《なら》はんとして、あるいは望洋の嘆(8)を免《まぬか》れず。ますますわが独立の薄弱なるを覚ゆるなり。

注

(1) この文の内容は、四編「学者の職分を論ず」と全く同趣旨である。けだし明六社と慶応義塾で同様の談話を別々に発表したのであろう。(2) われわれ。(3) この時代海外列強の圧迫に対して、著者ら先覚者がいかに危機感をいだいていたかがわかる。(4) 治乱の移り変わり。(5) 外国と戦闘をまじえたわけではない。(6) 他人。(7) 遠く及ばぬ。(8) あまり相手が大きすぎて見当のつかぬ嘆き。

文明の根本は人民独立の気力にあり

国の文明は形をもつて評すべからず。学校といひ、工業といひ、陸軍といひ、海軍といふも、みなこれ文明の形のみ。この形を作るは難きにあらず。ただ銭をもつて買ふべしといへども、(1)ここにまた無形の一物あり。この物たるや、目見るべからず、耳聞くべからず、売買すべからず、貸借《たいしやく》すべからず。あまねく国人の間《あひだ》に位《くらゐ》して、その作用はなはだ強く、この物あらざれば、かの学校以下の諸件も実の用をなさず、真にこれを文明の精神といふべき至大至重《しだいしぢゆう》のものなり。けだしその物とは何ぞや。いはく、人民独立の気力、すなはちこれなり。

近来わが政府、頻《しき》りに学校を建て、工業を勧《すす》め、海陸軍の制も大いに面目を改め、文明の形、ほぼ備はりたれども、人民未だ外国へ対してわが独立を固《かた》くし、ともに先《さき》を争はんとする者なし。(2)ただにこれと争はざるのみならず、たまたま彼《かれ》の事情を知るべき機会を得たる人にても、未《いだ》だこれを詳《つまび》らかにせずして、まづこれを恐るるのみ。他に対してすでに恐怖の心を抱くときは、たとひ我にいささか得《う》るところあるも、これを外に施すに由《よし》なし。(3)畢竟《ひつきやう》人民に独立の気力あらざれば、かの文明の形もつひに無用の長物《ちやうぶつ》に属するなり。

注 (1) 銭で買えるが。 (2) 外国と競争しようとする者がない。 (3) かりに日本にいくらかすぐれた点があっても、それを外国に向かって発揮できぬ。

政府智力を増して民心退縮す

そもそもわが国の人民に気力なきその原因を尋《たづ》ぬるに、数千百年の古《いにしへ》より、全国の権柄《けんぺい》(1)を政府の一手《いって》に握り、武備・文学(2)より工業・商売に至るまで、人間些末《さまつ》の事務(3)といへども政府の関《かか》はらざるものなく、人民はただ政府の嗾《そう》する(4)ところに向かひて奔《ほん》走《そう》するのみ。あたかも国は政府の私有(5)にして、人民は国の食客たるがごとし。すでに無宿の食客となりて、僅《わづ》かにこの国中に寄食するを得《う》るものなれば、国を視《み》ること逆《げき》旅《りよ》(6)のごとく、かつて深切の意を尽くすことなく(7)、またその気力をあらはすべき機会をも得ずして、つひに全国の気風を養ひ成したるなり。

しかのみならず、今日に至りては、なほこれよりはなはだしきことあり。おほよそ世間の事物、進まざる者は必ず退き、退かざる者は必ず進む。進まず退かずして瀦滞《ちよたい》(8)する者はあるべからざるの理なり。今日本のありさまを見るに、文明の形は進むに似たれども、文明の精神たる人民の気力は、日に退歩に赴《おもむ》けり。請《こ》ふ、試みにこれを論

ぜん。(9)

在昔《ざいせき》足利・徳川の政府においては、民を御《ぎよ》するにただ力を用ひ、人民の政府に服するは力足らざればなり。力足らざる者は心服するにあらず、ただこれを恐れて服従の容《かたち》をなすのみ。(10)今の政府はただ力あるのみならず、その智恵《ちゑ》すこぶる敏捷《びんせふ》にして、かつて事の機に後《おく》るることなし。(11)一新の後、未だ十年ならずして、学校・兵備の改革(12)あり、鉄道・電信の設《まう》けあり。(13)その他石室《せきしつ》(14)を作り、鉄橋を架《か》する等、その決断の神速なると、その成功の美なるとに至りては、実に人の耳目《じもく》を驚かすに足れり。しかるにこの学校・兵備は、政府の学校・兵備なり。鉄道・電信も政府の鉄道・電信なり。石室・鉄橋も政府の石室・鉄橋なり。人民はたして何の観をなすべきや。(15)人みないはん、「政府はただに力あるのみならず、兼ねてまた智あり。わが輩の遠く及ぶところにあらず。政府は雲上にありて国を司《つかさど》り、わが輩は下に居《ゐ》てこれに依頼するのみ。国を患《うれ》ふるは上《かみ》の任なり。下賤《げせん》の関《かか》はるところにあらず」と。

概してこれをいへば、古《いにしへ》の政府は力を用ひ、今の政府は力と智とを用ゆ《(ふ)》。古の政府は民を御《ぎよ》するの術に乏《とぼ》しく、今の政府はこれに富めり。古の政府は民の力を挫《くじ》き、今の政府はその心を奪ふ。古の政府は民の外を犯《をか》し、今の政府はその内を制す。(16)古の民は政府を視《み》ること鬼《おに》のごとくし、今の民はこれを視ること神のごとくす。古の民は政府を恐れ、今の民は政府を拝《をが》む。この勢ひに乗じて事の轍《わだち》を改むることなくば(17)、政府にて一事を起こせば、文明の形は次第に具《そな》はるに似たれども、人民にはまさしく一段の気力を失ひ(18)、文明の精神は次第に衰《おとろ》ふるのみ。今政府に常備の兵隊あり。人民これを認めて護国の兵となし、その盛んなるを祝して意気揚々たるべきはずなるに、かへつてこれを威民《ゐみん》の具(19)と視《み》なして恐怖するのみ。今政府に学校・鉄道あり。人民これを一国文明の徴《しるし》として誇るべきはずなるに、かへつてこれを政府の私恩に帰《き》し、ますますその賜《たまもの》に依頼するの心を増すのみ。人民すでに自国の政府に対して萎縮震慄《ゐしゆくしんりつ》(20)の心を抱《いだ》けり。あに外国に競《きそ》うて文明を争ふに遑《いとま》あらんや。ゆゑにいはく、人民に独立の気力あらざれば、文明の形を作るも、ただに無用の長物のみならず、かへつて民心を退縮せしむるの具となるべきなり。

注

(1) 支配権。(2) 学問。(3) 世間のささやかな仕事。(4) 命ずる。(5) 財産。(6) 旅人を逆《むか》える所。仮の宿。(7) 少しも国事に深く思いをいたすことがない。(8) 水たまりの水のように停滞する。(9) しばらくこれを論ずるのを聞いてもらいたい。(10) 服従の格好を示すだけだ。(11) 少しも時機を失わずに新しい手を次々と打つ。(12) 明治五（一八七二）年八月、学制頒布《はんぷ》により全国に小学校を設け、明治六（一八七三）年一月、徴兵令発布。(13) 明治五年九月、新橋・横浜間に鉄道開通、明治三（一八七〇）年一月、東京・横浜間に電信開通。（14）石や煉瓦《れんが》の洋風建築。（15）どんな観察をくだすだろうか。どう考えるだろうか。（16）昔の幕府は人民の肉体の自由をしばり、明治の政府は人民の精神をも圧倒する。（17）このままの調子で国の進行方向を変えないならば。「乗じて」の縁語で「轍」と言う。（18）人民のほうでは、ちょうどそれだけ無気力になる。（19）人民をおどす武器。（20）恐れてちぢみあがる。

西洋の文明は人民より起こる

右に論ずるところをもつて考ふれば、国の文明は上《かみ》政府より起こるべからず、下《しも》小民より生ずべからず。必ずその中間《ちゆうかん》(1)より興《おこ》りて、衆庶《しゆうしよ》の向かふところを示し、政府と並《なら》び立ちて、はじめて成功を期すべきなり。西洋諸国の史類を案ずるに、商売・工業の道一《いつ》として政府の創造せしものなし。その本《もと》はみな中等の地位にある学者の心《しん》匠《しやう》(2)に成りしもののみ。蒸気機関はワット(3)の発明なり。鉄道はステフェンソン(4)の工夫《くふう》なり。はじめて経済の定則を論じ、商売の法を一変したるはアダム・スミス(5)の功なり。この諸大家は、いはゆる「ミッヅル・カラッス」(6)なる者にて、国の執政《しつせい》(7)にあらず、また力役《りきえき》の小民にあらず。まさに国人の中等に位《くらゐ》し、智力をもつて一世を指揮したる者なり。その工夫発明、まづ一人の心に成れば、これを公《おほやけ》にして実地に施すには、私立の社友を結び(8)、ますますその事を盛大にして、人民無量の幸福を万世に遺《のこ》すなり。

この間《かん》に当たり、政府の義務は、ただその事を妨《さまた》げずして、適宜に行なはれしめ、人心の向かふところを察してこれを保護するのみ。ゆゑに文明の事を行なふ者は私立の人民にして、その文明を護する者は政府なり。ここをもつて一国の人民、あたかもその文明を私有し、これを競ひこれを争ひ、⑼これを羨《うらや》みこれを誇り、国に一《いっ》の美事《びじ》あれば、全国の人民手を拍《う》ちて快と称し、ただ他国に先鞭《せんべん》を着けられん⑽ことを恐るるのみ。ゆゑに文明の事物、悉皆《しっかい》人民の気力を増すの具となり、一事一物も国の独立を助けざるものなし。その事情まさしくわが国のありさまに相反すといふも可なり。

注

（1）中流階級。　（2）くふう。　（3）James Watt（一七三六年～一八一九年）。英国の発明家。　（4）George Stephenson（一七八一年～一八四八年）。同。　（5）Adam Smith（一七二三～九〇年）。英国経済学の元祖。『国富論』の名著によって自由主義経済の原理をうち立てた。　（6）middle-class　中産階級。　（7）大臣。　（8）一個人の発明を社会に広めて実用に供するには、民間有志が会社組織等をつくる。　（9）「これ」は上の「文明」をさすのではなく、不特定の事物を広くさす。万事につけて国民互いに競争する。　（10）先を越される。

わが学者の無自覚

今わが国において、かの「ミッヅル・カラッス」の地位に居《を》り、文明を首唱して国の独立を維持すべき者は、ただ一種の学者のみなれども、(1)この学者なるもの、時勢につき眼《め》を着すること高からざるか、(2)あるいは国を患《うれ》ふること身を患ふるがごとく切ならざるか、あるいは世の気風に酔《よ》ひ、ひたすら政府に依頼して事を成すべきものと思ふか、概《おほむ》ねみなその地位に安んぜずして、(3)去つて官途に赴《おもむ》き、些末《さまつ》の事務に奔走《ほんそう》して、いたづらに身心を労し、(4)その挙動笑ふべきもの多しといへども、自《みづか》らこれを甘《あま》んじ、人もまたこれを怪しまず。はなはだしきは、「野《や》に遺賢《ゐけん》なし」(5)といひて、これを悦《よろこ》ぶ者あり。もとより時勢のしからしむるところにて、その罪一個の人にあらずといへども、国の文明のためには一大災難といふべし。文明を養ひ成すべき任に当たりたる学者にして、その精神の日に衰ふるを傍観して、(6)これを患ふる者なきは、実に長大《ちやうたい》息《そく》(7)すべきなり。また痛哭《つうこく》(8)すべきなり。

注

(1) 唯一の学者階級があるばかりだが。 (2) 民間の力の大切な今日の時勢を知らぬのか。 (3) 民間にいることに満足せず。 (4) 上官の命令でつまらぬ下請け仕事に気骨を折る。 (5) 民間に隠れた賢人がいない。有能の士はすべて政府に登用される。政治の行き届いた状態を示す中国の成句。（6）学者の精神（責任感・自覚）の衰えて行くのを世人が傍観して、の意であろう。ただし、文明の精神（本質）の衰えて行くのを学者が傍観して、と解せぬこともない。（7）おおいに嘆息する。（8）泣き悲しむ。

わが社中は国民の先導者たれ

独《ひと》りわが慶応義塾の社中は、僅《わづ》かにこの災難を免れて、数年（1）独立の名を失はず、独立の塾に居《ゐ》て独立の気を養ひ、その期するところは全国の独立を維持するの一事にあり。しかりといへども、時勢の世を制するや、その力急流のごとく、また大風《たいふう》のごとし。この勢ひに激して屹立《きりつ》する（2）は、もとより易《やす》きにあらず。非常の勇力あるにあらざれば、知らずして流れ、識《し》らずして靡《なび》き、ややもすればその脚《あし》を失するの恐れあるべし。そもそも人の勇力は、ただ読書のみによりて得《う》べきものにあらず。読書は学問の術なり、学問は事をなすの術なり。実地に接して事に慣《な》るるにあらざれば、決して勇力を生ずべからず。わが社中すでにその術を得たる者は、貧苦を忍び艱難《かんなん》を冒《をか》して、その所得の知見を文明の事実に施さざるべからず（3）。その科は枚挙に遑《いとま》あらず（4）。商売勤《つと》めざるべからず、法律議せざるべからず、工業起こさざるべからず、農業勧《すす》めざるべからず。著書・訳術・新聞の出版、およそ文明の事件は、ことごとく取つてわが私有となし、(5)国民の先《せん》をなして、政府と相助け、官の力と私の力と互ひに平均して、一国全体の力を増し、かの薄弱なる独立を移して、動かすべからざるの基礎に置き、外国と鋒《ほこさき》を争ひて毫《がう》も譲《ゆづ》ることなく、今より数十の新年を経て、顧《かへり》みて今月今日のありさまを回想し、今日の独立を悦《よろこ》ばずして、かへつてこれを憫笑《びんせう》するの勢ひに至るは、あに一大快事ならずや。(6)学者宜《よろ》しくその方向を定めて、期するところあるべきなり。(7)

(明治七年一月出版)

注

(1) 多年の意であろう。 (2) この時代の大勢に逆らってしっかり立つ。 (3) 身につけた知識を文明の事業（商売・法律以下）に活用せねばならぬ。「知見」は knowledge の訳語。 (4) その種類はいちいち数えきれぬ。 (5) 文明の事実（事業）はすべてわが手に納める。 (6) 明治七（一八七四）年当時の日本が独立国だったことを喜ぶのではなく、明治七年ごろの日本はなんと貧弱な国だったかとあわれむような状態にしたいものだ。そうなればなんと愉快ではないか（前者の場合は、数十年後の日本が独立を失った状態にほかならぬから、そうなってはたいへんだ）。「憫笑」はあわれんで笑う。 (7) 学徒諸君は独立自主の方針をきめて、将来を覚悟せねばならぬ。

学問のすゝめ　第六編

国法の貴きを論ず(1)

政府は国民の名代なり

政府は国民の名代《みやうだい》にて、国民の思ふところに従ひ事をなすものなり。(2)その職分は罪ある者を取り押《おさ》へて、罪なき者を保護するよりほかならず。(3)すなはちこれ国民の思ふところにして、この趣意を達すれば一国内の便利となるべし。元来罪ある者とは悪人なり、罪なき者とは善人なり。今悪人来たりて善人を害せんとすることあらば、善人自《みづか》らこれを防ぎ、わが父母妻子を殺さんとする者あらば、捕《とら》へてこれを殺し、わが家財を盗まんとする者あらば、捕へてこれを笞《むちう》ち、差し支《つか》へなき理なれども、一人の力にて多勢の悪人を相手に取り、これを防がんとするも、とても叶《かな》ふべきことにあらず。たとひあるいはその手当てをなすも、(4)莫大《ばくだい》の入費にて、益もなきことなるゆゑ、右のごとく国民の総代として政府を立て、善人保護の職分を勤《つと》めしめ、その代はりとして役人の給料はもちろん、政府の諸入用をば悉皆《しっかい》国民より賄《まかな》ふべし、と約束せしことなり。かつまた、政府はすでに国民の総名代となりて事をなすべき権を得たるものなれば、政府のなす事はすなはち国民のなす事にて、国民は必ず政府の法に従はざるべからず。これまた国民と政府との約束なり。ゆゑに国民の政府に従ふは、政府の作りし法に従ふにあらず、自ら作りし法に従ふなり。国民の法を破るは、政府の作りし法を破るにあらず、自ら作りし法を破るなり。その法を破りて刑罰を被《かうむ》るは、政府に罰せらるるにあらず、自ら定めし法によりて罰せらるるなり。この趣を形容していへば、国民たる者は、一人にて二人前の役目を勤むるがごとし。すなはちその一の役目は、自分の名代として政府を立て、一国中の悪人を取り押へて、善人を保護することなり。その二の役目は、固《かた》く政府の約束を守り、その法に従ひて保護を受くることなり。

注

(1) この編および次の第七編は、初編・第二編でも触れた順法精神の必要と、暴力の否定をもっぱら説いたものである。両編ともウェーランドの『修身論』中、「人民の本分」(The Duties of Citizens) の翻訳に近いが、訳文の中間やうしろに日本の実例等を引用し、著者自身の意見をも加えて、生彩ある文章とした。ここにはいわゆる社会契約思想がもっともはっきり現われている。（2）国民の希望に添うて政治をする。（3）「保護するにほかならず」と同じ。著者の筆癖。（4）その手段を講じても。

文明国は私裁を厳禁す

右のごとく、国民は政府と約束して、政令の権柄《けんぺい》(1)を政府に任《まか》せたる者なれば、かりそめにもこの約束を違《たが》へて法に背《そむ》くべからず。人を殺す者を捕へて死刑に行なふも政府の権なり。盗賊を縛《しば》りて獄屋《ごくや》に繋《つな》ぐも政府の権なり。公事《くじ》訴訟《そしょう》を捌《さば》くも政府の権なり。乱妨(2)・喧嘩《けんくわ》を取り押ふるも政府の権なり。これらの事につき、国民は少しも手を出《い》だすべからず。もし心得違ひして、私《わたくし》(3)に罪人《ざいにん》を殺し、あるいは盗賊を捕へてこれを笞《むちう》つなどのことあれば、すなはち国の法を犯し、自《みづか》ら私に他人の罪を裁決する者にて、これを私裁(4)と名づけ、その罪免《ゆる》すべからず。この一段に至りては、文明諸国の法律はなはだ厳重なり。いはゆる威《ゐ》ありて猛《たけ》からざるもの(5)か。わが日本にては、政府の威権盛んなるに似たれども、人民ただ政府の貴《たふと》きを恐れて、その法の貴きを知らざる者あり。今ここに私裁のよろしからざる由縁と、国法の貴き由縁とを記すこと左《さ》のごとし。

たとへばわが家《や》に強盗《がうたう》の入り来たりて、家内の者を威《おど》し、金を奪はんとすることあらん。この時に当たり、家の主人たる者の職分は、この事の次第を政府に訴へ、政府の処置を待つべきはずなれども、事火急《ことくわきふ》(6)にして出訴の間合《まあ》ひもなく、かれこれするうちに、かの強盗はすでに土蔵へ這入《はひ》りて、金を持ち出さんとするの勢ひあり。これを止《とど》めんとすれば、主人の命も危き場合なるゆゑ、やむを得ず家内申し合はせて私《わたくし》にこれを防ぎ、当座の取り計らひにてこの強盗を捕へ置き、しかる後に政府へ訴へ出づるなり。これを捕ふるについては、あるいは棒を用ひ、あるいは刃物《はもの》を用ひ、あるいは賊の身に疵《きず》つくることもあるべし。あるいはその足を打ち折ることもあるべし。事急なるときは、鉄砲をもつて打ち殺すこともあるべしといへども、結局主人たる者は、わが生命を護《まも》り、わが家財を守《まも》るために、一時の取り計らひをなしたるのみにて、決して賊の無礼を咎《とが》め、その罪を罰するの趣意にあらず。罪人を罰するは政府に限りたる権なり。私の職分にあらず。ゆゑに私の力にてすでにこの強盗を取り押へ、わが手に入りし上は、平人《へいじん》の身として、これを殺し、これを打擲《ちやうちやく》すべからざるはもちろん、(7)指一本を賊の身に加ふることをも許さず。ただ政府に告げて、政府の裁判を待つのみ。もしも賊を取り押へし上にて、怒りに乗じてこれを殺し、これを打擲することあれば、その罪は無罪の人を殺し、無罪の人を打擲するに異《こと》ならず。

たとへば某国の律に、「金十円を盗む者はその刑笞《むち》一百、また足をもつて人の面《おもて》を蹴《け》る者もその刑笞一百」とあり。しかるにここに盗賊ありて、人の家に入り、金十円を盗み得て出《い》でんとするとき、主人に取り押へられ、すでに縛《しば》られし上にて、その主人なほも怒りに乗じ、足をもつて賊の面を蹴ることあらん。しかるとき、その国の律をもつてこれを論ずれば、賊は金十円を盗みし罪にて一百の笞を被《かうむ》り、主人もまた平人の身をもつて私に賊の罪を裁決し、足をもつてその面を蹴たる罪により笞《むちう》たるること一百なるべし。国法の厳なることかくのごとし。人々恐れざるべからず。

注

(1) 政治・法律の大きな権力。(2) 乱暴に同じ。(3) 勝手に。(4) 私刑。リンチ。(5) 威厳はあるが荒々しくない。もと『論語』(「述而」) で孔子を形容したことばであるが、ここは国家の威令がよく行なわれて、暴力の横行を許さぬこと。(6) 火のつくように急なことで。(7) 警察や裁判に無関係な普通人が、賊を殺したり、なぐったりしてはならぬのはもちろん。

敵討《かたきう》ちは不法行為

右の理をもつて考ふれば、敵討ちのよろしからざることも合点《がてん》すべし(1)。わが親を殺したる者は、すなはちその国にて一人《ひとり》の人を殺したる公《おほやけ》の罪人《ざいにん》(2)なり。この罪人を捕へて刑に処するは、政府に限りたる職分にて、平人の関《かか》はるところにあらず。しかるにその殺されたる者の子なればとて、政府に代はりて私《わたくし》にこの公の罪人を殺すの理あらんや。差し出がましき挙動といふべきのみならず、国民たるの職分を誤り、政府の約束に背《そむ》くものといふべし。もしこの事につき、政府の処置よろしからずして、罪人を贔屓《ひいき》する等のことあらば、その不筋《ふすぢ》なる次第(3)を政府に訴ふべきのみ。なんらの事故(4)あるも、決して自ら手を出だすべからず。たとひ親の敵は目の前に徘徊《はいくわい》するも、私にこれを殺すの理なし。

注

(1) この文章のちょうど一年前、明治六(一八七三)年二月、政府から敵討ち禁止の法令が出たので、それに応じて書いている。(2) 国全体の罪人。(3) 不合理な理由。(4) 事情。

赤穂《あかほ》不義士論

昔徳川の時代に、浅野家の家来、主人の敵討《かたきう》ちとて吉良上野介《きらかうづけのすけ》を殺したることあり。世にこれを赤穂の義士(1)と唱《とな》へり(たり)。大なる間違ひならずや(2)。この時日本の政府は徳川なり。浅野内匠頭《あさのたくみのかみ》も吉良上野介も浅野家の家来も、みな日本の国民にて、「政府の法に従ひ、その保護を蒙《かうむ》るべし」と約束したるものなり。しかるに一朝の間違ひにて、上野介なる者内匠頭へ無礼を加へしに、内匠頭これを政府に訴ふることを知らず、怒りに乗じて私《わたくし》に上野介を切らんとして、つひに双方の喧嘩《けんくわ》となりしかば、徳川政府の裁判にて内匠頭へ切腹を申しつけ、上野介へは刑を加へず、この一条は実に不正なる裁判といふべし。浅野家の家来ども、この裁判を不正なりと思はば、何がゆゑにこれを政府へ訴へざるや。四十七士の面々申し合はせて、おのおのその筋に由《よ》り(3)、法に従ひて政府に訴へ出《い》でなば、もとより暴政府のことゆゑ、最初はその訴訟を取り上げず、あるいはその人を捕へてこれを殺すこともあるべしといへども、たとひ一人は殺さるるもこれを恐れず、また代はりて訴へ出で、随《したが》つて殺され随つて訴へ(4)、四十七人の家来、理を訴へて命を失ひ尽くすに至らば、いかなる悪政府にても、つひには必ずその理に伏《ふく》し、上野介へも刑を加へて裁判を正《ただ》しうすることあるべし。かくありてこそはじめて真の義士とも称すべきはずなるに、かつてこの理を知らず、身は国民の地位に居《ゐ》ながら、国法の重きを顧みずして、みだりに上野介を殺したるは、国民の職分を誤り、政府の権を犯《をか》して、私に人の罪を裁決したるものといふべし。幸ひにしてその時、徳川の政府にてこの乱妨人を刑に処したればこそ無事に治まりたれども、もしもこれを免《ゆる》すことあらば、吉良家の一族、また敵討ちとて赤穂の家来を殺すことは必定《ひつぢやう》なり。しかるときは、この家来の一族、また敵討ちとて吉良の一族を攻むるならん。敵討ちと敵討ちとにて、はてしもあらず、つひに双方の一族朋友死し尽くるに至らざれば止《や》まず。いはゆる無政無法の世の中とはこの事なるべし。私裁の国を害することかくのごとし。謹まざるべからざるなり。

注

（1）元禄十五（一七〇二）年の赤穂四十七士の敵討ち。（2）赤穂四十七士を義士でないとする論は、敵討ちのあった当時、荻生徂徠《おぎゆうそらい》らの学者の間にも行なわれた。その論拠は同一でないにせよ、必ずしも著者ひとりの意見ではない。「唱へり」は文法的には「唱へたり」が正しい。（3）正当な機関を通して。または正しい手順をふんで。（4）ひとりが殺されれば、すぐ次のひとりが訴える。「随って……随って……」という言い方は、二つの事柄がかわるがわる行なわれることを表わす。

切り捨て御免は不都合千万

古《いにしへ》は日本にて百姓・町人の輩、士分の者に対して無礼を加ふれば、切り捨て御免といふ法あり。こは政府より公《おほやけ》に私裁を許したるものなり。けしからぬことならずや。すべて一国の法は、ただ一政府にて施行《しかう》すべきものにて、その法の出《い》づる処《ところ》いよいよ多ければ、その権力もまたしたがっていよいよ弱し。たとへば封建の世に、三百の諸侯おのおの生殺《せいさつ》の権(1)ありし時は、政法の力もその割合にて弱かりしはずなり。

注

（1）人民を勝手に生かしたり殺したりできる権利。

暗殺が世間の幸福を増したる例なし

私裁の最もはなはだしくして、政《まつりごと》を害するの最も大なるものは暗殺なり。古来暗殺の事跡を見るに、あるいは私怨《しゑん》のためにする者あり。あるいは銭を奪はんがためにする者あり。この類の暗殺を企つるものは、もとより罪を犯《をか》す覚悟にて、自分にも罪人の積もりなれども、別にまた一種の暗殺あり。この暗殺は、私《わたくし》のためにあらず、いはゆる「ポリチカル・エネミ」(1)（政敵）を悪《にく》んで、これを殺すものなり。天下の事につき、銘々の見込みを異《こと》にし、私の見込みをもつて他人の罪を裁決し、政府の権を犯してほしいままに人を殺し、これを恥ぢざるのみならず、かへつて得意の色をなし、自ら天誅《てんちゆう》を行なふと唱ふれば(2)、人またこれを称して報国の士といふ者あり。そもそも天誅とは何事なるや。天に代はりて誅罰を行なふといふ積もりか。もしその積もりならば、まづ自分の身のありさまを考へざるべからず。元来この国に居《を》り、政府へ対していかなる約条(3)を結びしや。「必ずその国法を守りて、身の保護を被《かうむ》るべし」

ところこそ約束したることとなるべし。(4) もし国の政事《せいじ》につき不平の箇条を見出《い》だし、国を害する人物ありと思はば、静かにこれを政府へ訴ふべきはずなるに、政府を差しおき、自ら天に代はりて事をなすとは、商売違ひもまたはなはだしきものといふべし。畢《ひつ》竟《きやう》この類の人は、性質律儀《りちぎ》(5)なれども、物事の理に暗く、国を患《うれ》ふるを知りて、国を患ふる所以《ゆゑん》の道を知らざる者(6)なり。試みに見よ、天下古今の実験(7)に、暗殺をもつてよく事を成し、世間の幸福を増したるものは、未《いま》だかつてこれあらざるなり。(8)

注

(1) political enemy (2) 誅は罪のある者を殺すこと。(3)「約定《やくぢやう》」が正しいが、「条約」の連想で著者は約条と書く癖があった。約束。(4) 文法的には「こそ」の呼応で「なるべけれ」が正しい。(5) 正直一途。(6) 国を憂える方法を知らぬ者。(7) 実例。(8) 暗殺でよい結果を生み、社会を幸福にしたためしはない。

役人を恐れず、法を恐れよ

国法の貴《たふと》きを知らざる者は、ただ政府の役人を恐れ、役人の前を程《ほど》よくして、表向きに犯罪の名あらざれば、内実の罪を犯すも、これを恥とせず。ただにこれを恥ぢざるのみならず、巧みに法を破りて罪を遁《のが》るる者あれば、かへつてこれをその人の働きとして、よき評判を得《う》ることあり。今世間日常の話に、「これも上《かみ》の御《ご》大法(1)なり、かれも政府の表向きなれども、この事を行なふに、かく私《わたくし》に取り計らへば、表向きの御大法には差し支《つか》へもあらず。表向きの内証(2)」などとて、笑ひながら談話して咎《とが》むるものもなく、はなはだしきは小役人と相談の上、この内証事を取り計らひ、双方共に便利を得て、罪なきもののごとし。実はかの御大法なるもの、あまり煩《わづら》はしきに過ぎて、事実に施すべからざるよりして、この内証事も行なはるることなるべしといへども、一国の政治をもつてこれを論ずれば(3)、最も恐るべき悪弊《あくへい》なり。かく国法を軽蔑《けいべつ》するの風に慣《な》れ、人民一般に不誠実の気を生じ、守りて便利なるべき法をも守らずして、つひには罪を蒙《かうむ》ることあり。たとへば今、往来に小便するは政府の禁制なり。しかるに人民みなこの禁令の貴《たふと》きを知らずして、ただ邏卒《らそつ》(4)を恐るるのみ。あるいは日暮れなど、邏卒のあらざるを窺《うかが》ひて法を破らんとし、図《はか》らずも見咎《みとが》めらるることあれば、その罪に伏《ふく》すといへども、本人の心中には、貴き国法を犯《をか》したるがゆゑに罰せらるるとは思はずして、ただ恐ろしき邏卒に逢《あ》ひしをその日の不幸と思ふのみ。実に嘆《なげ》かはしきことならずや。ゆゑに政府にて法を立つるは、勉《つと》めて簡なるを良《よ》しとす。すでにこれを定めて法となす上は、必ず厳《げん》にその趣意を達せざるべからず(5)。人民は政府の定めたる法を見て、不便なりと思ふことあらば、遠慮なくこれを論じて訴ふべし。

すでにこれを認めてその法の下《もと》に居るときは、私《わたくし》にその法を是非することなく、(6)謹んでこれを守らざるべからず。

注

(1) 幕府時代に政府の法を尊んで言ったことばで、明治初年にも引き続き行なわれた。(2) 公然の秘密。(3) 国の政治の立場から言えば。(4) 明治初年の巡査の称。(5) 政府は厳重に法の精神を貫かねばならぬ。(6) 勝手にその法を取捨することなく。

慶応義塾模範を示す

近くは先月わが慶応義塾にも一事あり。華族太田《おほた》資美《すけよし》君(1)、一昨年より私金を投じて米国人を雇ひ、義塾の教員に供へしが、このたび交代の期限に至り、他の米人を雇ひ入れんとして、当人との内談すでに整ひしにつき、太田氏より東京府へ書面を出《い》だし、この米人を義塾に入れて文学・科学(2)の教師に供へんとの趣《おもむき》を出願せしところ、文部省の規則に、「私金をもつて私塾の教師を雇ひ、私《わたくし》に人を教育するものにても、その教師なる者、本国にて学科卒業の免状《めんじやう》を得てこれを所持するものにあらざれば、雇ひ入れを許さず」との箇条あり。しかるにこのたび雇ひ入れんとする米人、かの免状を所持せざるにつき、ただ語学の教師とあればともかくもなれども、文学・

科学の教師としては願ひの趣聞き届け難き旨《むね》、東京府より太田氏へ御沙汰《ごさた》なり。よって福沢諭吉より同府へ書を呈し、「この教師なる者、免状を所持せざるも、その学力は当塾の生徒を教ふるため十分なるゆゑ、太田氏の願ひの通りに命ぜられたく、あるいは語学の教師と申し立てなば、願ひも済むべきなれども、もとよりわが生徒は、文学・科学を学ぶ積もりなれば、語学と偽《いつは》り官を欺《あざむ》くことは、敢《あ》へてせざるところなり」と出願したりしかども、文部省の規則変ずべからざる由《よし》にて、諭吉の願書もまた返却したり。これがため、すでに内約の整ひし教師を雇ひ入るるを得ず。去年十二月下旬本人は去りて米国へ帰り、太田君の素志も一時の水の泡となり、数百の生徒も望みを失ひ、実に一私塾の不幸のみならず、天下文学のためにも大なる(3)妨《さまた》げにて、馬鹿《ばか》らしく苦々《にがにが》しきことなれども、国法の貴重なる、これをいかんともすべからず。いづれ近日また重ねて出願の積もりなり。

今般の一条につきては、太田氏を始め社中集会して、その内話《ないわ》(4)に、「かの文部省にて定めたる私塾教師の規則もいはゆる御大法なれば、ただ文学・科学の文字を消して、語学の二字に改むれば、願ひも済み、生徒のためには大幸ならん」と再三商議(5)したれども、結局のところ、「このたびの教師を得ずして、社中生徒の学業あるいは退歩することあるも、官を欺くは士君子の恥づべきところなれば、謹んで法を守り、国民たるの分を誤らざるの方《はう》上策なるべし」とて、つひにこの始末に及びしことなり。もとより一私塾の処置にて、そのこと些末《さまつ》に似たれども、議論の趣意は世教《せいけう》にも関《かか》はるべきことと思ひ、序《ついで》ながらこれを巻末に記《しる》すのみ。

（明治七年二月出版）

注

（1）もと遠江《とおとうみ》の国（静岡県）掛川藩主。明治四（一八七一）年、慶応義塾に入学し、そのパトロンとなる。この寄金の事実は『慶応義塾百年史』上巻に詳しく出ている。（2）「科学」の語は本書中ここ一ヵ所しかない。（3）日本の学問のためにも。（4）うちわ話。内相談。（5）相談。「商」ははかる、計画する、の意。

学問のすゝめ　第七編

国民の職分を論ず(1)

国民は一人二役

第六編に国法の貴《たふと》きを論じ、「国民たる者は、一人にて二人前の役目を勤《つと》むるものなり」といへり。今またこの役目職分のことにつき、なほその詳《つまび》らかなるを説きて、六編の補遺となすこと左《さ》のごとし。

およそ国民たる者は、一人の身にして二箇条の勤めあり。その一の勤めは、政府の下に立つ一人の民たるところにてこれを論ず。(2)すなはち客の積もりなり。その二の勤めは、国中の人民申し合はせて、一国と名づくる会社(3)を結び、社の法を立ててこれを施《ほどこ》し行なふことなり。すなはち主人の積もりなり。たとへばここに百人の町人ありて、なんとかいふ商社(4)を結び、社中相談の上にて社の法を立て、これを施し行なふところを見れば、百人の人はその商社の主人なり。すでにこの法を定めて、社中の人いづれもこれに従ひ、違背《ゐはい》せざるところを見れば、百人の人は商社の客なり。ゆゑに一国はなほ商社のごとく、人民はなほ社中の人のごとく、一人にて主客二様の職を勤むべきものなり。

注

(1)『学問のすゝめ』のなかでも、いわゆる楠公権助論(後述)でもっとも問題を生んだ編である。(2) 政府の支配を受ける一人民という角度から見たもので、この場合は国家の寄宿人という意味に考えてよい。(3) 団体。なかま。英語 company の訳語で、今の会社より広い意味。(4) 商売の会社。すなわち今日の会社にあたる。

被治者としての国民の義務

第一　客の身分をもつて論ずれば、一国の人民は国法を重んじ、人間同等の趣意を忘るべからず。他人の来たりてわが権義を害するを欲せざれば、我もまた他人の権義を妨《さまた》ぐべからず。わが楽しむところのものは、他人もまたこれを楽しむがゆゑに、他人の楽しみを奪ひて、わが楽しみを増すべからず。他人の物を盗んで、わが富となすべからず。人を殺すべからず。人を讒《ざん》(1)すべからず。正《ただ》しく国法を守りて、彼我《ひが》同等の大義に従ふべし。(2) また国の政体によりて定まりし法は、たとひあるいは愚かなるも、あるいは不便なるも、みだりにこれを破るの理なし。師《いくさ》を起こすも、外国と条約を結ぶも、政府の権にあることにて、この権はもと約束にて人民より政府へ与へたるものなれば、政府の政《まつりごと》に関係なき者は、決してそのことを評議すべからず。人民もしこの趣意を忘れて、政府の処置につき、わが意に叶《かな》はずとて、ほしいままに議論を起こし、あるいは条約を破らんとし、あるいは師を起こさんとし、はなはだしきは一騎先駆け、白刃《はくじん》を携《たづさ》へて飛び出すなどの挙動に及ぶことあらば、国の政は一日も保つべからず。

これをたとへば、かの百人の商社かねて申し合はせの上、社中の人物十人を選《えら》んで会社の支配人と定め置き、その支配人の処置につき、残り九十人の者ども、わが意に叶はずとて、銘々《めいめい》に商法を議し、支配人は酒を売らんとすれば、九十人の者は牡丹餅《ぼたもち》を仕入れんとし、その評議区々《まちまち》にて、はなはだしきは、一了簡《いちれうけん》をもつて私《わたくし》に牡丹餅の取り引きを始め、商社の法に背《そむ》きて他人と争論に及ぶなどのことあらば、会社の商売は一日も行なはるべからず。つひにその商社の分散するに至らば、その損亡《そんまう》は商社百人一様の引き受けなるべし。(4) 愚もまたはなはだしきものといふべし。ゆゑに国法は不正不便なりといへども、その不正不便を口実に設けて、(5) これを破るの理なし。もし事実において不正不便の箇条あらば、一国の支配人たる政府に説き勧めて、静かにその法を改めしむべし。政府もしわが説に従はずんば、かつ力を尽くし、かつ堪忍《かんにん》(6)して時節を待つべきなり。

注

(1) あしざまに告げ口する。(2) 万民平等の大精神を守らねばならぬ。(3) 破産。(4) 一同の負担となるだろう。(5) 理由にして。(6) 一方では力を尽くし、他方では堪忍する。

主人公としての国民の責任

第二　主人の身分をもつて論ずれば、一国の人民はすなはち政府なり。そのゆゑは、一国中の人民悉皆《しつかい》政《まつりごと》をなすべき者にあらざれば、政府なるものを設けて、これに国政を任《まか》せ、人民の名代《みやうだい》として事務を取り扱はしむべしとの約束を定めたればなり。ゆゑに人民は家元《いへもと》(1)なり、また主人なり。政府は名代人なり、また支配人なり。たとへば商社百人の内より選《えら》ばれたる十人の支配人は政府にて、残り九十人の社中は人民なるがごとし。この九十人の社中は、自分にて事務を取り扱ふことなしといへども、己《おの》れが代人として十人の者へ事を任せたるゆゑ、己れの身分を尋《たづ》ぬれば、これを商社の主人といはざるを得ず。またかの十人の支配人は、現在の事を取り扱ふといへども、もと社中の頼みを受け、その意に従ひて事をなすべしと約束したる者なれば、その実は私《わたくし》にあらず、[2]商社の公務を勤《つと》むる者なり。今世間にて政府に関《かか》はることを公務といひ、公用といふも、その字の由《よ》つて来たるところを尋ぬれば、政府の事は役人の私事にあらず、国民の名代となりて、一国を支配する公《おほやけ》の事務といふ義なり。

右の次第をもつて、政府たるものは、人民の委任を引き受け、その約束に従ひて、一国の人をして貴賤上下の別なく、いづれもその権義を逞《たくま》しうせしめざるべからず。法を正しうし、罰を厳《げん》にして、一点の私曲[3]あるべからず。今ここに一群の賊徒来たりて人の家に乱入するとき、政府これを見てこれを制することあたはざれば、政府もその賊の徒党といひて可なり。政府もし国法の趣意を達することあたはずして、人民に損亡を蒙《かうむ》らしむることあらば、その高の多少を論ぜず、その事の新旧を問はず、必ずこれを償《つぐな》はざるべからず。

たとへば役人の不行き届きにて、国内の人かまたは外国人へ損亡をかけ、三万円の償金を払ふことあらん。政府にはもとより金のあるべき理なければ、その償金の出づるところは必ず人民なり。この三万円を日本国中およそ三千万人の人口に割り付くれば、一人《ひとり》前十文《もん》づつに当たる。[4]役人の不行き届き十度を重ぬれば、人民の出金《しゅっきん》一人前百文に当たり、家内五人の家なれば五百文なり。田舎《ゐなか》の小百姓《こびやくしやう》に五百文の銭あれば、妻子打ち寄り、山家《やまが》相応の馳走を設けて、一夕《いつせき》の愉快を尽くすべきはずなるに、ただ役人の不行き届きのみにより、全日本国中無辜《むこ》の小民(5)をしてその無上の歓楽を失はしむるは、実に気の毒の至りならずや。人民の身としては、かかる馬鹿《ばか》らしき金を出すべき理なきに似たれども、いかんせん、その人民は国の家元主人にて、最初より政府へこの国を任《まか》せて、事務を取り扱はしむるの約束をなし、損徳(得)ともに家元にて引き受くべきはずのものなれば、ただ金を失ひしときのみに当たりて、役人の不調法《ぶてうはふ》(6)をかれこれと議論すべからず。ゆゑに人民たる者は、平生《へいぜい》よりよく心を用ひ、政府の処置を見て不安心と思ふことあらば、深切にこれを告げ、遠慮なく穏やかに論ずべきなり。

注

（1）本家本もと。（2）個人の事業ではない。（3）不公平や不正。（4）明治四（一八七一）年の新貨条例で新貨一円は旧幕時代の銭十貫文（すなわち一万文）に通用することになった。したがって三万円の三千万分の一は十文となる。（5）罪もない庶民。（6）不都合。

納税に対する認識

人民はすでに一国の家元にて、国を護《まも》るための入用を払ふはもとよりその職分なれば、この入用を出《い》だすにつき、決して不平の顔色《がんしよく》をあらはすべからず。国を護るためには、役人の給料なかるべからず、海陸の軍費なかるべからず。裁判所の入用もあり、地方官の入用もあり。その高を集めてこれを見れば大金のやうに思はるれども、一人前の頭に割り付けて何程《なにほど》なるや。日本にて歳入の高を全国の人口に割り付けなば、一人前に一円か二円なるべし。一年の間に僅か一、二円の金を払うて、政府の保護を被《かうむ》り、夜盗・押し込み(1)の患《うれ》へもなく、独《ひと》り旅行に山賊の恐れもなくして、安穏《あんをん》にこの世を渡るは大なる便利ならずや。およそ世の中に割合よき商売ありといへども、運上《うんじやう》(2)を払うて政府の保護を買ふほど安きものはなかるべし。世上のありさまを見るに、普請《ふしん》に金を費《つひや》す者あり、美服美食に力を尽くす者あり。はなはだしきは酒色《しゆしよく》のために銭を棄《す》てて、身代を傾くる者もあり。これらの費《つひ》えをもつて運上の高に比較しなば、もとより同日の話にあらず。不筋《ふすぢ》(3)の金なればこそ一銭をも惜しむべけれども、道理において出《い》だすべきはずのみならず、これを出だして安きものを買ふべき銭なれば、思案にも及ばず、快《こころよ》く運上を払ふべきなり。

注
（1）強盗。（2）税金を古風に言ったもの。当時の庶民にはこのほうが通じやすかったからであろう。
（3）不合理な出金。

暴政にいかに対処すべきか

右のごとく、人民も政府もおのおのその分限を尽くして、互ひに居《を》り合ふ[1]ときは申し分《ぶん》もなきことなれども、あるいはしからずして、政府なるもの、その分限を越えて、暴政を行なふことあり。ここに至りて、人民の分としてなすべき挙動は、ただ三箇条あるのみ。すなはち節を屈して政府に従ふ[2]か、力をもつて政府に敵対する[3]か、正理を守りて身を棄《す》つる[4]か、この三箇条なり。

注
（1）「折り合う」に同じ。仲よくする。（2）自己の主義信念を曲げて政府に従う。（3）武力で政府に反抗する。（4）正義を主張して、身を犠牲にする。

無抵抗主義の弊害

第一　節を屈して政府に従ふは、はなはだよろしからず。人たる者は、天の正道に従ふをもつて職分とす。しかるにその節を屈して政府人造の悪法に従ふは、人たるの職分を破るものといふべし。かつ一度《ひとたび》節を屈して不正の法に従ふときは、後世子孫に悪例を遺《のこ》して、天下一般の弊風《へいふう》を醸《かも》し成すべし。古来日本にても、愚民の上に暴政府ありて、政府虚威《きよゐ》を逞《たくま》しうすれば(1)、人民はこれに震《ふる》ひ恐れ、あるいは政府の処置を見て、現に無理とは思ひながら、事の理非を明らかに述べなば、必ずその怒りに触れ、後日に至りて暗《あん》に役人等《ら》に窘《くる》しめらるることあらんを恐れて、言ふべきことをも言ふものなし。その後日の恐れとは、俗にいはゆる犬の糞《くそ》でかたきなるものにて(2)、人民はひたすらこの犬の糞を憚《はばか》り、いかなる無理にても政府の命には従ふべきものと心得て、世上一般の気風を成し、つひに今日の浅ましきありさまに陥《おちい》りたるなり。すなはちこれ、人民の節を屈して禍《わざはひ》を後世に残したる一例といふべし。

注

（1）むやみにから威張りする。（2）犬の糞でかたきを討つ。卑劣な手段で仕返しする。

内乱の悲惨と不合理

第二　力をもつて政府に敵対するは、もとより一人の能《よ》くするところにあらず。必ず徒党を結ばざるべからず。すなはちこれ内乱の師《いくさ》(1)なり。決してこれを上策といふべからず。すでに師を起こして政府に敵するときは、事の理非曲直はしばらく論ぜずして、ただ力の強弱のみを比較せざるべからず(2)。しかるに古今内乱の歴史を見れば、人民の力は常に政府よりも弱きものなり(3)。また内乱を起こせば、従来その国に行なはれたる政治の仕組みを一度《ひとたび》覆《くつがへ》すはもとより論をまたず(4)。しかるにその旧《もと》の政府なるもの、たとひいかなる悪政府にても、おのづからまた善政良法あるにあらざれば、政府の名をもつて若干の年月《ねんげつ》を渡るべき理なし(5)。ゆゑに一朝《いってう》の妄動《まうどう》(6)にてこれを倒すも、暴をもつて暴に代へ(7)、愚をもつて愚に代ふるのみ。また内乱の源を尋《たづ》ぬれば、もと人の不人情(8)を悪《にく》みて起こしたるものなり。しかるにおよそ人間世界に、内乱ほど不人情なるものはなし。世間朋友《ほういう》の交はりを破るはもちろん、はなはだしきは親子相殺《あひころ》し、兄弟相敵し、家を焼き、人を屠《ほふ》り、その悪事至らざるところなし(9)。かかる恐ろしきありさまにて、人の心はますます残忍に陥《おちい》り、ほとんど禽獣《きんじう》ともいふべき挙動をなしながら、かへつて旧の政府よりもよき政を行なひ、寛大なる法を施して、天下の人情を厚きに導かんと欲するか。不都合なる考へといふべし(10)。

注

（1）暴力革命。（2）理屈の上でどちらがいいか悪いかはひとまず問題外となって、武力の強弱だけが重点になる。（3）人民の武力は政府より弱いのが常だから、革命の成功率は少ない。（4）これ以下は革命が成功した場合でも、弊害が多いことを言う。（5）どんな悪政府だったとしても、やはり多少プラスの面がなければ、政府の看板を掲げて相当の年月続いたはずがない。（6）一時の無鉄砲な暴動。（7）新しい暴力が古い暴政にとって代わる。（8）旧政府の非人道。（9）残酷きわまりない。（10）革命で人道的な社会をつくろうとは矛盾した考えだ。

身を殺して仁をなせ

第三　正理を守りて身を棄《す》つるとは、天の道理[1]を信じて疑はず、いかなる暴政の下《もと》に居《ゐ》て、いかなる苛酷《かこく》の法に窘《くる》しめらるるも、その苦痛を忍びて、わが志を挫《くじ》くことなく、一寸の兵器を携《たづさ》へず、片手《へんしゅ》の力を用ひず[2]、ただ正理を唱へて政府に迫ることなり。以上三策の内、この第三策をもつて上策の上とすべし。理をもつて政府に迫れば、その時その国にある善政良法は、これがため少しも害を被《かうむ》ることなし[3]。その正論あるいは用ひられざることあるも、理のあるところはこの論によりてすでに明らかなれば、天然の人心これに服せざることなし[4]。ゆゑに今年に行なはれざれば、また明年を期すべし。かつまた、力をもつて敵対するものは、一を得んとして百を害するの患《うれ》へあれども、(5)理を唱へて政府に迫るものは、ただ除くべきの害を除くのみにて、他に事を生ずることなし。(6)その目的とするところは、政府の不正を止《とど》むるの趣意なるがゆゑに、政府の処置正《せい》に帰すれば、議論もまたともに止《や》むべし。(7)また力をもつて政府に敵すれば、政府は必ず怒りの気を生じ、自《みづか》らその悪を顧みずして、かへつてますます暴威を張り、(8)その非を遂《と》げんとするの勢ひに至るべしといへども、静かに正理を唱ふる者に対しては、たとひ暴政府といへども、その役人もまた同国の人類なれば、正者の理を守りて身を棄つるを見て、必ず同情相憐《あは》れむの心を生ずべし。(9)すでに他を憐れむの心を生ずれば、おのづから過《あやま》ちを悔《く》い、おのづから胆《きも》を落として、(10)必ず改心するに至るべし。

注

(1) 天から命ぜられた正義。 (2) 少しの暴力も用いず。 (3) 現在、その国に行なわれている政治のプラスの面は破壊される恐れがない。 (4) その論が正しいことは明らかだから、自然の人情でこれに心服せぬ者はない。 (5) 暴力革命は、一つのプラスのために百のマイナスを生む恐れがあるが。 (6) 余弊を伴う心配がない。 (7) 自分の主張も当然解消するであろう。 (8) 政府も意地になって、ますます暴政をしたがる。 (9) 同情の念を生ずる。 (10) 自然と弱気になって。

楠公権助論

かくのごとく世を患《うれ》へて身を苦しめ、あるいは命を落とすものを、西洋の語にて「マルチルドム」(1)といふ。失ふところのものはただ一人《いちにん》の身なれども、その功能は千万人を殺し、千万両を費《つひや》したる内乱の師《いくさ》よりも遥《はる》かに優《まさ》れり。古来日本にて、(2)討ち死にせし者も多く、切腹せし者も多し。いづれも忠臣義士とて評判は高しといへども、その身を棄《す》てたる由縁《ゆえん》を尋ぬるに、多くは両主政権を争ふの師に関係する者か、(3)または主人の敵討《かたきうち》ち等によりて花々しく一命を抛《なげう》ちたる者のみ。(4)その形は美に似たれども、(5)その実は世に益することなし。己《おの》れが主人のためといひ、己れが主人に申し訳《わけ》なしとて、ただ一命をさへ棄つればよきものと思ふは、不文不明の世の常なれども、(6)今文明の大義をもつてこれを論ずれば、(7)これらの人は未《いま》だ命のすてどころを知らざる者といふべし。

元来文明とは、人の智徳を進め、人々身《み》みづからその身を支配して、世間相交はり、相害することもなく、害せらるることもなく、おのおのその権義を達して、一般の安全繁昌を致《いた》すをいふなり。(8)されぱかの師《いくさ》にもせよ、敵討ちにもせよ、はたしてこの文明の趣意に叶《かな》ひ、この師に勝ちてこの敵を滅ぼし、この敵討ちを遂《と》げてこの主人の面目を立つれば、必ずこの世は文明に赴《おもむ》き、商売も行なはれ、工業も起こりて、一般の安全繁昌を致すべしとの目的あらば、討ち死にも敵討ちももつとものやうなれども、事柄において決してその目的あるべからず。(9)かつかの忠臣義士にも、それほどの見込みはあるまじ。(10)ただ因果《いんぐわ》づくにて、旦那《だんな》へ申し訳《わけ》までのことなるべし。(11)旦那へ申し訳にて命を棄てたる者を忠臣義士といはば、今日も世間にその人は多きものなり。権助《ごんすけ》(12)が主人の使ひに行き、一両の金を落として途方に暮れ、旦那へ申し訳なしとて思案を定め、(13)並木の枝にふんどしを掛けて首を縊《くく》るの例は世に珍しからず。今この義僕が自《みづか》ら死を決する時の心を酌《く》んで、その情実(14)を察すれば、また憐《あは》れむべきにあらずや。使ひに出《い》でて未《いま》だ返らず、身まづ死す。長く英雄をして涙を襟《えり》に満たしむべし。(15)主人の委託《ゐたく》を受けて自ら任じたる一両の金を失ひ、君臣の分を尽くすに一死をもつてするは、古今の忠臣義士に対して毫《がう》も恥づることなし。その誠忠は日月《じつげつ》とともに燿《かがや》き、その功名《こうみやう》は天地とともに永《なが》かるべきはずなるに、世人みな薄情にして、この権助を軽蔑《けいべつ》し、碑《ひ》の銘(16)を作りてその功業を称する者もなく、宮殿を建てて祭る者もなきは何ぞや。人みないはん、「権助の死は僅《わづ》かに一両のためにして、その事の次第ははなはだ些細《ささい》なり」と。しかりといへども、事の軽重は金高の大小、人数の多少をもつて論ずべからず。世の文明に益あると否とによりてその軽重を定むべきものなり。しかるに今、かの忠臣義士が一万の敵を殺して討ち死にするも、この権助が一両の金を失うて首を縊るも、その死をもつて文明を益することなきに至りては、まさしく同様のわけにて、いづれを軽しとし、いづれを重しとすべからざれば、義士も権助もともに命の棄て所を知らざる者といひて可なり。これらの挙動をもつて「マルチルドム」と称すべからず。

余輩の聞くところにて、人民の権義を主張し、正理を唱へて政府に迫り、その命を棄てて終はりをよくし、[17]世界中に対して恥づることなかるべき者は、古来ただ一名の佐倉宗五郎《さくらそうごらう》[18]あるのみ。ただし宗五郎の伝は、俗間《ぞくかん》に伝はる草紙《さうし》[19]の類のみにて、未《いま》だその詳《つまび》らかなる正史を得ず。もし得《う》ることあらば、他日これを記《しる》してその功徳《こうとく》を表《へう》し、もつて世人の亀鑑《きかん》に供すべし。[20]

（明治七年三月出版）

注

（1）martyrdom　正義のための死。ウェーランドの『修身論』にこの点を強調している。（2）これ以下が世に名高い楠公権助論。（3）ふたりの天子の政権争いをめぐる戦争にまきこまれて犠牲になった者。暗に南北朝時代（十四世紀）の南朝の忠臣楠木正成《くすのきまさしげ》等をさす。（4）赤穂義士等。（5）その行為は、一見りっぱに思われるが。（6）非文明の世。（7）文明の真精神。（8）社会全体の安全繁昌をもたらすのが真の文明だ。民主的文明観である。（9）その行為にそうした目的は考えられぬ。（10）そんな自覚があったのでもなかろう。（11）偶然の回り合わせで、主人への義理立てに死を選んだまでだろう。（12）下男の俗称。（13）覚悟をきめ。（14）真情。（15）杜甫《とほ》が昔の蜀《しょく》の忠臣諸葛《しょかつ》孔明の祠《ほこら》をとぶろうたときの詩「蜀相《しょくしょう》」の末句「師《イクサ》ヲ出《イ》ダシテ未ダ捷《カ》タズ、身先ヅ死ス。長ク英雄ヲシテ涙ヲ襟ニ満タシム」をもじる。原詩は、孔明が敵国魏《ぎ》との戦い半ばに死んだ心中は後世の英雄を泣かせる、との意。（16）記念碑の文。（17）死にがいのある死に方をして。（18）江戸初期（十七世紀）下総《しもうさ》の国（千葉県）佐倉領の名主。本名木内惣五郎。藩主堀田家の暴政を村民に代わって将軍に直訴し、多くの人々を救ったが、法によって家族もろとも極刑に処せられた。（19）世間に伝わる小説本。宗五郎は芝居・講談等で名高いが、実説が不確かなのは著者の言う通りである。（20）手本にしよう。

付記

この編は、「マルチルドムうんぬん」までの部分はすべてウェーランドの訳文にすぎないが、最後の一段で脱線して、古来の忠臣義士の死を封建道徳に奉仕した犬死にに過ぎぬとあざけったため、文面にその名はないが、楠公の死をも権助の死と同一視したものとして、保守派の集中攻撃を受けた。そこで著者は、のちに慶応義塾五九楼仙万《ごくろうせんばん》の変名で「学問のすゝめの評」という長文を新聞に掲げて、世の誤解をとくにつとめた。また一方この編により、一時、佐倉宗五郎を自由民権主義の元祖のように礼賛する風潮をも生じたので、いろいろな点で影響の大きかった編である。

学問のすゝめ　第八編

わが心をもって他人の身を制すべからず(1)

身心自由の権利

アメリカのエイランドなる人の著はしたる『モラル・サイヤンス』(2)といふ書に、人の身心の自由を論じたることあり。その論の大意にいはく、人の一身は他人と相離れて一人前の全体(3)を成し、自《みづか》らその身を取り扱ひ、自らその心を用ひ、自ら一人を支配して、務《つと》むべき仕事を務むるはずのものなり。ゆゑに、第一、人にはおのおの身体あり。身体はもつて外物に接し、その物を取りてわが求むるところを達すべし。たとへば種を蒔《ま》きて米を作り、綿を取りて衣服を製するがごとし。第二、人にはおのおの智恵あり。智恵はもつて物の道理を発明し、事をなすの目途を誤ることなし。たとへば米を作るに肥《こや》しの法を考へ、木綿《もめん》を織《お》るに機《はた》の工夫《くふう》をするがごとし。みな智恵分別《ふんべつ》の働きなり。第三、人にはおのおの情欲あり。情欲はもつて心身の働きを起こし、この情欲を満足して一身の幸福を成すべし。たとへば人として美服美食を好まざる者なし。されどもこの美服美食は、おのづから天地の間に生ずるものにあらず。これを得んとするには、人の働きなかるべからず。ゆゑに人の働きは、大抵みな情欲の催促《さいそく》を受けて起こるものなり。この情欲あらざれば働きあるべからず、この働きあらざれば安楽の幸福あるべからず。禅坊主などは働きもなく、幸福もなきものといふべし。第四、人にはおのおの至誠の本心(4)あり。誠の心はもつて情欲を制し、その方向を正しくして、止《とど》まるところを定むべし。たとへば情欲には限りなきものにて、美服美食もいづれにて十分と界《さかひ》を定め難し。今もし働くべき仕事をば捨て置き、ひたすらわが欲するもののみを得んとせば、他人を害してわが身を利するよりほかに道なし。これを人間の所業といふべからず。この時に当たりて、欲と道理とを分別し、欲を離れて道理の内に入らしむるものは、誠の本心なり。第五、人にはおのおの意思(5)あり。意思はもつて事をなすの志を立つべし。たとへば世のことは怪我《けが》の機《はずみ》(6)にて出来るものなし。善きことも悪きことも、みな人のこれをなさんとする意ありてこそ出来るものなり(7)。

以上五つの者は、人に欠くべからざる性質にして、この性質の力を自由自在に取り扱ひ、もつて一身の独立をなすものなり。さて独立といへば、独《ひと》り世の中の偏人奇《へんじんき》物《ぶつ》(8)にて、世間の付き合ひもなき者のやうに聞こゆれども、決してしからず。人として世に居《を》れば、もとより朋友《ほういう》なかるべからずといへども、その朋友もまたわれに交はりを求むること、なほわが朋友を慕ふがごとくなれば、世の交はりは相互ひのことなり。ただこの五つの力を用ふるに当たり、天より定めたる法に従ひて、分限を越えざること緊要《きんえう》なるのみ。すなはちその分限とは、我もこの力を用ひ、他人もこの力を用ひて、相互《さうご》にその働きを妨《さまた》げざるをいふなり。かくのごとく人たる者の分限を誤らずして世を渡るときは、人に咎《とが》めらるることもなく、天に罪せらるることもなかるべし。これを人間の権義といふなり。

右の次第により、人たる者は、他人の権義を妨げざれば、自由自在に己れが身体を用ふるの理あり。その好むところに行き、その欲するところに止《とど》まり、あるいは働き、あるいは遊び、あるいはこの事を行なひ、あるいはかの業《わざ》をなし、あるいは昼夜勉強するも、あるいは意に叶《かな》はざれば(9)、無為にして終日寝るも、他人に関係なきことなれば(10)、傍《かたはら》よりかれこれとこれを議論するの理なし。

注

（1）自分の心で他人の自由を支配してはならぬ。この編は人間の自由が大切なことを主題としたものであるが、やはり全体はウェーランドの『修身論』によって立論している。明治三（一八七〇）年の著者の文章「中津留別の書」は、この編のほぼ原型に近いものと言える。（2）Francis Wayland（一七九六年～一八六五年）の "The Elements of Moral Science" すなわち『修身論』。初版は一八三五年。同書「人間の自由の性質」(Of the Nature of Personal Liberty) の一節が、この編前半（一二二頁末まで）の粉本である。（3）完全な一個の独立体。（4）良心。（5）ここは意志に同じ。（6）偶然の機会。（7）厳密には「出来るものなれ」が正しい。（8）変わり者。（9）気が向かねば。（10）他人の利害に関係ない限りは。

魂の入れ替はり

今もし前の説に反し、「人たる者は理非に拘《かか》はらず、他人の心に従ひて事をなすものなり。わが了簡《れうけん》を出《い》だす(1)はよろしからず」といふ議論を立つる者あらん。この議論はたして理の当然なるか。理の当然ならば、およそ人と名のつきたる者の住居する世界には通用すべきはずなり。仮にその一例を挙《あ》げていはん。禁裏《きんり》(2)様は公方《くばう》(3)様よりも貴《たふと》きものなるゆゑ、禁裏様の心をもつて公方様の身を勝手次第に動かし、行かんとすれば「止《と》まれ」といひ、止まらんとすれば「行け」といひ、寝るも起きるも飲むも食ふも、わが思ひのままに行なはるることなからん。公方様はまた手下の大名を制し、自分の心をもつて大名の身を自由自在に取り扱はん。大名はまた自分の心をもつて家老の身を制し、家老は自分の心をもつて用人(4)の身を制し、用人は徒士《かち》(5)を制し、徒士は足軽(6)を制し、足軽は百姓を制するならん。さて百姓に至りては、もはや目下の者もあらざれば、少し当惑《たうわく》の次第なれども、元来この議論は、人間世界に通用すべき当然の理に基《もと》づきたるものなれば、百万遍の道理にて、回《まは》れば本《もと》に返らざるを得ず。(7)「百姓も人なり、禁裏様も人なり。遠慮はなし」と御免を蒙《かうむ》り、百姓の心をもつて禁裏様の身を勝手次第に取り扱ひ、行幸《ぎやうかう》あらんとすれば「止まれ」といひ、行在《あんざい》に止まらんとすれば「還御《くわんぎよ》」といひ(8)、起居眠食《ききよみんしよく》みな百姓の思ひのままにて、金衣玉食《きんいぎよくしよく》(9)を廃して麦飯を進むるなどのことに至らばいかん。かくのごときはすなはち日本国中の人民、身みづからその身を制するの権義なくして、かへつて他人を制するの権あり。人の身と心とは全くその居処《きよしよ》を別にして、その身はあたかも他人の魂《たましひ》を止《とど》むる旅宿のごとし。下戸《げこ》の身に上戸《じやうこ》の魂を入れ、子供の身に老人の魂を止め、盗賊の魂は孔夫子《こうふうし》(10)の身を借用し、猟師《れふし》の魂は釈迦《しやか》の身に旅宿し、下戸が酒を酌《く》んで愉快を尽くせば、上戸は砂糖湯《ゆ》を飲んで満足を唱へ、老人が樹《き》に攀《のぼ》りて戯《たはむ》るれば、子供は杖《つゑ》をついて人の世話をやき、孔夫子が門人を率《ひき》ゐて賊をなせば、釈迦如来《しやかによらい》(11)は鉄砲を携《たづさ》へて殺生《せつしやう》に行くならん。奇なり、妙なり、また不可思議なり。これを天理人情といはんか、これを文明開化といはんか(12)。三歳の童子にてもその返答は容易なるべし。数千百年の古《いにしへ》より和漢の学者先生が、上下貴賤の名分《めいぶん》(13)とて喧《やかま》しくいひしも、つまるところは他人の魂をわが身に入れんとするの趣向ならん。これを教へこれを説き、涙を流してこれを諭《さと》し、末世《まっせ》の今日に至りては、その功徳《くどく》(14)もやうやくあらはれ、大は小を制し、強は弱を圧するの風俗となりたれば、学者先生も得意の色をなし、神代《かみよ》の諸尊(15)、周の世の聖賢(16)も、草葉《くさば》の蔭《かげ》にて満足なるべし。今その功徳の一、二を挙《あ》げて示すこと左《さ》のごとし。

注

（1）自分の意見を通す。（2）天子様。（3）将軍様。（4）家老に次ぐ要職にある家来。（5）馬に乗る資格がなく、徒歩で主君の行列に加わる武士。（6）雑兵。（7）百万遍念仏のとき、おおぜいの信者が仏前で一つの大きな数珠《じゅず》を繰りながら、念仏を唱える。同じ数珠の玉が何度も回ってくるから、「回れば本に返らざるを得ず」の形容とした。（8）天皇が旅宿に泊まろうとされれば、「お還《かえ》りなさい」と百姓が命ずる。（9）天皇のお召し物や召しあがり物。（10）孔子の尊称。（11）釈迦の尊称。（12）これは天理人情にもそむき、文明開化の世にあるまじきことだ。（13）身分に伴う権利・義務。儒教では社会秩序維持のため、特に名分を重んじた。（14）功能のことであるが、ここは弊害を皮肉に言った。（15）わが神代の諸神。（16）中国の周の世の聖人・賢人。孔子・孟子や、それ以前の古聖賢。後世の儒者が理想と仰いだ人々。

男尊女卑の悪習

政府[1]の強大にして小民を制圧するの議論は、前編にも記したるゆゑ、ここにはこれを略し、まづ人間男女の間をもつてこれをいはん。そもそも世に生まれたる者は、男も人なり、女も人なり。この世に欠くべからざる用をなすところをもつていへば、天下一日も男なかるべからず、また女なかるべからず。その功能いかにも同様なれども、ただその異《こと》なるところは、男は強く、女は弱し。大の男の力にて女と闘《たたか》はば、必ずこれに勝つべし。すなはちこれ男女の同じからざるところなり。今世間を見るに、力づくにて人の物を奪ふか、または人を恥づかしむる者あれば、これを罪人と名づけて刑にも行なはるることあり。しかるに家の内にては、公然と人を恥づかしめ、かつてこれを咎《とが》むる者なきは何ぞや。

『女大学』[2]といふ書に、「婦人に三従の道[3]あり。稚《をさな》き時は父母に従ひ、嫁《よめ》いる時は夫に従ひ、老いては子に従ふべし」といへり。稚き時に父母に従ふはもつともなれども、嫁《とつ》ぎて後に夫に従ふとは、いかにしてこれに従ふことなるや、その従ふさまを問はざるべからず。『女大学』の文に拠《よ》れば[4]、亭主は酒を飲み、女郎に耽《ふけ》り、妻を詈《ののし》り、子を叱《しか》りて、放蕩淫乱《はうたういんらん》を尽くすも、婦人はこれに従ひ、この淫夫《いんぷ》を天のごとく敬《うやま》ひ尊み、顔色《がんしよく》を和らげ、悦《よろこ》ばしき言葉にてこれを異見(意)すべし[5]とのみありて、その先《さき》の始末をば記《しる》さず。さればこの教への趣意は、淫夫にても姦夫《かんぷ》にても、すでに已《おの》れが夫と約束したる上は、いかなる恥辱《ちじよく》を蒙《かうむ》るも、これに従はざるを得ず。ただ心にも思はぬ顔色を作りて諫《いさ》むるの権義あるのみ。その諫めに従ふと従はざるとは淫夫の心次第にて、すなはち淫夫の心はこれを天命と思ふより外《ほか》に手段あることなし。仏書に罪業《ざいごふ》深き女人《によにん》といふことあり。(6) 実にこのありさまを見れば、女は生まれながら大罪を犯《をか》したる科人《とがにん》に異《こと》ならず。また一方より婦人を責むることははなはだしく、『女大学』に婦人の七去《しちきよ》(7)とて、「淫乱なれば去る」と明らかにその裁判を記せり。男子のためには大いに便利なり。あまり片落《かたお》(8)ちなる教へならずや。畢竟《ひつきやう》男子は強く、婦人は弱しといふところより、腕の力を本《もと》にして男女上下の名分を立てたる教へなるべし。

注

(1) ウェーランドの「人間自由の性質」に基づいた部分は前段までで、これ以下の論は同書「純潔の義務」(The Duty of Chastity) の趣旨による。(2) 江戸時代の代表的女子修身書。儒教思想により、女子に柔順の徳を教え、男尊女卑を公然と説く。著者は晩年『女大学評論』『新女大学』(明治三十一年) を著わして、この書を痛烈に批判した。(3)『女大学』に三従のことは出ていない。著者の記憶違いであろう。『女大学』の種本となった貝原益軒の『和俗童子訓』には出ている。(4) これ以下は『女大学』第六章・第八章によっている。(5) 穏やかな言葉で意見せよ。「異見」は意見に通用する。(6) 女性は生まれつき罪が深いと仏教で教えている。（7）夫が妻を離婚できる七つの条件。古く中国から伝わった儒教思想で、『女大学』第四章にある。（8）不公平。

一夫多妻の蛮風

右は姦夫淫婦《かんぷいんぷ》の話なれども、またここに妾《めかけ》の議論あり。世に生まるる男女の数は同様なる理なり。西洋人の実験に拠《よ》れば、男子の生まるることは女子よりも多く、男子二十二人に女子二十人の割合なりと。されば一夫にて二、三の婦人を娶《めと》るは、もとより天理に背《そむ》くこと明白なり。これを禽獣《きんじゅう》といふも妨《さまた》げなし。父を共にし母を共にする者を兄弟と名づけ、父母・兄弟ともに住居するところを家と名づく。しかるに今、兄弟、父を共にして母を異《こと》にし、一父独立して衆母《しゅうぼ》は群《ぐん》をなせり。これを人類の家といふべきか。家の字の義を成さず。[1]たとひその楼閣は巍々《ぎぎ》たるも、[2]その宮室は美麗なるも、余が眼《め》をもってこれを見れば、人の家にあらず、畜類の小屋といはざるを得ず。妻妾《さいせう》家に群居して家内よく熟和するものは、古今未《いま》だその例を聞かず。妾といへども人類の子なり。一時の欲のために人の子を禽獣のごとくに使役《しえき》し、一家の風俗を乱《みだ》りて子孫の教育を害し、禍《わざはひ》を天下に流して毒を後世に遺《のこ》すもの、あにこれを罪人《ざいにん》といはざるべけんや。

人あるいはいはく、「衆妾《しゆうせふ》を養ふも、その処置宜《よろ》しきを得《う》れば、人情を害することなし」と。こは夫子《ふうし》(3)自らいふの言葉なり。もしそれはたしてしからば、一婦をして衆夫を養はしめ、これを男妾《だんせふ》と名づけて家族第二等親の位(4)にあらしめなばいかん。かくのごとくしてよくその家を治め、人間交際の大義(5)に毫《がう》も害することなくば、余が喋々《てふてふ》の議論(6)をも止《や》め、口を閉ざしてまた言はざるべし。天下の男子よろしく自ら顧《かへり》みるべし。

ある人またいはく、「妾を養ふは後《のち》あらしめんがためなり(7)。孟子《まうし》の教へに、不孝に三つあり(8)、後なきを大なりとす」と。余答へていはく、天理に戻《もと》ることを唱《とな》ふる者は、孟子にても孔子《こうし》にても遠慮に及ばず、これを罪人といひて可なり。妻を娶《めと》り、子を生まざればとて、これを大不孝とは何事ぞ。遁辞《とんじ》(9)といふも余りはなはだしからずや。いやしくも人心を具《そな》へたる者なれば、誰《たれ》か孟子の妄言《まうげん》を信ぜん。元来不孝とは、子たる者にて理に背《そむ》きたることをなし、親の身心をして快《こころよ》からしめざることをいふなり。もちろん老人の心にて孫の生まるるは悦《よろこ》ぶことなれども、孫の誕生が晩《おそ》しとて、これをその子の不孝といふべからず。試みに天下の父母たる者に問はん。子に良縁ありてよき媳《よめ》を娶り、孫を生まずとてこれを怒り、その媳を叱《しか》り、その子を笞《むちう》ち、あるいはこれを勘当《かんだう》(10)せんと欲するか。世界広しといへども、未《いま》だかかる奇人あるを聞かず。これらはもとより空論にて、弁解(11)を費《つひや》すにも及ばず。人々自らその心に問うて、自らこれに答ふべきのみ。

注

(1) 家ということば自体の意味にそむく。 (2) 邸は高くそびえた大建築でも。 (3) 元来は中国で男性の尊称。ここは皮肉に言ったので、「ヤッコ」さんというほどの意味。 (4) 等親は現代の親等。明治三年公布の新律綱領で、妻妾とも正式の配偶者と認められ、二等親に列し、妾は妻と同じ権利があった（ただし世の非難が多かったため、明治十三（一八八〇）年制定の刑法以来、妾の権利は廃せられた）。 (5) 社会の重大な道徳。「人間交際」は英語 society（社会）の訳語。社会という語はまだこの時代は使われず、本書では第十七編にはじめて現われる。 (6) やかましい議論。 (7) 子孫を生ませるため。 (8) 『孟子』（「離婁」）に、子孫がなければ先祖の祭りが絶えるから不孝とする。他の二つの不孝は、親の不正をいさめぬことと、貧乏で親を養えぬこと。 (9) 逃げ口上。 (10) 親子の縁を切って寄せつけぬこと。 (11) 解説。言いわけではない。

家父長専制の理不尽

親(1)に孝行するはもとより人たる者の当然、老人とあれば、他人にてもこれを丁寧《ていねい》にするはずなり。まして自分の父母に対し情《じやう》を尽くさざるべけんや。利のためにあらず、名のためにあらず。ただ己《おの》れが親と思ひ、天然の誠をもつてこれに孝行すべきなり。古来和漢にて孝行を勧《すす》めたる話ははなはだ多く、二十四孝(2)を始めとして、そのほかの著述書も計《かぞ》ふるに遑《いとま》あらず。しかるにこの書を見れば、十に八、九は人間にでき難きことを勧むるか、または愚《ぐ》にして笑ふべきことを説くか、はなはだしきは、理《と》に背《そむ》きたることを誉《ほ》めて孝行とするものあり。寒中に裸体にて氷の上に臥《ふ》し、その解くるを待たん(3)とするも、人間にできざることなり。夏の夜に自分の身に酒を灌《そそ》ぎて蚊《か》に食はれ、親に近づく蚊を防ぐ(4)より、その酒の代《だい》をもつて紙帳《しちやう》(5)を買ふこそ智者ならずや。(6)父母を養ふべき働きもなく、途方に暮れて、罪もなき子を生きながら穴に埋《うづ》めんとするその心は、鬼《おに》ともいふべし、蛇《じや》ともいふべし。天理人情を害するの極度といふべし。最前は不孝に三つありとて、子を生まざるをさへ大不孝といひながら、今ここにはすでに生まれたる子を穴に埋めて、後《のち》を絶たんとせり。いづれをもつて孝行とするか、前後不都合なる妄説《まうせつ》(7)ならずや。

畢竟《ひつきやう》この孝行の説も、親子の名を糺《ただ》し(8)、上下の分を明らかにせんとして、無理に子を責むるものならん。そのこれを責むる箇条を聞けば、(9)「妊娠《にんしん》中に母を苦しめ、生まれて後は三年父母の懐《ふところ》を免《まぬか》れず。(10)その洪恩《こうおん》(11)はいかん」といへり。されども子を生みて子を養ふは、人類のみにあらず、禽獣《きんじう》みなしかり。ただ人の父母の禽獣に異なるところは、子に衣食を与ふるのほかに、これを教育して人間交際の道を知らしむるの一事にあるのみ。しかるに世間の父母たる者、よく子を生めども子を教ふるの道を知らず。身は放蕩無頼《はうたうぶらい》を事として子弟に悪例《あくれい》を示し、家を汚《けが》し産を破りて貧困に陥《おちい》り、気力やうやく衰へて、家産すでに尽くるに至れば、放蕩変じて頑愚《ぐわんぐ》となり、(12)すなはちその子に向かつて孝行を責むるとは、はたして何《なん》の心ぞや。何の鉄面皮あれば、この破廉恥《はれんち》のはなはだしきに至るや。(13)父は子の財を貪《むさぼ》らんとし、姑《しうとめ》は媳《よめ》の心を悩ましめ、父母の心をもつて子供《こども》夫婦の身を制し、父母の不理屈はもつともにして、子供の申し分《ぶん》は少しも立たず、(14)媳はあたかも餓鬼《がき》の地獄に落ちたるがごとく、(15)起居眠食《ききよみんしよく》自由なるものなし。一《いつ》も舅姑《しうとしうとめ》の意に戻《もと》れば、すなはちこれを不孝者と称し、世間の人もこれを見て、心に無理とは思ひながら、己《おの》れが身に引き受けざることなれば、(16)まづ親の不理屈に左袒《さたん》して、理不尽《りふじん》にその子を咎《とが》むるか、(17)あるいは通人の説に従へば、理非を分かたず、親を欺《あざむ》けとて、偽計を授くる者あり。(18)あにこれを人間家内の道といふべけんや。余かつていへることあり、「姑の鑑《かがみ》遠からず、媳の時にあり(19)」と。姑もし媳を窘《くる》しめんと欲せば、己れがかつて媳たりし時を想《おも》ふべきなり。

　右は上下貴賤の名分《めいぶん》より生じたる悪弊《あくへい》にて、夫婦・親子の二例を示したるなり。世間にこの悪弊の行なはるるははなはだ広く、事々物々《じじぶつぶつ》、人間の交際(20)に浸潤《しんじゆん》せざるはなし。なほその例は次編(21)に記《しる》すべし。

(明治七年四月出版)

注

(1) これ以下はウェーランドの「親たる者のおきて」(The Law of Parents) の大意によったものと思われる。 (2) 中国古来の代表的な孝子二十四人とその伝説。 (3) 晋《しん》の王祥は寒中鯉《こい》をほしがる母のために、裸体で凍った水上に寝、体温で氷がとけて鯉を得た。 (4) 晋の呉猛は貧しくて親のために蚊帳《かや》が買えず、衣を脱いで親に着せ、わが裸体に酒をそそいで蚊を誘った。 (5) 紙製の蚊帳。今はないが、昔は多かった。 (6) 漢の郭巨は貧しくて食糧に乏しかったので、老母を養うため、幼児を生き埋めにしようとしたところ、天の恵みで穴の中から黄金の釜が現われて富み栄えた。 (7) 前後矛盾したむちゃな話。 (8) 親子の名義をやかましくせんさくする。 (9) 子どもに孝行を強いる理由を聞けば。 (10) 生後三年は父母の身辺を離れない。『論語』(「陽貨」) に孔子の言として「子生マレテ三年、然ル後ニ父母ノ懐ヲ免ル」とある。 (11) 大恩。 (12) 若いときの放蕩者が、わからずやの頑固おやじに変わる。 (13) どんな心臓でこんな途方もない恥知らずが言えるのか。 (14) 父母は無理を言っても、ごもっともとして通用し、子どもの正しい言い分は通らぬ。 (15) 餓鬼道 (物の食えぬ死後の苦界) に落ちた餓鬼のように。 (16) 自分に責任がないから。 (17) 無理に子のほうを非難する。 (18) 世間の裏を知った連中の意見によれば、事のよしあしはともあれ、親はだますに限ると、親の目をごまかす秘訣を若い者に伝授する者もある。 (19) 「殷鑑《インカン》遠カラズ、夏后《カコウ》ノ世ニアリ」(『詩経』) の句をもじった。殷 (中国古代の王朝) にとっての戒めは、手近にある。すぐ前の王朝の夏后 (夏の天子) が悪政で滅びたのがよい手本 (鑑) だ。 (20) 人間の社会。ただし人のつきあいともとれる。 (21) 次の第九編と第十編は別の問題を取り上げたので、第八編に続くのは第十一編となった。予定を変えたのであろう。

学問のすゝめ　第九編

学問の旨を二様に記して中津の旧友に贈る文(1)

蟻《あり》の門人となるなかれ

人の心身の働きを細《こま》かに見れば、これを分かちて二様に区別すべし。第一は一人たる身につきての働きなり。第二は人間交際の仲間に居《を》り、その交際の身につきての働きなり。(2)

第一　心身の働きをもつて衣食住の安楽を致すもの、これを一人の身につきての働きといふ。しかりといへども、天地間の万物、一《いつ》として人の便利たらざるものなし。一粒《ひとつぶ》の種を蒔《ま》けば二、三百倍の実を生じ、深山《しんざん》の樹木は培養《ばいやう》せざるもよく成長し、風はもつて車を動かすべし。(3)海はもつて運送の便をなすべし。山の石炭を掘り、河海《かかい》の水を汲《く》み、火を点じて蒸気を造れば、重大なる舟車《ふねくるま》を自由に進退すべし。このほか、造化の妙工《めうこう》を計れば(4)、枚挙《まいきよ》に遑《いとま》あらず。人はただこの造化の妙工を藉《か》り、僅《わづ》かにその趣を変じてもつて自《みづか》ら利するなり。(5) ゆゑに人間の衣食住を得《う》るは、すでに造化の手をもつて九十九分《ぶ》の調理(6)を成したるものへ、人力《じんりよく》にて一分《ぶ》を加ふるのみのことなれば、人はこの衣食住を造るといふべからず。その実は路傍に棄《す》てたるものを拾ひ取るがごときのみ。

ゆゑに人として自ら衣食住を給するは難きことにあらず。この事をなせばとて、あへて誇るべきにあらず。もとより独立の活計は人間の一大事、「汝《なんぢ》の額《ひたひ》の汗《あせ》をもつて汝の食《めし》を食《くら》へ(7)」とは古人の教へなれども、余が考へには、この教への趣旨を達したればとて、未《いま》だ人たるものの務めを終はれりとするに足らず。この教へには、僅かに人をして禽獣《きんじう》に劣ることなからしむるのみ。試みに見よ、禽獣魚虫、自ら食を得ざるものなし。ただにこれを得て一時の満足を取るのみならず、蟻《あり》のごときは遥《はる》かに未来を図《はか》り、穴を掘りて居処《きよしよ》を作り、冬日《とうじつ》の用意に食料を貯《たくは》ふるにあらずや。しかるに世の中には、この蟻の所業をもつて自ら満足する人あり。今その一例を挙《あ》げん。(8)

男子年長《とし》じて、あるいは工に就《つ》き、あるいは商に帰《き》し、あるいは官員となりて、ようやく親類朋友《ほういう》の厄介たるを免れ、相応に衣食して他人へ不義理の沙汰《さた》もなく、借屋《しやくや》にあらざれば自分にて手軽に家を作り、家什《かじふ》(9)は未《いま》だ整《ととの》はずとも、細君だけはまづとりあへずとて、望みの通りに若き婦人を娶《めと》り、身の治《をさ》まりもつきて倹約《けんやく》を守り、子供はたくさんに生まれたれども、教育も一通りのことなればさしたる銭もいらず、不時病気等の入用に三十円か五十円の金にはいつも差し支《つか》へなくして、細く永《なが》く長久の策に心配し、とにもかくにも一軒の家を守る者あれば、自ら独立の活計を得たりとて得意の色をなし、世の人もこれを目《もく》して不羈《ふき》独立の人物といひ、過分の働きをなしたる手柄もののやうに称すれども、その実は大なる間違ひならずや。この人はただ蟻の門人(10)といふべきのみ。生涯の事業は蟻の右に出《い》づるを得ず。その衣食を求め家を作るの際に当たりては、額に汗を流せしこともあらん。胸に心配せしこともあらん。古人の教へに対して恥づることなしといへども、その成功を見れば、万物の霊(11)たる人の目的を達したる者といふべからず。

右のごとく、一身の衣食住を得てこれに満足すべきものとせば、人間の渡世はただ生まれて死するのみ。その死するときのありさまは、生まれしときのありさまに異《こと》ならず。かくのごとくして子孫相伝へなば、幾百代を経《ふ》るも、一村のありさまは旧《もと》の一村にして、世上に公《おほやけ》(12)の工業を起こす者なく、船をも造らず、橋をも架《か》せず、一身一家の外《ほか》は悉皆《しつかい》天然に任《まか》せて、その土地に人間生々《せいせい》の痕跡《こんせき》(13)を遺《のこ》すことなかるべし。西人いへることあり、「世の人みな自ら満足するを知りて小安に安《やす》んぜ(じ)なば(14)、今日の世界は開闢《かいびやく》のときの世界に異なることなかるべし」と。この事誠にしかり。もとより満足にも二様の区別ありて、その界《さかひ》を誤るべからず。一を得てまた二を欲し、随《したが》って足れば(15)随って不足を覚え、つひに飽《あ》くことを知らざるものはこれを欲と名づけ、あるいは野心と称すべしといへども、わが心身の働きを拡《おしひろ》めて達すべきの目的を達せざるものは、これを蠢愚《しゆんぐ》(16)といふべきなり。

注

(1)『学問のすゝめ』を大きく分けると、第八編までを前半、第九編以下を後半とすることができよう。前半にはウェーランドの翻訳的部分が多いが、後半はおおむね純然たる著者自身の発想である。特に第九編・第十編は、郷里中津の若者たちに、「少年よ、大志をいだけ」と激励した文章で、『学問のすゝめ』の書名にもっともふさわしい。「学問の旨」は学問の精神。「旧友」は故郷の後輩の若者を親しんで言ったもの。(2)社会人としての自己。(3)灌漑《かんがい》や水あげに用いる風車《ふうしや》。(4)自然の霊妙な作用を考えると。(5)いくぶん手を加えて利用するだけだ。(6)お膳立て。(7)わが労働により生活せよ。『聖書』(「創世記」)のことば。(8)官吏。(9)家具。(10)蟻を手本にする者。著者一流の皮肉。(11)万物の霊長。あらゆる物のうちですぐれた者。人類。(12)社会公共のための工業。(13)人類生活進歩の足跡。「生々」は生存。生活。(14)小さな安楽に安心するならば。文法上「安んじなば」または「安んぜば」が正しい。(15)「随って足れば」の一句は刊本に脱けているが、著者の草稿によって補った。(16)虫けら同然の愚人。

世に益をなさざるべからず

第二　人の性は群居を好み、決して独歩孤立するを得ず。夫婦・親子にては未《いま》だこの性情を満足せしむるに足らず、必ずしも(1)広く他人に交はり、その交はりいよいよ広ければ、一身の幸福いよいよ大なるを覚ゆるものにて、すなはちこれ人間交際(2)の起こる由縁《ゆえん》なり。すでに世間に居《ゐ》てその交際中の一人となれば、またしたがつてその義務なかるべからず。

およそ世に学問といひ、工業といひ、政治といひ、法律といふも、みな人間交際のためにするものにて、人間の交際あらざれば、いづれも不用のものたるべし。政府何の由縁をもつて法律を設くるや。悪人を防ぎ、善人を保護し、もつて人間の交際を全《まつた》からしめんがためなり。学者何の由縁をもつて書を著述し、人を教育するや。後進の(3)智見を導きて、もつて人間の交際を保たんがためなり。往古《わうこ》ある支那《しな》人の言に、「天下を治むること、肉を分かつがごとく公平ならん(4)」といひ、また「庭前の草を除くよりも天下を掃除《さうぢ》せん(5)」といひしも、みな人間交際のために益をなさんとするの志を述べたるものにて、およそなんぴとにても、いささか身に所得(6)あれば、これによりて世の益をなさんと欲するは人情の常なり。あるいは自分には世のためにするの意なきも、知らず識《し》らずして後世子孫おのづからその功徳《くどく》を蒙《かうむ》ることあり。人にこの性情あればこそ、人間交際の義務を達し得《う》るなり。(7) 古《いにしへ》より世にかかる人物なかりせば、わが輩(8)今日に生まれて、今の世界中にある文明の徳沢《とくたく》(9)を蒙るを得ざるべし。親の身代を譲り受くれば、これを遺物(10)と名づくといへども、この遺物は僅《わづ》かに地面・家財等のみにて、これを失へば失うて跡《あと》なかるべし。世の文明はすなはちしからず。世界中の古人を一体に視《み》なし、この一体の古人より今の世界中の人なるわが輩へ譲り渡したる遺物なれば(11)、その洪大なること、地面・家財の類にあらず。されども今、誰《たれ》に向かつて現にこの恩を謝すべき相手を見ず(12)。これをたとへば、人生に必用なる日光・空気を得《う》るに銭を須《もち》ひざるがごとし。その物は貴《たふと》しといへども、所持の主人あらず。ただこれを古人の陰徳恩賜《いんとくおんし》といふべきのみ(13)。

注

(1) 正しくは「必ず」。 (2) これ以下の「人間交際」「交際」は社会の意。 (3) 後輩の知識。 (4) 前漢の陳平が村で祭の世話役をしたとき、祭の肉を村人に分けるのが公平で好評を得た。彼いわく「自分が天下の宰相《さいしよう》（大臣）になったら、この通り公平な政治をしよう」と。はたしてのちに名相となった。 (5) 後漢の名臣陳蕃が少年時代、庭が草だらけなのを来客にとがめられたときの豪語。 (6) 身についた特長。 (7) 文法的には「達し得るなれ」だが、慣例上係り結びはあまり厳守されない。 (8) われわれ現代人。 (9) 文明の恩恵。 (10) 遺産。 (11) 世界中の古人が一体となって、彼ら全体が現代のわれわれに譲ってくれた遺産なのだから。(12)「誰に向かって現にこの恩を謝すべきか。その相手を見ず」の簡略な表現。(13) 現代の文明は貴いけれども、元の持ち主は誰とも言えぬ。それはただ古人全体なのだから、先祖の目に見えぬおかげ、ありがたいたまものと言うほかはない。ただし刊本には「所持の主人あらば」とあるが、草稿によって訂正した。

文明の進歩は古人の恩恵

開闢《かいびやく》の初めには人智未《いま》だ開けず。そのありさまを形容すれば、あたかも初生の小児《せうに》に未だ知識の発生を見ざる者のごとし。たとへば麦を作りてこれを粉《こ》にするには、天然の石と石とをもつてこれを搗《つ》き砕《くだ》きしことならん。その後ある人の工夫《くふう》にて、二つの石を円《まる》く平たき形に作り、その中心に小さき孔《あな》を掘りて、一つの石の孔に木か金の心棒をさし、この石を下に据《す》ゑて、その上に一つの石を重ね、下の石の心棒を上の石の孔にはめ、この石と石との間に麦を入れて上の石を回し、その石の重さにて麦を粉にする趣向を設けたることならん。すなはちこれ挽碓《ひきうす》なり。古はこの挽碓を人の手にて回すこととなりしが、後世に至りては碓《うす》の形をも次第に改め、あるいはこれを水車《すゐしや》・風車《ふうしや》に仕掛け、あるいは蒸気の力を用ふることとなりて、次第に便利を増したるなり。なにごともこの通りにて、世の中のありさまは次第に進み、昨日《きのふ》便利とせしものも今日《けふ》は迂遠《うゑん》となり、去年の新工夫も今年《ことし》は陳腐《ちんぷ》に属す。(1) 西洋諸国日新の勢ひを見るに、電信・蒸気・百般の器械、(2)随《したが》つて出づれば随つて面目を改め、日に月に新奇ならざるはなし。ただに有形の器械のみ新奇なるにあらず。人智いよいよ開《ひら》くれば交際(3)いよいよ広く、交際いよいよ広ければ人情いよいよ和らぎ、万国公法の説に権を得て、戦争を起こすこと軽率ならず、経済の議論盛んにして、政治・商売の風を一変し、学校の制度・著書の体裁《ていさい》・政府の商議・議院の政談、いよいよ改まればいよいよ高く、その至るところの極を期すべからず。試みに西洋文明の歴史を読み、開闢の時より紀元千六百年代に至りて巻《くわん》を閉ざし、二百年の間(4)を超《こ》えて、頓《にはか》に千八百年代の巻《まき》を開きてこれを見れば、誰《たれ》かその長足の進歩に驚駭《きやうがい》せざるものあらんや。ほとんど同国の(5)史記とは信じ難かるべし。しかりしかうして、その進歩をなせし所以《ゆゑん》の本《もと》を尋《たづ》ぬれば、みなこれ古人の遺物、先進の賜《たまもの》(6)なり。

注

（1）時代おくれとなる。（2）機械に同じ。（3）国際公法の説が有力になって。（4）この間（十八〜十九世紀）が近代国家の成立期で、民主思想が発達し、科学文明や資本主義経済が進歩した。（5）歴史の記述。（6）先駆者のおかげ。

わが洋学先進の遺功

わが日本の文明も、その初めは朝鮮・支那《しな》より来たり、爾来《じらい》わが国人の力にて切瑳《せっさ》琢磨《たくま》(1)、もって近世のありさまに至り、洋学のごときはその源《みなもと》、遠く宝暦年間(2)にあり。『蘭学事始』(3)といふ版本を見るべし 輓近《ばんきん》外国の交際始まりしより、西洋の説やうやく世上に行なはれ、洋学を教ふる者あり、洋書を訳する者あり。天下の人心さらに方向を変じて、これがため政府をも改め、諸藩をも廃して、今日の勢ひになり、重ねて文明の端《たん》を開きしも、これまた古人の遺物、先進の賜《たまもの》といふべし(4)。

注

(1) みがきあげる。 (2) 江戸時代中期。一七五一〜六四年。これ以後三、四十年間が世に言う田沼時代で、幕府の実力者田沼意次《おきつぐ》の方針により洋学が発達した。 (3) 蘭学者杉田玄白の回顧録で、一種の洋学由来記をなす。久しく写本で伝わったが、著者が玄白の後裔《こうえい》に費用を贈って、明治二(一八六九)年はじめて版本となった。 (4) 著者は洋学者であるから、明治維新の成功も洋学の進歩による国民の自覚の現われと見た。著者流の維新史観である。朝鮮・中国によって日本文明の端が開かれたのに次ぐ新文明の発端だから、「重ねて」と言った。

少年よ、大志をいだけ

右所論のごとく、古《いにしへ》の時代より有力の人物、心身を労して世のために事をなす者少なからず。今この人物の心事を想《おも》ふに、あに衣食住の饒《ゆた》かなるをもつて自ら足れりとする者ならんや。人間交際の義務を重んじて、その志すところけだし高遠《かうゑん》にあるなり。今の学者は、(1)この人物より文明の遺物を受けて、まさしく進歩の先鋒《せんぽう》に立ちたるものなれば、その進むところに極度あるべからず。今より数十の星霜《せいさう》(2)を経て、後の文明の世に至れば、また後人《こうじん》をしてわが輩の徳沢《とくたく》(3)を仰《あふ》ぐこと、今わが輩が古人を崇《たふと》むがごとくならしめざるべからず。概してこれをいへば、わが輩の職務は今日この世に居《を》り、わが輩の生々《せいせい》したる痕跡《こんせき》を遺《のこ》して、遠くこれを後世子孫に伝ふるの一事にあり。その任また重しといふべし。あにただ数巻の学校本を読み、商となり、工となり、小吏《せうり》となり、年《ねん》に数百の金を得て、僅《わづ》かに妻子を養ひ、もつて自ら満足すべけんや。こはただ他人を害せざるのみ、他人を益する者にあらず。

注

(1) 学徒。以下この文の読者たる年少学生を「学者」と呼んでいる。 (2) 歳月。 (3) われわれ明治の学徒。

まさに活躍の好機会

かつ事をなすには、時に便不便あり。いやしくも時を得ざれば、有力の人物もその力を逞《たくま》しうすることあたはず。古今その例少なからず。近くはわが旧里《きうり》にも俊英《しゆんえい》の士君子ありしは、明らかにわが輩の知るところなり。(1)もとより今の文明の眼《まなこ》をもつてこの士君子なる者を評すれば、その言行あるいは方向を誤るもの多しといへども、(2)こは時論のしからしむるところにて、(3)その人の罪にあらず。その実は事をなすの気力に乏《とぼ》しからず。ただ不幸にして時に遇《あ》はず、空《むな》しく宝を懐《ふところ》にして生涯を渡り、(4)あるいは死し、あるいは老《らう》し、つひに世上の人をして大いにその徳を蒙《かうむ》らしむるを得ざりしは遺憾《ゐかん》といふべきのみ。

今やすなはちしからず。前にもいへるごとく、西洋の説ややく行なはれて、つひに旧政府を倒し、諸藩を廃したるは、ただこれを戦争の変動と視《み》なすべからず。文明の功能は、僅《わづ》かに一場《いちぢやう》の戦争をもつて止《や》むべきものにあらず。(5)ゆゑにこの変動は、戦争の変動にあらず、文明に促《うなが》されたる人心の変動なれば、(6)かの戦争の変動はすでに七年前に止み(7)てその跡なしといへども、人心の変動は今なほ依然たり。およそ物動かざればこれを導くべからず。学問の道を首唱して天下の人心を導き、推《お》してこれを高尚の域に進ましむるには、特に今の時をもつて好機会とし、(8)この機会に逢《あ》ふ者はすなはち今の学者なれば、学者世のために勉強(9)せざるべからず。以下十編に続く。

（明治七年五月出版）

注

（1）中津にも維新前りっぱな人物があったことをわれわれは知っている。（2）頭が古くて時代についてゆけぬ者。（3）これは時代の風潮のためであった。（4）宝の持ちぐされで。（5）旧幕府を倒し諸藩を廃した原動力は、維新戦争の結果と言うより、西洋文明の功能なのだから、わが文明の進歩は一時の戦争だけで終わるわけはない。（6）明治の社会的変革は戦争による変動ではなく、西洋文明に刺激された民心の変化にほかならぬのだから。（7）明治二（一八六九）年五月、五稜郭の戦いを最後に、維新の戦争は終わった。（8）人心の安定している時代は、これを変えさせることがむずかしいが、今は人心動揺の最中だから、学者がこれをリードして、向上させる絶好の機会である。（9）努力。必ずしも学問上の勉強だけの意ではない。

学問のすゝめ　第十編

前編の続き、中津の旧友に贈る

洋学生易きに就くの弊

前編に、学問の旨《むね》を二様に分かちてこれを論じ、その議論を概すれば、「人たるものは、ただ一身一家の衣食を給し、もつて自ら満足すべからず。人の天性にはなほこれよりも高き約束(1)あるものなれば、人間交際の仲間に入り、その仲間たる身分をもつて世のために勉《つと》むるところなかるべからず」との趣意を述べたるなり。学問するには、その志を高遠にせざるべからず。飯を炊《た》き風呂の火を焚《た》くも学問なり。天下の事を論ずるもまた学問なり。されども一家の世帯《せたい》は易《やす》くして、天下の経済は難《かた》し。およそ世の事物、これを得《う》るに易きものは貴《たふと》からず。物の貴き所以《ゆゑん》は、これを得るの手段難ければなり(2)。ひそかに案ずるに(3)、今の学者、あるいはその難を棄《す》てて、易きに就《つ》くの弊あるに似たり。昔封建の世(4)においては、学者あるいは所得あるも、天下の事みなきりつめたるありさまにて、その学問を施すべき場所なければ、(5)やむを得ずして、学びし上にもまた学問を勉《つと》め、その学風はよろしからずといへども、(6)読書に勉強してその博識なるは、今人《こんじん》の及ぶところにあらず。今の学者はすなはちしからず。随つて学べば随つてこれを実地に施すべし。(7)たとへば洋学生、三年の執《しゆ》行《ぎやう》(8)をすれば、一通りの歴史・窮理書(9)を知り、すなはち洋学教師と称して学校を開くべし。また人に雇はれて教授すべし。あるいは政府に仕《つか》へて大いに用ひらるべし。なほこれよりも易きことあり。当時流行の訳書を読み、世間に奔走《ほんそう》して内外の新聞(10)を聞き、機に投じて官に就けば、すなはち巌然たる官員なり。かかるありさまをもつて風俗をなさば、(11)世の学問はつひに高尚の域《ゐき》に進むことなかるべし。

筆端《ひつたん》少しく卑劣に亘《わた》り(12)、学者に向かひていふべきことにあらずといへども、銭の勘定をもつてこれを説かん。学塾に入りて執行するには、一年の費百円に過ぎず。三年の間に三百円の元《もとい》(13)入れを卸《おろ》し、すなはち一月《ひとつき》に五、七十円の利益を得《う》るは、洋学生の商売なり。かの耳の学問にて官員となる者は、この三百円の元入れをも費《つひや》さざれば、その得《う》るところの月給は、正味《しやうみ》手取りの利益なり。世間諸商売の内に、かかる割合の大利を得るものあるべきや。高利貸《かうりかし》といへどもこれに三舎を譲るべし。(14)もとより物価は世の需用の多寡《たくわ》により高低あるものにて、方今《ほうこん》政府を始め諸方にて洋学者流を求むること急なるがため、この相場の景気をも生じたるものなれば、あへてその人を奸《かん》なりとて咎《とが》むるにあらず⑮、またこれを買ふ者を愚《ぐ》なりとて誹《そし》るにあらず。ただわが輩の存意《ぞんい》には⑯、この人をしてなほ三、五年の艱苦《かんく》を忍《しの》び、真に実学⑰を勉強して後に事に就かしめなば、大いに成すこともあらん⑱と思ふのみ。かくありてこそ、日本全国に分賦《ぶんぷ》せる智徳に力を増して⑲、はじめて西洋諸国の文明と鋒《ほこさき》を争ふの場合に至るべきなり。

注

(1) 使命。 (2) この文の下に「天下の学問の貴き所以も、その学び難きにあり」の気持ちがある。 (3) 私自身の考えでは。 (4) 幕府時代。 (5) 修業中の学徒が相当の素養を積んでも、万事動きのとれぬ社会で、自分の学問を生かすべき地位がなかったから。 (6) 当時の学問は古風な儒学だったから。 (7) 勉強すればするそばからすぐ実地に応用できる。 (8) 修行(修業)。 (9) 物理書。 (10) 国内・国外のニュース。この「新聞」は新聞紙ではない。 (11) こういうありさまが流行すれば。 (12) 筆がすこし下品な方向に行く。 (13) 資本。 (14) 高利貸しさえ足もとにも及ぶまい。 (15) 洋学者をして不正だと非難するのではないが。 (16) 私の意見では。 (17) ここでは内容の充実した学問。高度の学、の意であろう。 (18) 将来大成するだろう。 (19) 全国の学者の知識・人格のレベルが高まる。「分賦」は分布。

外国人に頼《たよ》るはわが学者の恥辱

今の学者、何を目的として学問に従事するや。不羈独立《ふきどくりつ》の大義を求むるといひ、自主自由の権義を恢復《くわいふく》するといふにあらずや。すでに自由独立といふときは、その字義の中におのづからまた義務の考へなかるべからず。独立とは、一軒の家に住居《ぢゆうきよ》して、他人へ衣食を仰《あふ》がずとの義のみにあらず。こはただ内の義務なり。なほ一歩を進めて外の義務を論ずれば、日本国に居《ゐ》て日本人たるの名を恥《は》づかしめず、国中の人とともに力を尽くし、この日本国をして自由独立の地位を得せしめ《(しめ)》、(1)はじめて内外の義務終へたりといふべし。ゆゑに一軒の家に居て僅《わづ》かに衣食する者は、これを一家独立の主人といふべし、未《いま》だ独立の日本人といふべからず。

試みに見よ、方今《はうこん》天下の形勢(2)、文明はその名あれども、未だその実を見ず。外の形は備はれども、内の精神は耗《むな》し(3)。今のわが海陸軍をもつて西洋諸国の兵と戦ふべきや、決して戦ふべからず。今のわが学術をもつて西洋人に教ゆ《(ふ)》べきや(4)、決して教ゆべきものなし。かへつてこれを彼に学んで、なほその及ばざるを恐るるのみ。外国に留学生あり、内国に雇ひの教師あり。政府の省・寮(5)・学校より、諸府・諸港(6)に至るまで、大概みな外国人を雇はざるものなし。あるいは私立の会社・学校の類といへども、新たに事を企《くはだ》つるものは、必ずまづ外国人を雇ひ、過分の給料を与へてこれに依頼するもの多し。彼《かれ》の長を取りてわが短を補ふ(7)とは人の口吻《こうふん》(8)なれども、今のありさまを見れば、我は悉皆《しつかい》短にして、彼は悉皆長なるがごとし。もとより数百年来の鎖国《さこく》を開きて、頓《とみ》に文明の人に交はることなれば、その状あたかも火をもつて水に接するがごとく、この交際を平均せしめんがためには、あるいは彼《かれ》の人物(9)を雇ひ、あるいは彼の器品を買ひて、もつて急須《きふす》(10)の欠を補ひ、水火相触るるの動乱を鎮静《ちんせい》(11)するは、必ずやむを得ざるの勢ひなれば、一時の供給を彼に仰ぐも国の失策といふべからず。しかりといへども、他国の物を仰いで自国の用を便ずるは、もとより永久の計にあらず。ただこれを一時の供給と視《み》なして、強《し》ひて自ら慰《なぐさ》むるのみなれども、その一時なるものはいづれの時に終はるべきや。その供給を他に仰がずして自ら供するの法はいかにして得《う》べきや。これを期することはなはだ難し。ただ今の学者の成業を待ち、この学者をして自国の用を便ぜしむるの外《ほか》、さらに手段あるべからず。すなはちこれ学者の身に引き請《う》けたる職分なれば、その責《せめ》急なりといふべし。

今わが国内に雇ひ入れたる外国人は、わが学者未熟なるがゆゑに、しばらくその名《みやう》代《だい》を勤《つと》めしむる者なり。今わが国内に外国の器品を買ひ入るるは、わが国の工業拙《せつ》なるがゆゑに、しばらく銭と交易《かうえき》(12)して用を便ずる者なり。この人を雇ひこの品を買ふがために金を費すは、わが学術の未だ彼に及ばざるがために、日本の財貨を外国へ棄《す》つることとなり。国のためには惜しむべし。学者の身となりては慚《は》づべし。かつ人として前途の望みなかるべからず。望みあらざれば世に事を勉《つと》むる者なし。明日《みやうにち》の幸ひを望んで、今日《こんにち》の不幸をも慰むべし。来年の楽を望んで、今年の苦をも忍《しの》ぶべし。昔日は世の事物みな旧格に制せられて、有志の士といへども望みを養ふべき目的なかりしが、今やしからず。(13) この制限を一掃せしより後は、あたかも学者のために新世界を開きしがごとく、天下ところとして事をなすの地位あらざるはなし。(14) 農となり、(15) 商となり、学者となり、官員となり、書を著はし、新聞紙を書き、法律を講じ、芸術を学び、工業も起こすべし、議院も開くべし、百般の事業行なふべからざる者なし。しかもこの事業を成し得て、国中の兄弟相鬩《けいていあひせめ》ぐにあらず。(16) その智恵の鋒《ほこさき》を争ふの相手は外国人なり。この智戦に利あれば、すなはちわが国の地位を高くすべし。(17) これに敗すれば、わが地位を落とすべし。その望み大にして、期するところ明らかなりといふべし。もとより天下の事を現に施行するには、前後緩急《くわんきふ》あるべしといへども、到底この国に欠くべからざるの事業は、人々の所長によりて今より研究せざるべからず。(18) いやしくも処世の義務を知る者は、この時に当たりて、この事業を傍観するの理なし。学者勉《つと》めざるべからず。

注

(1)「得しめ」が文法的に正しいが、一般に慣用される。(2)日本の状態。(3)国家の外形は文明風だが、国民の精神はなっていない。(4)「教ふべきや」が正しい。(5)明治初年、省の下に属した役所。大蔵省(現財務省)の下の造幣寮など。(6)東京府・大阪府等や横浜港・神戸港等の役所。(7)西洋の長所を取って日本の短所を補う。(8)口癖。(9)西洋の人間。「彼」は西洋をさす。(10)急場の不足。(11)性質の全く違った東西両文明の接触による混乱を緩和する。(12)銭と交換して。(13)旧幕時代は社会が古いしきたりに縛られて、志のある学者でも前途に有望な目標が見いだせなかったが、明治の今日はそうでない。(14)日本中どこでも腕をふるう舞台のないところはない。(15)技芸学術。今の芸術ではない。(16)自国民同士が争うのではない。(17)目当てがはっきりしている。(18)天下の重要事(上述の)を実現してゆくには、前後の順序も考えねばならぬが、結局日本に必要なそれらの諸事業は、人々の得意に応じて今から研究すべきだ。「所長」は長所に同じ。

一人にて日本国を維持するの気力あるべし

これによりて考ふれば、今の学者たる者は、決して尋常《じんじやう》学校の教育(1)をもつて満足すべからず。その志を高遠にして学術の真面目《しんめんぼく》(2)に達し、不羈《ふき》独立《どくりつ》、もつて他人に依頼せず、あるいは同志の朋友《ほういう》なくば、一人にてこの日本国を維持するの気力を養ひ、もつて世のために尽くさざるべからず。余輩《よはい》もとより和漢の古学者流が、人を治むるを知りて、自ら修むるを知らざる者を好まず(3)。これを好まざればこそ、この書の初編より人民同権の説を主張し、人々自らその責に任じて、自らその力に食《は》む(4)の大切なるを論じたれども、この自力に食むの一事にては、未《いま》だわが学問の趣意(5)を終はれりとするに足らず。これをたとへば、ここに沈湎《ちんめん》冒色(6)放蕩無頼《ぶらい》の子弟あらん。これを御《ぎよ》するの法いかにすべきや。これを導きて人となさんとするには、まづその飲酒を禁じ、遊冶《いうや》を制し(7)、しかる後に相当の業《げふ》に就《つ》かしむることとなるべし。その飲酒遊冶を禁ぜざるの間は、未だともに家業のことを語るべからず。されども人にして酒色に耽《ふけ》らざればとて、これをその人の徳義といふべからず。ただ世の害をなさざるのみにて、(8)未だ無用の長物《ちやうぶつ》たるの名は免《まぬが》れ難し。その飲酒遊冶を禁じたる上、またしたがつて業に就き、身を養ひ、家に益することありて、はじめて十人並《なみ》の少年(9)といふべきなり。

自食の論もまたかくのごとし。わが国士族以上の人(10)、数千百年の旧習に慣れて、衣食の何物たるを知らず、富有の由《よ》つて来たるところを弁ぜず(11)、傲然《がうぜん》自ら無為《むゐ》に食して、これを天然の権義と思ひ(12)、その状あたかも沈湎冒色、前後を忘却《ばうきやく》する者のごとし。この時に当たり、この輩の人に告ぐるに何事をもつてすべきや。ただ自食の説を唱へて、その酔夢を驚かす(13)の外《ほか》手段なかるべし。この流《りう》の人に向かひて、あに高尚の学を勧《すす》むべけんや。世を益するの大義を説くべけんや。たとひこれに説き勧むるも、夢中学に入れば、その学問もまた夢中の夢のみ。(14) すなはちこれわが輩が、もつぱら自食の説を主張して、未《いま》だ真の学問を勧めざりし由縁《ゆえん》なり。ゆゑにこの説は、周《あまね》く徒食の輩(15)に告ぐるものにて、学者に諭《さと》すべき言にあらず。

注

（1）普通の学校教育。（2）学の神髄。（3）特に儒学は支配者の学問で、人民を治めることを主眼としたが、著者の学問は人民自身のための学問であった。「自ら修むる」は自活する意。（4）自分の力で生活する。（5）私（著者）の主張する学問の精神。（6）酒におぼれ、色にふける。（7）遊蕩をやめさせる。（8）そののちに。（9）若者。（10）武士や大名・貴族。（11）どこから財産がはいってくるのかも自覚せず。（12）大威張りでむだ飯を食うのを当然の権利と思う。「慠然」は傲然に同じ。（13）彼らの無自覚を警告する。（14）自食の精神に目ざめずに学問しても、真の学問の意義はわかるまい。（15）むだ飯を食う連中。

中津の旧友、小安に安んずるなかれ

しかるに聞く、近日中津の旧友、学問に就く者の内、まれには学業未だ半ばならずして、早くすでに生計の道を求むる人ありと。生計もとより軽んずべからず。あるいはその人の才に長短もあることなれば、後来《こうらい》の方向を定むるはまことに可なりといへども(1)、もしこの風を互ひに相倣《あいなら》ひ、ただ生計をこれ争ふの勢ひに至らば、俊英の少年

は、その実《じつ》を未熟に残《そこな》ふ(2)の恐れなきにあらず。本人のためにも悲しむべし、天下のためにも惜しむべし。かつ生計難しといへども、よく一家の世帯《せたい》を計《はか》れば(3)、早く一時に銭を取り、これを費《つひや》して小安《せうあん》を買はんより、力を労して倹約を守り、大成の時を待つにしかず。

学問に入らば大いに学問すべし。農たらば大農となれ、商たらば大商となれ。学者小安に安んずるなかれ(4)。粗衣粗食、寒暑を憚《はばか》らず、米も搗《つ》くべし、薪《まき》も割るべし。学問は米を搗きながらもできるものなり。人間の食物は西洋料理に限らず。麦飯《むぎめし》を食《くら》ひ、味噌《みそ》汁を啜《すす》り、もつて文明の事を学ぶべきなり(5)。

（明治七年六月出版）

注

（1）才能の足らぬ者は、能力に応じた手近な生計の方針を立てるもいいが。（2）有能な青年までが、せっかくの実力を発揮できずに終わる。果実を未熟のまま腐らせるにたとえた。（3）一家の生計の将来をよく考えれば。（4）諸君は小さな生活の安定に満足してはならぬ。（5）西洋の物質生活をまねしなくても、西洋の精神文明を学ぶべきである。

学問のすゝめ　第十一編

名分をもつて偽君子を生ずるの論(1)

名分は親子の間に行なはるるのみ

第八編に、上下貴賤の名分よりして夫婦・親子の間に生じたる弊害《へいがい》の例を示し、「その害の及ぶところ、このほかにもなほ多し」との次第を記《しる》せり。そもそもこの名分の由《よ》つて起こるところを案ずるに、その形は強大の力をもつて小弱を制するの義に相違なしといへども、その本意は必ずしも悪念より生じたるにあらず。畢竟《ひつきやう》世の中の人をば悉皆愚《しつかいぐ》にして善なるものと思ひ、これを救ひ、これを導き、これを教へ、これを助け、ひたすら目上の人の命《めい》に従ひて、かりそめにも自分の了簡《れうけん》を出《い》ださしめず、目上の人は大抵《たいてい》自分に覚えたる手心にて、よきやうに取り計《はか》らひ、一国の政事《せいじ》も、一村の支配も、店の始末も、家の世帯《せたい》も、上下心を一にして、あたかも世の中の人間交際(2)を親子の間柄のごとくになさんとする趣意なり。

たとへば十歳前後の子供を取り扱ふには、もとよりその了簡を出ださしむべきにあらず。大抵両親の見計らひにて衣食を与へ、子供はただ親の言に戻《もと》らずしてその差図《さしづ》にさへ従へば、寒き時には丁度《ちやうど》綿入れの用意あり、腹のへる時にはすでに飯の支度《したく》調《ととの》ひ、飯と着物はあたかも天より降《ふ》り来たるがごとく、わが思ふ時刻にその物を得て、なに一つの不自由なく、安心して家に居《を》るべし。両親は己《おの》れが身にも易《か》へられぬ愛子なれば、これを教へ、これを諭《さと》し、これを誉《ほ》むるもこれを叱《しか》るも、みな真の愛情より出《い》でざるはなく、親子の間一体のごとくして、その快きことたとへん方《かた》なし。すなはちこれ親子の交際にして、その際には上下の名分も立ち、かつて差し支《つか》へあることなし。

世の名分を主張する人は、この親子の交際をそのまま人間の交際に写し取らん(3)とする考へにて、随分おもしろき工夫《くふう》のやうなれども、ここに大なる差し支へあり。親子の交際はただ智力の熟したる実の父母と、十歳ばかりの実の子供との間に行なはるべきのみ。他人の子供に対してはもとより叶《かな》ひ難し。たとひ実の子供にても、もはや二十歳以上に至れば、次第にその趣を改めざるを得ず。いはんや年すでに長じて大人《おとな》となりたる他人と他人との間においてをや。とてもこの流儀にて交際の行なはるべき理なし。いはゆる願ふべくして行なはれ難き者とはこのことなり。さて今一国といひ、一村といひ、政府といひ、会社(4)といひ、すべて人間の交際と名づくるものは、みな大人と大人との仲間なり。他人と他人との付き合ひなり。この仲間付き合ひに実の親子の流儀を用ひんとするも、また難きにあらずや。されどもたとひ実には行なはれ難きことにても、これを行なうてきはめて都合よからんと心に想像するものは、その想像を実に施したく思ふもまた人情の常にて、すなはちこれ世に名分なる者の起こりて、専制の行なはるる由縁なり。ゆゑにいはく、名分の本《もと》は悪念より生じたるにあらず、想像によりて強《し》ひて造りたるものなり(5)。

注

(1) この編は第八編の続編の性格をもつ。第八編では人間の自由を束縛して、男性が女性を、親が子を不当に圧迫する弊害を説いたのに対し、ここでは君臣・主従の名分（身分の差別）が偽善者を生ずることを論じた。名分を重んずる東洋古来の儒教道徳の欠点を鋭く突いている。「偽君子」は君子（人格者）を気取る偽善者。(2) 人間づきあい。(3) 世間一般の交際にもあてはめる。(4) 団体。今の会社より広義。(5) 名分は権力者の悪意から生まれたのではなく、彼らの理想からつくられた道徳なのだ。

君臣の名分は児戯に等し

アジア諸国においては、国君のことを民の父母といひ、人民のことを臣子または赤《せき》子《し》(1)といひ、政府の仕事を牧民《ぼくみん》(2)の職と唱《とな》へて、支那《しな》には地方官のことを何州の牧《ぼく》と名づけたることあり。この牧の字は獣類を養ふの義なれば、一州の人民を牛羊のごとくに取り扱ふ積もりにて、その名目《めいもく》を公然と看板《かんばん》に掛けたるものなり。余り失礼なる仕方にはあらずや。かく人民を子供のごとく牛羊のごとく取り扱ふといへども、前段にもいへる通り、その初めの本意は必ずしも悪念にあらず。かの実の父母が実の子供を養ふがごとき趣向《しゆかう》にて、第一番に国君を聖明なるものと定め、賢良方正の士を挙げてこれを輔《たす》け(3)、一片の私心なく、半点の我欲なく、清きこと水のごとく、直《なほ》きこと矢のごとく、己《おの》れが心を推《お》して人に及ぼし(4)、民を撫《ぶ》するに情愛を主とし、饑饉《ききん》には米を給し、火事には銭を与《あた》へ、扶助《ふじよ》救育して衣食住の安楽を得せしめ《（しめ）》、上《かみ》の徳化は南風《なんぷう》の薫《くん》ずるがごとく(5)、民のこれに従ふは草の靡《なび》くがごとく、その柔《やは》らかなるは綿のごとく、その無心なるは木石のごとく(6)、上下合体、ともに太平を謡《うた》はんとするの目論見《もくろみ》(7)ならん。実に極楽《ごくらく》のありさまを模写したるがごとし。

されどもよく事実を考ふれば、政府と人民とはもと骨肉の縁(8)あるにあらず、実に他人の付き合ひなり。他人と他人との付き合ひには情実(9)を用《（ふ）》ゆべからず。必ず規則約束なるものを作り、互ひにこれを守りて、厘毛の差を争ひ⑽、双方ともにかへつて丸く治まるものにて、これすなはち国法の起こりし由縁なり。かつ右のごとく、聖明の君と、賢良の士と、柔順なる民と、その注文はあれども、⑾いづれの学校に入れば、かく無疵《むきず》なる聖賢を造り出すべきや。なんらの教育を施せば、かく結構なる民⑿を得《う》べきや。唐人も周の世以来しきりにここに心配せしことならんが⒀、今日《こんにち》まで一度も注文通りに治まりたる時はなく、との詰まりは、今の通りに外国人に押《おさ》へ付けられたるに⒁あらずや。⒂しかるにこの意味を知らずして、きかぬ薬を再三飲むがごとく、小刀細工《こがたなざいく》の仁政⒃を用ひ、神ならぬ身の聖賢が、その仁政に無理を調合して、強《し》ひて御恩を蒙《かうむ》らしめんとし、御恩は変じて迷惑となり、仁政は化して苛法《かはふ》となり⒄、なほも太平を謡《うた》はんとするか。謡はんと欲せば、独《ひと》り謡ひて可なり。これを和する者はなかるべし⒅。その目論見こそ迂遠《うゑん》なれ。実に隣ながらも捧腹《ほうふく》に堪へざる次第なり⒆。

注

（1）君主を民の父母と言うのに対して、民を君主の赤子と言う。（2）民を養い治めることを牧民と言う。（3）賢く正しい役人を用いて君主を助ける。（4）支配者がわが清く直き心を人民に推し及ぼす。（5）君主の徳が人民を感化することは、南風（夏の温和な風）が快いかおりをもたらすようだ。「南風の薫ずる」は仁政のゆきわたる形容。（6）君主の心の柔らかなことは綿のごとく、民の心のおだやかなことは木石のようだ。(7)天下太平を口にとなえる。(8)血を分けた縁。(9)情愛。(10)わずかな権利の差を争う。(11)そんな理想だけは描いても。(12)お人よしの民。単に善良の意ではない。(13)中国人も周の孔子・孟子等の時代からその教えの実現に苦心したようだが。(14)西洋人の進出に圧倒された。(15)以下、中国歴代の支配者が名分主義の儒教を採用してきたことをあざけった。(16)人情にそむいた無理押しつけの仁政。(17)神ならぬ支配者が、仁政と称する良薬に圧制という毒薬を混合して、人民に恩を売ろうとしたが、結局人民のありがた迷惑となり、かえって人民を悩ます悪法となった。上の「きかぬ薬」の縁で「調合」と言う。(18)これに共鳴する者はなかろう。「謡ふ」の縁で「和する」(音楽上の語)と言う。(19)お隣の国のことながら、馬鹿さ加減を笑わざるを得ない。儒教主義に対する著者の反感がこの一段に強く出ている。

専制の商法頼み難し

この風儀(1)は独り政府のみに限らず、商家にも、学塾にも、宮にも、寺にも行なはれざるところなし。今その一例を挙《あ》げていはん。店中に旦那《だんな》が一番の物知りにて、元《もと》帳《ちやう》(2)を扱ふ者は旦那一人《ひとり》、従つて番頭あり、手代(3)ありて、おのおのその職分を勤《つと》むれども、番頭・手代は商売全体の仕組みを知ることなく、ただ喧《やかま》しき旦那の差図《さしづ》に任《まか》せて、給金も差図次第(4)、仕事も差図次第、商売の損徳(得)は元帳を見て知るべからず(5)。朝夕旦那の顔色《かほいろ》を窺《うかが》ひ、その顔に笑《ゑ》みを含むときは商売のあたり、眉《まゆ》の上に皺《しわ》をよするときは商売のはづれと推量するくらゐのことにて、なんの心配もあることなし。ただ一つの心配は、己《おの》れが預かりの帳面に筆の働きをもつて極内《ごくない》の仕事を行なはんとするの(6)一事《いちじ》のみ。鷲《わし》に等《ひと》しき旦那の眼力《がんりき》もそれまでには及びかね、律儀《りちぎ》一片《(偏)》の忠助(7)と思ひの外に、かけ落ち(8)かまたは頓死《とんし》(9)のその跡にて帳面を改むれば、洞《ほら》のごとき大穴を明《あ》け、はじめて人物の頼み難きを嘆息するのみ。されどもこは人物の頼み難きにあらず、専制の頼み難きなり。旦那と忠助とは赤の他人の大人にあらずや。その忠助に商売の割合をば約束もせず(10)して、子供のごとくにこれを扱はんとせしは、旦那の不了簡《ふれうけん》といふべきなり。

注

(1) 上の者だけが全権を握って専制を行なう風習。 (2) 収益損失のすべてを記した原簿。 (3) 番頭の下の若い店員。 (4) 給料も主人の意志だけできまる。 (5) 元帳を見る機会がないから、商売がもうかっているか損しているかわからぬ。「損徳」は「損得」が正しいが、慣用される。 (6) 自分に任された帳面に筆を入れてごまかす。「極内」は極内証の略で極秘。 (7) 正直一途の忠義者。「一片」は「一偏」が正しい。「忠助」は番頭・手代の擬人名。ここは忠義な番頭、の意。 (8) 主人の金を持ち逃げする場合など。 (9) 急死。 (10) 利益の配当も約束せず。

封建時代の名分論は偽君子を作れり

右のごとく上下貴賤の名分を正《ただ》し、ただその名のみを主張して、専制の権を行なはんとするの源因よりして、その毒の吹き出すところは、人間に流行する欺詐《ぎさ》術策の容《よう》体《だい》(1)なり。この病に罹《かか》る者を偽君子と名づく。たとへば封建の世に、大名の家来は表向きみな忠臣の積もりにて、その形を見れば君臣上下の名分を正し、辞儀をするにも鋪《しき》居《ゐ》一筋の内外《うちそと》を争ひ、(2)亡君の逮夜《たいや》(3)には精進《しやうじん》を守り、若殿の誕生《たんじやう》には上下《かみしも》を着し、(4)年頭の祝儀《しうぎ》・菩提所《ぼだいしよ》(5)の参詣《さんけい》、一人も欠席あることなし。その口吻《こうふん》にいはく、「貧は士《し》の常、尽忠報国」(6)、またいはく、「その食《しよく》を食《は》む者はその事に死す」(7)などと、大造《たいさう》らしく(8)言ひ触《ふ》らし、すはといはば今にも討ち死にせん勢ひにて、一通りの者はこれに欺《あざむ》かるべきありさまなれども、ひそかに一方より窺《うかが》へば、はたして例の偽君子なり。

大名の家来によき役儀を勤むる者あれば、その家に銭の出来るは何ゆゑぞ。定まりたる家禄と、定まりたる役料(9)にて、一銭の余財も入るべき理なし。しかるに出入り差し引きして余りあるは(10)はなはだ怪しむべし。いはゆる役徳にもせよ、賄賂《わいろ》にもせよ、普請《ふしん》旦那の物をせしめたる(11)に相違はあらず。その最も著《いちじる》しきものを挙《あ》げていへば、奉行《ぶぎやう》が大工に割前を促《うなが》し(12)、会計の役人が出入りの町人より付け届けを取るがごときは、三百諸侯の家にほとんど定式《ぢやうしき》(13)の法のごとし。旦那のためには御馬前《ごばぜん》に討ち死にさへせんといひし忠臣義士が、その買ひ物の棒先《ぼうさき》を切る(14)とは、余り不都合ならずや。金箔《きんぱく》付きの偽君子(15)といふべし。

あるいは稀《まれ》に正直なる役人ありて、賄賂の沙汰《さた》も聞こえざれば、前代未聞《みもん》の名臣とて一藩中の評判なれども、その実は僅《わづ》かに銭を盗まざるのみ。人に盗心《たうしん》なければとて、さまで誉《ほ》むべきことにあらず。ただ偽君子の群集するその中に、十人並の人がまじるゆゑ、格別に目立つまでのことなり。畢竟《ひつきやう》この偽君子の多きも、その本《もと》を尋ぬれば、古人の妄想にて、世の人民をばみな結構人《けつこうじん》にして御《ぎよ》し易きものと思ひ込み(16)、その弊つひに専制抑圧に至り、詰まるところは飼ひ犬に手を嚙《か》まるるものなり。かへすがへすも世の中に頼みなきものは名分なり。毒を流すの大なるものは専制抑圧なり。恐るべきにあらずや。

注

(1) 世間に流行する不正の風習。「人間」は世間。上の「毒」を受けて「容体」(病状) と言う。(2) 主君へのあいさつにも、身分により座敷にはいってする者と敷居の外でする者との区別がある。「内外を争ひ」は内外を問題にする。(3) 命日の前夜。この日は肉食せぬ。(4) 礼装する。(5) 主家代々の墓があり、その法事をする寺。(6) 清貧は武士の常、忠義と報国こそ武士の本分だ。(7) 主君から食禄をもらう者は主君のために命を捨てるが当然だ。中国古典(『説苑』)の句。(8) 大げさに。「大造」は

「大層」に同じく、慣用の当て字。（9）一定の俸給と一定の職務手当。（10）自家の収支を決算して余分が出る。（11）主人の金をごまかした。（12）工事責任者の役人が建築業者にリベートを要求する。（13）公然のきまり。（14）うわ前をはねる。（15）最高の偽善者。（16）古人の儒教主義の空想論から、人民はみなお人よしで支配しやすいものと独りぎめする。

義士の人数はあまりに少なし

ある人いはく、「かくのごとく人民不実の悪例のみを挙《あ》ぐれば際限もなきことなれども、悉皆《しつかい》しかるにもあらず。わが日本は義の国にて、古来義士の身を棄てて君のためにしたる例ははなはだ多し」と。答へていはく、まことにしかり。古来義士なきにあらず。ただその数少なくして、算当《さんたう》に合はぬ(1)なり。元禄年中(2)は義気の花盛りともいふべき時代なり。この時に赤穂七万石(3)の内に、義士四十七名あり。七万石の領分にはおよそ七万の人口あるべし(4)。七万の内に四十七あれば、七百万の内には四千七百あるべし。物換《か》はり星移り(5)、人情は次第に薄く、義気も落花の時節となりたるは、世人の常にいふところにて、相違もあらず。ゆゑに元禄年中より人の義気に三割を減じて七掛けにすれば、七百万につき三千二百九十の割合なり。今、日本の人口を三千万となし、義士の数は一万四千百人なるべし。この人数にて日本国を保護するに足るべきや。三歳の童子にも勘定《かんぢやう》はできることならん。

注

（1）勘定に合わぬ。（2）江戸時代中期。一六八八年〜一七〇四年。（3）実は五万三千石。（4）ひとりの一年間の米の消費料を約一石としての概算。（5）事情が変わり、歳月が移る。

名分より職分が大切

右の議論によれば、名分は丸つぶれの話なれども、念のためここに一言を足《た》さん。名分とは虚飾《きよしよく》の名目をいふなり。虚名とあれば上下貴賤悉皆《しつかい》無用のものなれども、この虚飾の名目と実の職分とを入れ替へにして、職分をさへ守れば、この名分も差し支《つか》へあることなし。すなはち政府は一国の帳場《ちやうば》にして、人民を支配するの職分あり。人民は一国の金主にして、国用を給するの職分あり。文官の職分は政法を議定《ぎてい》するにあり。武官の職分は命ずるところに赴《おもむ》きて戦ふにあり。このほか学者にも、町人にも、おのおの定まりたる職分あらざるはなし。しかるに半解半知の飛び揚《あ》がりものが、名分は無用と聞きて、早くすでにその職分を忘れ、人民の地位に居《ゐ》て政府の法を破り、政府の命をもつて人民の産業に手を出し、兵隊が政《まつりごと》を議して自ら師《いくさ》を起こし、文官が腕の力に負けて武官の差図《さしづ》に任ずる等のことあらば、これこそ国の大乱ならん。自主自由のなま噛《が》みにて、無政無法の騒動《さうどう》なるべし。名分と職分とは文字こそ相似たれ、その趣意は全く別物なり。学者これを誤り認むることなかれ。

（明治七年七月出版）

注

（1）うわべだけの名義。（2）実質的な職務上の責任。（3）職分のかわりに、この古くさい名分という名称だけを残しておいても害はなかろう。（4）一国の元締め。「帳場」は店の会計をつかさどるところで、主人や支配人の席。（5）資本主。（6）国の費用をまかなう。（7）政治と法律。または政治の方法。（8）国家の命ずる戦地に行く。（9）知ったかぶりをするあわて者。（10）政府が命令ずくで人民の自由な生活に干渉する。「産業」は生計。（11）文官が武力に屈して武官の指揮にしたがう。

学問のすゝめ　第十二編(1)

演説の法を勧むるの説(2)

わが国に演説の法あるを聞かず

演説(3)とは英語にて「スピイチ」といひ、大勢の人を会して説を述べ、席上にてわが思ふところを人に伝ふるの法なり。わが国には古《いにしへ》よりその法あるを聞かず。寺院の説法(4)などはまづこの類なるべし。西洋諸国にては演説の法最も盛んにして、政府の議院・学者の集会・商人の会社・市民の寄り合ひより、冠婚葬祭(5)、開業開店等の細事に至るまでも、僅《わづ》かに十数名の人を会することあれば、必ずその会につき、あるいは会したる趣意を述べ、あるいは人々平生《へいぜい》の持論《ぢろん》を吐《は》き、あるいは即席の思ひつきを説きて、衆客に披露《ひろう》するの風なり。この法の大切なるはもとより論をまたず。たとへば今、世間にて議院などの説(6)あれども、たとひ院を開くも、第一に説を述ぶるの法あらざれば、議院もその用をなさざるべし。

演説をもつて事を述ぶれば、その事柄の大切なると否《いな》とはしばらく擱《お》き、ただ口上をもつて述ぶるの際におのづから味を生ずるものなり。[7] たとへば文章に記《しる》せばさまで意味なきことにても、言葉をもつて述ぶればこれを了解すること易くして、人を感ぜしむるものあり。古今に名高き名詩名歌といふものもこの類にて、この詩歌を尋常の文に訳《やく》すれば、絶えておもしろき味もなきがごとくなれども、詩歌の法に従ひてその体裁を備ふれば、限りなき風致を生じて、[8] 衆心を感動せしむべし。ゆゑに一人の意を衆人に伝ふるの速《すみ》やかなると否とは、そのこれを伝ふる方法に関することはなはだ大なり。

注

（1）この第十二編は独立の二つの文章から成るが、ともに青年に学問の修め方を教えた点で第五編・第九編・第十編等に類する。（2）著者は明治六、七年ごろから演説を奨励し、慶応義塾に三田演説会を起こして、自分も熱心に実行した（明治八年には三田演説館を塾内に建てた）。著者は日本における演説の元祖と言える。この文は当時としては意義が大きかった。（3）「演説」という語は著者がspeechの訳語として創案したもの。（4）お説教。（5）冠は成人式。（6）明治七（一八七四）年一月、板垣退助らが民選議院（国会）設立を建白してから、議院を開くべきか否かが世間の問題となっていた（明治十年以後、特に盛んとなり、実際の開設は明治二十三年）。（7）その話の内容は別としても、口で述べること自体でおもしろみが出る。（8）詩歌の約束にしたがってその形を整えれば、無限の趣が生ずる。

活用なき学問は無学に等し

学問はただ読書の一科(1)にあらずとのことは、すでに人の知るところなれば、今これを論弁するに及ばず。学問の要は活用にあるのみ。活用なき学問は無学に等《ひと》し。在昔《ざいせき》ある朱子《しゅし》(2)学の書生、多年江戸に執行《しゅぎやう》(3)して、その学流に就《つ》き(4)諸大家の説を写し取り、日夜怠らずして、数年の間にその写本数百巻をなし、もはや学問も成業したるがゆゑに故郷へ帰るべしとて、その身は東海道を下《くだ》(5)り、写本は葛籠《つづら》に納めて大回《おほまは》し(6)の船に積み出《い》だせしが、不幸なるかな、遠州洋《なだ》(7)において難船に及びたり。この災難によりて、かの書生もその身は帰国したれども、学問は悉皆《しっかい》海に流れて、心身に付したるものとてはなに一物《いちもつ》もあることなく、いはゆる本来無一物《むいちもつ》(8)にて、その愚はまさしく前日(9)に異なることなかりしといふ話あり。今の洋学者にもまたこの掛《(懸)》念(10)なきにあらず。今日都会の学校に入りて読書・講論の様子を見れば、これを評して学者(11)といはざるを得ず。されども今、俄《にはか》にその原書(12)を取り上げてこれを田舎《ゐなか》に放逐することあらば、親戚《しんせき》・朋《ほう》友《いう》に逢《あ》うて、「わが輩の学問は東京に残し置きたり」といひ訳《わけ》するなどの奇談(13)もあるべし。

注

(1) 一種類。(2) 十二世紀、宋の学者朱熹《しゅき》が完成した儒学の一派。江戸時代、儒学の主流。(3) 修行。(4) 朱子学の学風に関して。(5) 厳密には「上《のぼ》り」か。(6) 遠いところに貨物を運ぶ船。(7) 静岡県御前崎から三重県大王崎までの海上。航行の難所。(8) 仏教語。一物として実在の物はない、という悟りを示す。ここは身についた学問のない形容。(9) 江戸に修行に行く前。(10)「懸念」が正しい。心配。(11) ひとかどの学者。(12) 洋書。ここはその男の種本という心も含む。(13) 笑い話。

談論・演説は学者の任務

ゆゑに学問の本趣意は、読書のみにあらずして、精神の働きにあり。この働きを活用して実地に施すには、さまざまの工夫《くふう》なかるべからず。「ヲブセルウェーション[1]」とは、事物を視察することなり。「リーゾニング[2]」とは、事物の道理を推究して、自分の説を付くる[3]ことなり。この二箇条にては、もとより未《いま》だ学問の方便を尽くしたりといふべからず。なほこのほかに、書を読まざるべからず、書を著はさざるべからず、人と談話[4]せざるべからず、人に向かひて言《げん》を述べざるべからず。この諸件の術を用ひ尽くして、はじめて学問を勉強する人といふべし。すなはち視察・推究・読書はもつて智見(5)を集め、談話はもつて智見を交易《かうえき》(6)し、著書・演説はもつて智見を散ずるの術(7)なり。しかりしかうして、この諸術の中《うち》に、あるいは一人の(8)私《わたくし》をもつて能《よ》くすべきものありといへども、談話と演説とに至りては、必ずしも人とともにせざるを得ず。演説会の要用なること、もつて知るべきなり。

方今《はうこん》わが国民(9)において最も憂《うれ》ふべきは、その見識の賤《いや》しきことなり。これを導きて高尚の域《ゐき》に進めんとするは、もとより今の学者の職分なれば、いやしくもその方便あるを知らば、力を尽くしてこれに従事せざるべからず。しかるに学問の道において、談話・演説の大切なるはすでに明白にして、今日これを実(11)に行なふ者なきは何ぞや。学者の懶惰《らんだ》(10)といふべし。人間の事には内外両様の別ありて、両《ふたつ》ながらこれを勉めざるべからず。今の学者は内の一方に身を委《まか》して(12)、外の務めを知らざる者多し。これを思はざるべからず。私《わたくし》に沈深なるは淵《ふち》のごとく、人に接して活潑《くわつぱつ》(13)なるは飛《ひ》鳥《てう》のごとく、その密《みつ》なるや内なきがごとく、その豪大なるや外なきがごとくして、はじめて真の学者と称すべきなり。

注

（1）observation 観察。（2）reasoning 推理。（3）自分の意見を立てる。（4）ディスカッションなど。（5）知識。（6）交換。（7）自分ひとりの力でできる。（8）「必ず」が正しい。（9）一般庶民。（10）怠惰《たいだ》。無責任。（11）人間の働きには、「力を内に蓄える」と「外に散ずる」と両面がある。「自ら学ぶ」と「人に伝える」と。（12）内にひそめた知識や思索は淵のごとく深い。（13）学問思索の緻密《ちみつ》なことは内部に向かって限りなく、その活用の広大なことは外部に向かって限りがない。中国の古句「ソノ大ナルヤ外無ク、ソノ小ナルヤ内無シ。コレヲ至貴トイフ」（『呂覧』。道の変化自在の形容）による。

人の品行（1）は高尚ならざるべからざるの論

談理・博聞は見識を高むるに足らず

前条に、「方今《はうこん》わが国において最も憂《うれ》ふべきは、人民の見識未《いま》だ高尚ならざるの一事なり」といへり。人の見識品行は、微妙なる理を談ずる（2）のみにて高尚なるべきにあらず。禅家《ぜんけ》に悟道《ごだう》（3）などのことありて、その理すこぶる玄妙なる由《よし》（4）なれども、その僧侶《そうりよ》の所業を見れば、迂遠《うゑん》にして用に適せず（5）、事実においては漠然《ばくぜん》として（6）なんらの見識もなき者に等《ひと》し。

また人の見識品行は、ただ聞見の博《ひろ》きのみにて高尚なるべきにあらず。万巻の書を読み、天下の人に交はり、なほ一己《いっこ》の定見なき者あり。古習を墨守《ぼくしゅ》⑦する漢儒者のごときこれなり。ただ儒者のみならず、洋学者といへどもこの弊を免《まぬか》れず。今西洋日新の学⑧に志し、あるいは経済書を読み、あるいは修身論《しゅうしんろん》を講じ、あるいは理学⑨、あるいは智学⑩、日夜精神を学問に委《ゆだ》ねて、その状あたかも荊棘《けいきょく》の上に坐《ざ》して刺衝《ししょう》に堪ゆ《(ふ)》べからざるのはずなるに、⑪その人の私⑫につきてこれを見れば、決してしからず。眼《め》に経済書を見て一家の産を営むを知らず、口に修身論を講じて一身の徳を修むるを知らず。その所論とその所行とを比較するときは、まさしく二個の人あるがごとくして、さらに一定の見識あるを見ず。

　必《(畢)》竟この輩の学者といへども、その口に講じ眼に見るところの事をばあへて非となすにはあらざれども、事物の是《ぜ》を是《ぜ》とするの心⑬と、その是を是としてこれを事実に行なふの心とは、全く別のものにて、この二つの心なるものは、あるいは並び行なはることあり、あるいは並び行なはれざることあり。「医師の不養生」といひ、「論語読みの論語知らず」といふ諺《ことわざ》もこれらの謂《い》ひならん。ゆゑにいはく、人の見識品行は、玄理を談じて高尚なるべきにあらず、また聞見を博《ひろ》くするのみにて高尚なるべきにあらざるなり。

注
（1）人格。単なる身持ちではない。（2）高遠な宗教・道徳・哲学等の理を論ずる。（3）禅宗の悟り。（4）奥深い。（5）実際に縁遠くて役に立たぬ。（6）実際活動の面ではとりとめがない。「事実」は事業。（7）固守。（8）日々に進歩する西洋の学。（9）哲学。（10）知学とも書く。科学。（11）苦学して学問に励む形容。いばらの上にすわり、とげの痛みに耐えられぬほどの辛さをなめているのに。（12）その人の私生活。（13）正しい事を正しいと認識する心。

自らを高級の事物と比較せざるべからず

しからばすなはち人の見識を高尚にして、その品行を提起するの法[1]いかにすべきや。その要訣は、事物のありさまを比較して上流に向かひ、自ら満足することなきの一事にあり[2]。ただしありさまを比較するとは、ただ一事一物を比較するにあらず。此《こ》の一体のありさまと彼《か》の一体のありさまとを並べて[3]、双方の得失を残らず察せざるべからず。たとへば今、少年の生徒[4]、酒色に溺《おぼ》るるの沙汰《さた》もなくして謹慎《きんしん》勉強すれば、父兄・長老に咎《とが》めらるることなく、あるいは得意の色をなすべきに似たれども、その得色はただ他の無頼生《ぶらいせい》に比較してなすべき得色のみ[5]。謹慎勉強は人類の常なり。これを賞するに足らず。人生の約束[6]は、別にまた高きものなかるべからず。広く古今の人物を計《かぞ》へ、誰に比較して誰の功業に等《ひと》しきものをなさば、これに満足すべきや。必ず上流の人物に向かはざるべからず。(7)あるいは我に一得あるも、彼に二得あるときは、我はその一得に安んずるの理なし。いはんや後進は先進に優《まさ》るべき約束なれば、古《いにしへ》を空《むな》しうして比較すべき人物なきにおいてをや。(8)今人《こんじん》の職分は大にして重しといふべし。しかるに今、(9)僅《わづ》かに謹慎勉強の一事をもつて人類生涯の事となすべきや。思はざるのはなはだしき者なり。人として酒色に溺るる者は、これを非常の怪物といふべきのみ。この怪物に比較して満足する者は、これをたとへば双眼を具《へう》するをもつて得意となし、盲人に向かひて誇るがごとし。いたづらに愚を表するに足るのみ。(11)ゆゑに酒色云々《うんぬん》の談をなして、あるいはこれを論破し、あるいはこれを是非するの間は、到底議論の賤《いや》しき者といはざるを得ず。(12)人の品行少しく進むときは、これらの醜談はすでに已《すで》に経過し了《れう》して、言《げん》に発するも人に厭《いと》はるるに至るべきはずなり。(13)

注

(1) 人格を高める。(2) 自分と自分以外の者とをくらべて、自分以上のものを目標とし、自ら満足せぬことが大切だ。(3) こちらの全体と、相手の全体とを比較して。(4) 年若い学生。子どもではない。(5) 得意顔をしてもよさそうだけれども、それはただ放蕩学生にくらべて威張れるだけだ。(6) 人間の使命。(7) 古今の人物のだれとくらべ、だれの功業と同じ仕事をしたら、自ら満足すべきだろうか。必ず、自分以上の人物を比較の対象にせねばならぬ。（8）ましてあとから出てくる者は、先輩以上に達するのが当然だから、たとい自分の事業が空前で、比較すべき古人先輩がなくても、わが功績に安心せず、いよいよ奮発せねばならぬ。（9）不料簡もはなはだしい。（10）とんでもない人非人。（11）ただ自分の愚かさを証明するにすぎぬ。（12）自分が酒色にふけらぬのを誇って、これにふける者を非難したり、批判したりする間は、結局程度の低い議論と言わねばならぬ。（13）酒色にふけらぬのを誇りとするような、程度の低い話題はもはや卒業ずみで、万一そんなことを口に出せば、かえって仲間から馬鹿にされるだけだ。

世界高級の学校を比較の目標とすべし

方今《はうこん》日本にて学校を評するに、「この学校の風俗(1)はかくのごとし。かの学塾の取り締まりは云々《うんぬん》」とて、世の父兄はもっぱらこの風俗取り締まりのことに心配せり。そもそも風俗取り締まりとは何等《なんら》の箇条を指《さ》していふか。塾法厳にして、生徒の放蕩無頼を防ぐにつき、取り締まりの行き届きたることをいふならん。これを学問所《がくもんじょ》(2)の美事《びじ》と称すべきか。余輩はかへってこれを羞《は》づるなり。西洋諸国の風俗、決して美なるにあらず、あるいはその醜《しゅう》見るに忍《しの》びざるもの多しといへども、その国の学校を評するに、風俗の正しきと取り締まりの行き届きたるとのみによりて名誉を得《う》るものあるを聞かず。学校の名誉は学科の高尚なると、その教法の巧みなると、その人物(3)の品行高くして、議論の賤しからざるとによるのみ。ゆゑに今の学校を支配して今の学校に学ぶ者は(4)、他の賤しき学校に比較せずして、世界中上流の学校を見て得失を弁ぜざるべからず。風俗の美にして取り締まりの行き届きたるも、学校の一得といふべしといへども、その得は学校たるものの最も賤しむべき部分の得なれば、毫《がう》もこれを誇るに足らず(5)。上流の学校に比較せんとするには、別に勉《つと》むるところなかるべからず。ゆゑに学校の急務としていはゆる取り締まりのことを談ずるの間は、たとひその取り締まりはよく行き届くも、決してそのありさまに満足すべからざるなり。

注

(1) 風紀。学生の行儀。(2) 学校。(3) 教師と学生。(4) 学校の教師もまた学生も。(5) もっとも程度の低い消極的長所にすぎぬのだから、いっこう自慢にならぬ。

国と国の比較も双方の全体を観察すべし

一国のありさまをもつて論ずるもまたかくのごとし。たとへばここに一政府あらん。賢良方正の士を挙《あ》げて政《まつりごと》を任し、民の苦楽を察して適宜の処置を施し、信賞必罰(1)恩威行なはれざるところなく(2)、万民腹を鼓《こ》して太平を謡《うた》(3)ふがごときは、まことに誇るべきに似たり。しかりといへども、その賞罰といひ恩威といひ、万民といひ太平といふも、悉皆《しっかい》一国内のことなり。一人あるいは数人の意に成りたるものなり。[4]その得失はその国の前代に比較するか、または他の悪政府に比較して誇るべきのみにて、決してその国悉皆のありさまを詳《つまび》らかにして他国と相対し、一より十に至るまで比較したるものにあらず。もし一国を全体の一物と視《み》なして他の文明の一国に比較し、数十年の間に行なはるる双方の得失を察して、互ひに加減乗除[5]し、その実際にあらはれたるところの損益を論ずることあらば、その誇るところのものは決して誇るに足らざるものならん。

注

（1）功ある者は必ず賞し、罪ある者は必ず罰する。賞罰を厳にする。（2）恩をもって民を愛し、威をもって民を治める。政治が硬軟よろしきを得る。（3）国民ことごとく食物が足りて、腹つづみをうつ。生活が安定して平和を喜ぶ。（4）名君や賢臣等、少数の支配者の力で生まれたものだ。（5）双方の得失を差し引き勘定する。

インド・トルコの轍をふむなかれ

たとへばインドの国体旧ならざるにあらず。その文物[1]の開けたるは西洋紀元の前数千年にありて、理論の精密にして玄妙《げんめう》(2)なるは、おそらくは今の西洋諸国の理学に比して恥づるなきもの多かるべし。また在昔トルコの政府も、威権最も強盛にして、礼楽《れいがく》征伐《せいばつ》(3)の法、斉整《せいせい》(4)ならざるはなし。君長賢明ならざるにあらず、廷臣《ていしん》方正ならざるにあらず。人口の衆多《しゆうた》なること、兵士の武勇なること近国に比類なくして、一時はその名誉を四方に燿《かがや》かしたることあり。(5)ゆゑにインドとトルコとを評すれば、甲は有名の文国にして、乙は武勇の大国といはざるを得ず。しかるに方今、この二大国のありさまを見るに、インドはすでに英国の所領に帰して、その人民は英政府の奴隷《どれい》に異《こと》ならず。今のインド人の業《げふ》は、ただ阿片《あへん》を作りて支那人を毒殺し、(6)独《ひと》り英商をしてその間に毒薬売買の利を得せしむる《（しむる）》のみ。トルコの政府も、名は独立といふといへども、商売の権は英仏の人に占《し》められ、(7)自由貿易の功徳《くどく》(8)をもって国の物産は日に衰微し、機《はた》を織《お》る者もなく、器械を製する者もなく、額《ひたひ》に汗して土地を耕《たがや》すか、または手を袖《そで》にし(9)ていたづらに日月を消《せう》するのみにて、一切《いつさい》の製作品は英仏の輸入を仰《あふ》ぎ、また国の経済を治むるに由《よし》なく、(10)さすがに武勇なる兵士も、貧乏に制せられて用をなさずといふ。

　右のごとくインドの文もトルコの武も、かつてその国の文明に益せざるは何ぞや。(11)その人民の所見、(12)僅《わづ》かに一国内に止《とど》まり、自国のありさまに満足し、そのありさまの一部分をもつて他国に比較し、その間に優劣なきを見てこれに欺《あざむ》かれ、議論もここに止まり、(13)徒党もここに止まり、勝敗栄辱《えいじよく》ともに他のありさまの全体を目的とすることを知らずして、万民太平を謡《うた》ふか、または兄弟墻《けいていかき》に鬩《せめ》ぐ(14)のその間に、商売の権威に圧しられて《(せられて)》(15)、国を失うたる者なり。洋商の向かふ所はアジアに敵なし。恐れざるべからず(16)。もしこの勁敵《けいてき》(17)を恐れて、兼ねてまたその国の文明を慕ふことあらば、よく内外のありさまを比較して勉むるところなかるべからず。

（明治七年十二月出版）

注

（1）文化。（2）仏教哲学の精密で意味深いこと。「理論」は理学（哲学）の論。（3）礼楽は政治・文化、征伐は軍備。（4）よくととのう。（5）一四五三年、東ローマ帝国を滅ぼし、十五、六世紀ごろ隆盛を極めた。（6）インド産の阿片が英国商人を通じて中国に売りこまれ、中国人の健康をむしばんだ。（7）十七世紀以後、国勢衰え、欧州諸国の利権争いの舞台となった。（8）政府が外国品の輸入を制限せず、自国品の輸出を保護奨励もせず、貿易を内外商人に放任すること。そのためにトルコは先進国欧州に圧倒されて、国内産業は進歩しなかった。「功徳」は英仏人にとっての利益。（9）ふところ手して。（10）ふたたび自国の経済を立て直すすべもなく。（11）すこしもその国の近代文明に役立っていない。（12）人民の視野。（13）国民の議論も国内のことしか問題にせず、派閥の争いも国内の利害しか考えず、勝敗も栄辱（名誉・恥辱）も他国の全状態とくらべようとはせぬ。（14）国民同士が兄弟げんかする。

（15）欧州諸国の経済力に支配されて。「圧せられて」が正しい。（16）洋商恐るべし、という警告は、この文とほぼ同時の執筆『文明論之概略』の結論にも、いちだんと強調された。（17）強い敵。

学問のすゝめ　第十三編

怨望の人間に害あるを論ず(1)

怨望以外には絶対の不徳なし

およそ人間に不徳の箇条多しといへども、その交際に害あるもの(2)は怨望《ゑんぼう》より大なるはなし。貪吝奢侈《たんりんしゃし》誹謗《ひぼう》(3)の類は、いづれも不徳の著しきものなれども、よくこれを吟味《ぎんみ》すれば、その働きの素質(4)において不善なるにあらず。これを施すべき場所柄と、その強弱の度と、その向かふところの方角とによりて、不徳の名を免《まぬか》るることあり。たとへば銭を好んで飽《あ》くことを知らざるを貪吝といふ。されども銭を好むは人の天性なれば、その天性に従ひて十分にこれを満足せしめんとするも、決して咎《とが》むべきにあらず。ただ理外の銭を得んとして、その場所を誤り、銭を好むの心に限度なくして、理の外に出《い》で、銭を求むるの方向に迷うて理に反するときは、これを貪吝の不徳と名づくるのみ。ゆゑに銭を好む心の働きを見て、直ちに不徳の名を下《くだ》すべからず。その徳と不徳との分界には、一片の道理(5)なる者ありて、この分界の内にある者はすなはちこれを節倹といひ、また経済と称して、まさに人間の勉《つと》むべき美徳の一箇条なり。

奢侈もまたかくのごとし。ただ身の分限を越ゆると否《いな》とによりて、徳不徳の名を下すべきのみ。軽暖《けいだん》を着て安宅《あんたく》に居《を》る(6)を好むは人の性情なり。天理に従ひてこの情欲を慰《なぐさ》むるに、なんぞこれを不徳といふべけんや。積んでよく散じ、散じて則《のり》を踰《こ》えざる(7)者は、人間の美事と称すべきなり。

また誹謗《ひぼう》と弁駁《べんばく》(8)と、その間《かん》に髪《はつ》を容《い》るべからず(9)。他人に曲《きょく》を誣《し》ふる(10)ものを誹謗といひ、他人の惑《まど》ひを解きて、わが真理と思ふところを弁ずるものを弁駁と名づく。ゆゑに世に未《いま》だ真実無妄《むもう》の公道を発明せざるの間(11)は、人の議論もまたいづれを是《ぜ》とし、いづれを非とすべきや、これを定むべからず。是非未だ定まらざるの間は、仮に世界の衆論をもつて公道となすべしといへども、その衆論のあるところを明らかに知ること、はなはだ易《やす》からず(12)。ゆゑに他人を誹謗する者を目《もく》して、直ちにこれを不徳者といふべからず。そのはたして誹謗なるか、または真の弁駁なるかを区別せんとするには、まづ世界中の公道を求めざるべからず。

右の外、驕傲《けうがう》(13)と勇敢と、粗野(14)と率直と、固陋《ころう》(15)と実着(16)と、浮薄《ふはく》(17)と穎敏《えいびん》(18)と相対《あひつゐ》する(19)がごとく、いづれもみな働きの場所と、強弱の度と、向かふところの方角とによりて、あるいは不徳ともなるべく、あるいは徳ともなるべきのみ。

注

(1) 思想・言論の自由がいかに大切かを主題とした論で、第八編・第十一編と同系列に属する。「怨望」は他人の幸福をにくみ、うらむ。ひがみやおかやき根性。「人間」は世間。(2) 社会を害する。(3) 欲ばりとけち・ぜいたく・悪口。(4) その精神活動の本質。(5) 一個の理性。(6) 軽く暖かい着物を着、安楽な家に住む。(7) 金をためてよく費し、費しても度を過ごさぬ。(8) 理非を明らかにして他人の説に反対する。(9) その間に髪の毛一筋ほどの相違も見つけにくい。(10) 他人になんくせをつける。(11) 絶対の真理を発見できぬ現状では、「発明」は発見。(12) 世間多数の論をもって一応、真理とすべきだが、またどこにほんとうの多数論があるかがわかりにくい。(13) 傲慢。(14) あらっぽく無作法。(15) 頑固《がんこ》。(16) きまじめ。(17) おっちょこちょい。(18) 目先がきく。(19) 一対になる。ひとりの性格のなかに一長一短が並存する。

怨望は絶対の不徳なり

独り働きの素質において全く不徳の一方に偏し、場所にも方向にも拘《かか》はらずして、不善の不善なる者は怨望の一箇条なり。怨望は働きの陰《いん》なるものにて、進んで取ることなく、他の有様《ありさま》によりて我に不平を抱《いだ》き、我を顧みずして他人に多《た》を求め、その不平を満足せしむるの術は、我を益するにあらずして、他人を損ずるにあり。(1) たとへば他人の幸《かう》と我の不幸とを比較して、我に不足するところあれば、わが有様を進めて満足するの法を求めずして、かへつて他人を不幸に陥《おとしい》れ、他人の有様を下《くだ》して、もつて彼我《ひが》の平均をなさんと欲するがごとし。いはゆるこれを悪《にく》んでその死を欲する(2)とはこのことなり。ゆゑにこの輩の不幸《（不平）》を満足せしむれば、(3) 世上一般の幸福をば損ずるのみにて、少しも益するところあるべからず。

注

（1）怨望は陰険な性質のもので、積極的に自分を改善するのではなく、他人の境遇を見て不平を感じ、自分をたなに上げて、他人にばかり過大な要求をいだく。わが不平をいやす方法は、自分にプラスを加えるのではなく、他人にマイナスを与えるにある。（2）人をにくむあまり、死ねばいいと願う。『論語』（「顔淵」）「コレヲ愛シテハソノ生ヲ欲シ、コレヲ悪《ニク》ンデハソノ死ヲ欲ス。スデニソノ生ヲ欲シ、マタソノ死ヲ欲ス、コレ惑ヒナリ」（孔子の語）。（3）「不平を満足せしむれば」の誤りかと思われる。

怨望は衆悪の母

ある人いはく、「欺詐《ぎさ》虚言《きよげん》の悪事も、その実質において悪なるものなれば、これを怨望に比していづれか軽重の別あるべからず(1)」と。答へていはく、誠にしかるがごとしといへども、事の源因(2)と事の結果とを区別すれば、おのづから軽重の別なしといふべからず。欺詐虚言はもとより大悪事たりといへども、必ずしも怨望を生ずるの源因にはあらずして、多くは怨望によりて生じたる結果なり。怨望はあたかも衆悪の母のごとく、人間の悪事これによりて生ずべからざるものなし。疑猜《ぎさい》(3)・嫉妬《しつと》・恐怖・卑怯《ひけふ》の類は、みな怨望より生ずるものにて、その内形にあらはるるところは、私語・密話・内談・秘計、その外形に破裂するところは、徒党・暗殺・一揆《いつき》・内乱、秋毫《しうがう》(4)も国に益することなくして、禍《わざはひ》の全国に波及するに至りては、主客(5)ともに免るることを得ず。いはゆる公利の費をもつて私を逞《たくま》(6)しうする者といふべし。

注
(1) 文法的には「いづれか軽重の別あらん」、または「いづれも軽重の別あるべからず」だが、慣用される。(2) 原因に同じ。(3) 疑いそねむ。普通、猜疑と言う。(4) 少しも。(5) 本人も他人も。
(6) 公共の利益を犠牲にしてわが私怨をはらす。

怨望の源因は窮の一事にあり

怨望の人間交際に害あることかくのごとし。今その源因を尋ぬるに、ただ窮の一事にあり。ただしその窮とは、困窮・貧窮等の窮にあらず。人の言路《げんろ》を塞《ふさ》ぎ(1)、人の業《げふ》作《さ》(2)を妨《さまた》ぐる等のごとく、人類天然の働きを窮せしむることなり。貧窮・困窮をもつて怨望の源とせば、天下の貧民は悉皆《しつかい》不平を訴へ、富貴はあたかも怨《うら》みの府(3)にして、人間の交際は一日も保つべからざるはずなれども、事実において決してしからず。いかに貧賤なる者にても、その貧にして賤しき所以《ゆゑん》の源因を知り(4)、その源因の己《おの》れが身より生じたることを了解すれば、決してみだりに他人を怨望するものにあらず。その証拠はことさらに掲示するに及ばず、今日世界中に貧富・貴賤の差ありて、よく人間の交際を保つを見て、明らかにこれを知るべし。ゆゑにいはく、富貴は怨みの府にあらず、貧賤は不平の源にあらざるなり。

注

(1) 言論の自由を封ずる。「言路」は、上の者に意見を申し出る方法。(2) 行動。(3) うらみの集まるところ。(4)「賤しき所以を知り」または「賤しき源因を知り」に同じ。

聖人の愚痴は因果応報

これによりて考ふれば、怨望《ゑんぼう》は貧賤によりて生ずるものにあらず。ただ人類天然の働きを塞《ふさ》ぎて、禍福《くわふく》の来去みな遇然に係《かか》るべき地位において、はなはだしく流行するのみ。(1)昔孔子が、「女子と小人《せうじん》とは近づけ難し。(2)さてさて困り入りたることかな」と嘆息《たんそく》したることあり。今をもつて考ふるに、これ夫子《ふうし》自ら事を起こして、自らその弊害を述べたるものといふべし。(3)人の心の性は、男子も女子も異なるの理なし。また小人とは下人《げにん》といふことならんか。下人の腹から出たる者は、必ず下人と定まりたるにあらず。下人も貴人も、生まれ落ちたる時の性に異同(4)あらざるはもとより論をまたず。しかるにこの女子と下人とに限りて取り扱ひに困るとは何ゆゑぞ。平生《へいぜい》卑屈の旨《むね》をもつて周《あまね》く人民に教へ、(5)小弱なる婦人・下人の輩を束縛《そくばく》して、その働きに毫《がう》も自由を得せしめ《（しめ）》ざるがために、つひに怨望の気風を醸成し、その極度に至りて、さすがに孔子様も嘆息せられたることとなり。元来人の性情において、働きに自由を得ざれば、その勢ひ、必ず他を怨望せざるを得ず。因果応報の明らかなる(6)は、麦を蒔《ま》きて麦の生ずるがごとし。聖人の名を得たる孔夫子《こうふうし》が、この理を知らず、別に工夫《くふう》もなくして、いたづらに愚痴をこぼすとは、余り頼《たの》もしからぬ話なり。

　そもそも孔子の時代は、明治を去ること二千有余年、野蛮草昧《さうまい》(7)の世の中なれば、教への趣意もその時代の風俗人情に従ひ、天下の人心を維持せんがためには、知つてことさらに束縛するの権道《けんだう》なかるべからず。(8)もし孔子をして真《しん》の聖人ならしめ、万世《ばんせい》の後《のち》を洞察《どうさつ》するの明識あらしめなば、当時の権道をもつて必ず心に慊《こころよ》しとしたることはなかるべし。[9] ゆゑに後世の孔子を学ぶ者は、時代の考へを勘定《かんじやう》の内に入れて取捨せざるべからず。[10] 二千年前に行なはれたる教へをそのままにしき写して[11]、明治年間に行なはんとする者は、ともに事物の相場を談ずべからざる人なり。[12]

注

（1）人間の自由が抑えられて、幸福も不幸もすべて偶然に支配される社会にのみ怨望の弊がはびこるのだ。「遇然」は「偶然」に同じ。（2）『論語』（「陽貨」）「子曰ク、唯女子ト小人トハ養ヒ難シトナス。コレヲ近ヅクレバ則チ不孫、之ヲ遠ザクレバ則チ怨ム」。不孫は不遜で、無礼。（3）これは孔子が自分で原因をつくって、自分でその弊害を告白したものにほかならぬ（儒教は専制主義で、女子や小人の自由を許さぬから）。「夫子」は、ここは孔子の尊称。（4）相違。（5）ふだん卑屈の精神を広く人民にたたきこむ。（6）原因があれば、必ずそれ相応の結果が生ずる。（7）未開。（8）この時代は社会秩序維持のため、不合理と知りながら、無知な者を束縛する方便も必要だった。「権道」は正道の反対で、便法。（9）しかし、もし孔子が真の聖人で、後世の進歩を見ぬく眼があったとすれば、おそらく内心その権道をもって満足していたわけではあるまい。（10）往時の時代思想を計算に入れて、古人の教えを取捨せねばならぬ。（11）鵜呑《うの》みにして。（12）ものの価値が時代によって変動することを知らぬ、お話にならない人間だ。

陰険極まる御殿女中の社会

また近く一例を挙《あ》げて示さんに、怨望《ゑんばう》の流行して交際を害したるものは、わが封建の時代にたくさんなる大名の御殿女中をもつて最《さい》とす。そもそも御殿の大略をいへば、無識無学の婦女子群居して、無智無徳の一主人に仕《つか》へ、勉強をもつて賞せらるるにあらず、懶惰《らんだ》によりて罰せらるるにあらず。諫《いさ》めて叱《しか》らるることもあり、諫めずして叱らるることもあり。言ふも善《よ》し、言はざるも善し。詐《いつは》るも悪《わる》し、詐らざるも悪し。ただ朝夕《てうせき》の臨機応変にて、主人の寵愛《ちようあい》を僥倖《げうかう》する(1)のみ。その状あたかも的《まと》なきに射るがごとく、あたるも巧みなるにあらず、あたらざるも拙《せつ》なるにあらず。まさにこれを人間外の一乾坤《けんこん》(2)といふも可なり。このありさまの内に居《を》れば、喜怒哀楽の心情必ずその性を変じて、他の人間世界に異《こと》ならざるを得ず。たまたま朋輩《ほうばい》に立身する者あるも、その立身の方法を学ぶに由《よし》なければ、ただこれを羨《うらや》むのみ。これを羨むの余りには、ただこれを嫉《そね》むのみ。朋輩を嫉み、主人を怨望するに忙《いそが》はしければ、なんぞ御家《おいへ》の御《おん》(3)ためを思ふに遑《いとま》あらん。忠信節義は表向きの挨拶《あいさつ》のみにて、その実は畳に油(4)をこぼしても、人の見ぬ所なれば拭《ぬぐ》ひもせずに捨て置く流儀となり、はなはだしきは主人の一命にかかる病の時にも、平生朋輩の睨《にら》み合ひにからまりて、思ふままに看病をもなし得ざる者多し。なほ一歩を進めて怨望嫉妬の極度に至りては、毒害の沙汰《さた》(5)も稀《まれ》にはなきにあらず。古来もしこの大悪事につき、その数を記《しる》したる「スタチスチク(6)」の表《へう》ありて、御殿に行なはれたる毒害の数と、世間に行なはれたる毒害の数とを比較することあらば、御殿に悪事の盛んなること断じて知るべし。怨望の禍《わざはひ》あに恐怖すべきにあらずや。

注

(1) 主人から万一、愛される機会を期待するだけだ。(2) 一般世間以外の別天地。(3) 主君の家の利益。(4) 行灯《あんどん》の油。昔の照明は行灯が主であった。(5) 毒殺事件。(6) statistic 統計。明治初年には原語のまま行なわれたことが多い。

禍福譏誉をみな自力にて取らしむべし

右御殿女中の一例を見ても、大抵世の中のありさまは推《お》して知るべし。人間最大の禍は怨望《ゑんばう》にありて、怨望の源は窮より生ずるものなれば、人の言路《げんろ》は開かざるべからず。人の業作《げふさ》は妨ぐべからず。試みに英亜諸国(1)のありさまとわが日本のありさまとを比較して、その人間の交際において、いづれかよくかの御殿の趣を脱したるやと問ふ者あらば、余輩は今の日本を目《もく》して、全く御殿に異ならずといふにはあらざれども、その境界《きやうがい》(2)を去るの遠近を論ずれば、日本はなほこれに近く、英亜諸国はこれを去ること遠しといはざるを得ず。英亜の人民、貪吝驕奢《たんりんけうしや》ならざるにあらず、粗野乱暴ならざるにあらず。あるいは詐《いつは》る者あり、あるいは欺《あざむ》く者ありて、その風俗決して善美ならずといへども、ただ怨望隠伏《いんぷく》の一事に至りては、必ずわが国と趣を異《こと》にするところあるべし。今、世の識者に民選議院の説あり、(3) また出版自由の論あり。(4) その得失はしばらく擱《お》き、もとこの論説の起こる由縁を尋ぬるに、識者の所見は、けだし今の日本国中をして古の御殿のごとくならしめず、今の人民をして古の御殿女中のごとくならしめず、怨望に易《か》ふるに活動をもつてし、嫉妬の念を絶ちて、相競ふの勇気を励まし、禍福《くわふく》譏《(毀)》誉(5)ことごとくみな自力をもつてこれを取り、満天下の人をして自業自得《じごふじとく》(6)ならしめんとするの趣意なるべし。

注

(1) イギリス・アメリカ。 (2) 「キョウガイ」とよむ。境遇。「キョウカイ（さかい目）」ではない。
(3) 国会開設要求の論。 (4) 当時の出版物は政府の免許を得なければ刊行できぬ制度だったから、これを改正すべきことが識者の要望であった。 (5) そしられるも、ほめられるも。「毀誉」と書くのが普通。
(6) 多くは自分の悪業で悪果を受けることだが、ここは善い場合も含む。

閉戸先生の臆病

人民の言路を塞ぎ、その業作を妨ぐるは、もつぱら政府上に関して、にはかにこれを聞けば、(1) ただ政治に限りたる病のごとくなれども、この病は必ずしも政府のみに流行するものにあらず。人民の間にも行なはれて、毒を流すこと最もはなはだしきものなれば、政治のみを改革するも、その源を除くべきにあらず。今また数言を巻末に付し、政府の外《ほか》に就《つ》きてこれを論ずべし。

(2)元来人の性は交はりを好むものなれども、習慣によればかへつてこれを嫌《きら》ふに至るべし。世に変人奇物とて、ことさらに山村僻邑《へきいふ》に居《を》り、世の交際を避くる者あり。これを隠者《いんじや》と名づく。あるいは真の隠者にあらざるも、世間の付き合ひを好まずして、一家に閉居し、俗塵《ぞくぢん》を避くる(3)などとて、得意の色をなす者なきにあらず。この輩の意を察するに、必ずしも政府の所置(処)を嫌ふのみにて身を退くるにあらず。その心志怯《けふ》弱《じやく》にして、物に接するの(4)勇なく、その度量狭小にして、人を容《い》るることあたはず(5)、人を容るることあたはざれば、人もまたこれを容れず、彼も一歩を退け、我もまた一歩を退け、歩々相遠ざかりて、つひに異類の者(6)のごとくなり、後には讐敵《しうてき》のごとくなりて、互ひに怨望するに至ることあり。世の中に大なる禍《わざはひ》といふべし。

注

（1）ちょっと聞けば。この句は「もっぱら政府上に関して」の上に置いて解すべきである。（2）これ以下の社交必要論は、第十六編・第十七編にも反復される。（3）俗世間の汚れを避ける。（4）多くの人物に接し、多くの事件に触れる。（5）了見が狭くて、人と調和できぬ。（6）互いに違った種類の生きもの。

対話の効果

また人間の交際(1)において、相手の人を見ずしてそのなしたる事を見るか、もしくはその人の言《げん》を遠方より伝へ聞きて、少しくわが意に叶《かな》はざるものあれば、必ず同情相憐《あは》れむ(2)の心をば生ぜずして、かへってこれを忌《い》み嫌《きら》ふの念を起こし、これを悪《にく》んでその実に過ぐること多し。これまた人の天性と習慣とによりてしかるものなり。物事の相談に、伝言・文通にて整《ととの》はざるものも、直談《ぢきだん》(3)にて円《まる》く治まることあり。また人の常の言に、「実はかくの訳《わけ》なれども、面と向かつてはまさかさやうにも(4)」といふことあり。すなはちこれ人類の至情にて、堪忍《かんにん》の心のあるところなり。(5)すでに堪忍の心を生ずるときは、情実互ひに相通じて、(6)怨望《ゑんばう》嫉妬の念はたちまち消散せざるを得ず。古今に暗殺の例少なからずといへども、余常にいへることあり、「もし好機会ありて、その殺すものと殺さるる者とをして数日の間同処《どうしよ》に置き、互ひに隠すところなくして、その実の心情を吐《は》かしむることあらば、いかなる讐敵《しうてき》にても、必ず相和するのみならず、あるいは無二の朋友《ほういう》たることもあるべし」と。

右の次第をもって考ふれば、言路を塞《ふさ》ぎ業作を妨ぐるのことは、独《ひと》り政府のみの病にあらず。全国人民の間に流行するものにて、学者といへどもあるいはこれを免《まぬか》れがたし。人生活潑《くわつぱつ》の気力は、物に接せざれば生じ難し。自由に言はしめ、自由に働かしめ、富貴も貧賤もただ本人の自《みづか》ら取るに任《まか》して、他よりこれを妨ぐべからざるなり。

（明治七年十二月出版）

注

（1）つきあい。（2）同情して相手の立場を察する。（3）面談。対話。（4）実はこんなわけだが、まさか本人に面と向かってはそうも言われぬ。（5）辛抱する気持ちの生ずるゆえんである。（6）ほんとうの気持ちが通じ合う。

学問のすゝめ　第十四編

心事の棚卸し(1)

人間は案外の失策多し

人の世を渡るありさまを見るに、心に思ふよりも案外に悪をなし、心に思ふよりも案外に愚を働き、心に企《くはだ》つるよりも案外に功を成さざるものなり。いかなる悪人にても、生涯の間勉強して悪事のみをなさんと思ふ者はなけれども、物に当たり事に接してふと悪念を生じ、わが身みづから悪と知りながら、いろいろに身勝手なる説を付けて、(2)強ひ《し》て自ら慰むる者あり。(3)またあるいは物事に当たりて行なふときは、決してこれを悪事と思はず、毫《がう》も心に恥づるところなきのみならず、一心一向によきことと信じて、他人の異見などあれば、かへつてこれを怒り、これを怨《うら》むほどにありしことにても、年月を経て後に考ふれば、大いにわが不行き届きにて、心に恥ぢ入ることあり。

また人の性に智愚・強弱の別ありといへども、自ら禽獣《きんじゅう》の智恵にも叶《かな》はぬと思ふ者はあるべからず。世の中にあるさまざまの仕事を見分けて、この事なれば自分の手にも叶ふことと思ひ、自分相応にこれを引き受くることとなれども、その事を行なふの間に、思ひの外に失策多くして、最初の目的を誤り、世間にも笑はれ、自分にも後悔することと多し。世に功業を企てて誤る者を傍観すれば、実に捧腹《ほうふく》にも堪へざる⑷ほどの愚《ぐ》を働きたるやうに見ゆれども、そのこれを企てたる人は、必ずしもさまで愚なるにあらず、よくその情実⑸を尋ぬれば、またもつともなる次第あるものなり。必竟⑹世の事変⑺は活物《いきもの》にて、容易にその機変⑻を前知すべからず。これがために智者といへども案外に愚を働くもの多し。

注
(1) この文はこれまでの対社会的な諸編と違って、純然たる個人的処世の知恵を教えている。晩年の『福翁百話』の修養訓に近い。「棚卸し」は商店における定期的な在庫品調べで、ここは自分の心中の精密検査をさす。　(2) わざわざ努力して。　(3) 自分勝手な意見を立てる。　(4) ふき出さずにはいられぬ。　(5) その内情。　(6)「畢竟」の当て字で、用例が多い。　(7) 事情の変化。　(8) 時機による事情の変化。事変に同じ。

仕事と日時を比較せざる弊

また人の企ては常に大なるものにて、事の難易・大小と時日の長短とを比較することはなはだ難し。フランキリン(1)いへることあり、「十分と思ひし時も、事に当たれば必ず足らざるを覚ゆるものなり」(2)と。この言真《まこと》にしかり。大工に普請《ふしん》をいひ付け、仕立屋に衣服を注文して、十に八、九は必ずその日限を誤らざる者なし。こは大工・仕立屋のことさらに企てたる不埒《ふらち》(3)にあらず。その初めに仕事と時日とを精密に比較せざりしより、はからずも違約に立ち至りたるのみ。さて世間の人は大工・仕立屋に向かひて違約を責むることは珍しからず。これを責むるにまた理屈なきにあらず。大工・仕立屋は常に恐れ入り、旦那《だんな》(4)はよく道理の分かりたる人物のやうに見ゆれども、その旦那なる者が自ら自分の請け合《い》ひたる仕事につき、はたして日限の通りになしたることあるや。田舎《ゐなか》の書生、国を出づるときは、難苦をなめて三年の内に成業と自ら期したる者、よくその心の約束を践《ふ》みたるや(5)。無理な才覚をして渇望したる原書を求め(6)、三箇月の間にこれを読み終はらんと約したる者、はたしてよくその約のごとくしたるや。有志の士君子(7)、「某《それがし》が政府に出づれば(8)、この事務もかくのごとく処《しょ》し、かの改革もかくのごとく処《しょ》し、半年の間に政府の面目を改むべし」とて、再三建白の上、やうやく本望を達して出仕《しゆつし》の後、はたしてその前日の心事に背《そむ》かざるや。貧書生が、「われに万両の金あれば、明日より日本国中の門並《かどなみ》(9)に学校を設けて、家に不学の輩《はい》なからしめん」(10)といふ者を、今日良縁に由《よ》りて三井・鴻《こう》の池《いけ》(11)の養子たらしむることあらば、はたしてその言のごとくなるべきや。この類の夢想を計《はか》れば枚挙に遑《いとま》あらず。みな事の難易と時の長短とを比較せずして、時を計ること寛《くわん》に過ぎ、事を視《み》ること易《い》に過ぎたる罪なり。

　また世間に事を企つる人の言を聞くに、「生涯の内」または「十年の内にこれを成《な》す」(12)といふ者は最も多く、「三年の内」「一年の内に」といふ者はやや少なく、「一月《ひとつき》の内」あるいは「今日《けふ》この事を企てて、今正《まさ》にこれを行なふ」といふ者は、ほとんど稀《まれ》にして、「十年前に企てたる事を今すでに成したり」(13)といふがごときは、余輩未《いま》だその人を見ず。かくのごとく、期限の長き未来をいふときには、大造《たいさう》なる事(14)を企つるやうなれども、その期限やうやく近くして、今月今日と迫るに従ひて、明らかにその企ての次第を述ぶることあたはざるは、(15)必（畢）竟事を企つるに当たりて、時日の長短を勘《かん》定《ぢやう》に入れざるより生ずる不都合なり。

注

(1) 一七〇六〜九〇年。有名なアメリカの政治家・科学者。(2) 著者の訳本『童蒙《どうもう》をしへ草』巻の一(明治五)に出ていることば。「時」は時間。(3) 無責任。(4) お得意様。注文主。(5) 自分の心に約束したことを実行しただろうか。(6) 無理な算段をして、かねて熱望していた洋書を買いこむ。(7) 政治に熱心なインテリ。(8) 私が政府に仕えれば。(9) 一軒残らず、の意であるが、ここは国中漏れなく。(10) 明治五(一八七二)年、政府が出した学制頒布《はんぷ》の趣意書(新しい教育方針の宣言)に「自今以後一般の人民、必ず邑《むら》に不学の戸《こ》なく、家に不学の人なからしめん事を期す」とあるによる。(11) 江戸時代以来の富豪。三井は江戸、鴻の池は大坂を本拠とした。(12) このことを完成する。(13) 十年前に着手したことがもはや予定どおり完成した。(14) 人に威張れるような大事業。「大造」は「大層」に同じ。(15) はっきり事業の経過を人に報告できぬ。

わが平生を時々点検すべし

右所論のごとく、人生のありさまは、徳義の事につきても思ひの外《ほか》に悪事をなし、智恵の事につきても思ひの外に愚を働き、思ひの外に事業を遂《と》げざるものなり。この不都合を防ぐの方便はさまざまなれども、今ここに人のあまり心付かざる一箇条あり。その箇条とは何ぞや。事業の成否得失につき、時々自分の胸中に差し引きの勘定を立つることなり、商売にていへば、棚卸《たなおろ》しの総勘定《そうかんぢやう》のごときものこれなり。およそ商売において、最初より損亡《そんまう》を企つる者あるべからず。まづ自分の才力と元《もと》金《きん》とを顧《かへり》み、世間の景気を察して事を始め、千状万態の変に応じて、あるいはあたり、あるいは外《はづ》れ、この仕入れに損を蒙《かうむ》り、かの売り捌《う》《さば》きに益を取り、一年または一箇月の終はりに総勘定をなすときは、あるいは見込みの通りに行なはれたることもあり、あるいは大いに相違したることもあり。またあるいは売買繁劇の際に、この品につきては必ず益あることなりと思ひしものも、棚卸しに出来たる損益平均の表《へう》を見れば、案に相違して損亡なることあり。あるいは仕入れのときは品物不足と思ひしものも、棚卸しのときに残品を見れば、売り捌きに案外の時日を費《つひや》して、その仕入れかへつて多きに過ぎたるものもあり。ゆゑに商売に一大緊要なるは、平日の帳合《ちやうあ》ひを精密にして、棚卸しの期を誤らざるの一事なり(1)。

他の人事もまたかくのごとし。人間生々《せいせい》の商売(2)は、十歳前後人心の出来し時より始めたるものなれば、平生智徳事業の帳合ひ(3)を精密にして、勉めて損亡を引き請けざるやうに心掛けざるべからず。「過《す》ぐる十年の間には、何を損し何を益したるや。現今は何らの商売をなして、その繁昌のありさまはいかなるや。今は何品を仕入れて、いづれの時いづれのところに売り捌く積もりなるや。年来心の店の取り締まりは行き届きて、遊冶懶惰《いうやらんだ》など名づくる召使のために穴をあけられたること(4)はなきや。来年も同様の商売にて慥《たし》かなる見込みあるべきや。もはや別に智徳を益《えき》すべき工夫《くふう》もなきや」

と諸帳面を点検して、棚卸しの総勘定をなすことあらば、過去・現在身の行状につき、必ず不都合なることも多かるべし。その一、二を挙ぐれば、

「貧は士《し》の常、尽忠報国」(5)などとて、みだりに百姓の米を食ひ潰《つぶ》して、得意の色をなし、今日に至りて事実に困る者は、舶来《はくらい》(6)の小銃あるを知らずして刀剣を仕入れ、一時の利を得て、残品に後悔《こうくわい》するがごとし。和漢の古書のみを研究して、西洋日新の学を顧《かへり》みず、古《いにしへ》を信じて疑はざりし者は、過ぎたる夏の景気を忘れずして、冬の差し入りに蚊帳《かや》を買ひ込む(7)がごとし。青年の書生、未《いま》だ学問も熟せずして、にはかに小官を求め、一生の間《あひだ》等外に徘徊《はいくわい》(8)するは、半ば仕立てたる衣服を質《しち》に入れて流すがごとし。地理・歴史の初歩をも知らず、日用の手紙を書くこともむづかしくして、みだりに高尚の書を読まんとし、開巻五、六葉を見て、また他の書を求むるは、元手《もとで》なしに商売をはじめて、日に業《げふ》を変ずるがごとし。和漢洋の書を読めども、天下国家の形勢を知らず、一身一家の生計にも苦しむ者は、十露盤《そろばん》を持たずして万屋《よろづや》(9)の商売をなすがごとし。天下を治むるを知りて、身を修《をさ》むるを知らざる者は、隣家の帳合ひに助言して、自家に盗賊の入るを知らざるがごとし。(10)口に流行の日新を唱へて、心に見るところなく、わが一身の何物たるをも考へざる者は、売品の名を知りて、直段《ねだん》を知らざるもののごとし。これらの不都合は、現に今の世に珍しからず。その源因は、ただ流れ

渡りに(11)この世を渡りて、かつてその身のありさまに注意することなく、「生来今日に至るまで(12)わが身は何事をなしたるや、今は何事をなせるや、今後は何事をなすべきや」と、自らその身を点検せざるの罪なり。ゆゑにいはく、商売のありさまを明らかにして、後日の見込みを定むるものは、帳面の総勘定なり。一身のありさまを明らかにして、後日の方向を立つるものは、智徳事業の棚卸しなり。

注

(1) 毎日その帳簿を厳重につけて、しかも定期の収支決算を怠らぬことが大切だ。(2) 人生という商売。「生々」は生活。人生を一個の商売に見立てた。(3) 才能や人格によって営むわが仕事への反省。(4) 損をかけられた。(5) いたずらに清貧と忠義を看板にして、百姓の犠牲において威張って暮らしていた士族が、明治になって失業に苦しむ。「事実」は事業。(6) 西洋伝来。(7) 夏が過ぎたのに、蚊帳でもうけた好況を忘れかねて、冬の初めに蚊帳を仕入れる。(8) 一生、下級官吏でうろつく。「等外」は明治初年における判任官の下の最下級官吏。(9) なんでも商う店。間口ばかり広くて実用にならぬ雑学者にたとえる。(10) 西洋最新の流行学説をふり回しながら、自己の見識のない無批判な人。(11) なりゆきに任せて。(12) 生まれてから現在まで。

世話の字の義(1)

保護と差図の両義あり

「世話」の字に二つの意味あり。一は「保護」の義なり、一は「命令」の義なり。保護とは、人の事につき、傍《かたはら》より番をして防ぎ護り、あるいはこれに財物《ざいもつ》を与へ、あるいはこれがために時を費《つひや》し、その人をして利益をも面目をも失はしめざるやうに世話をすることなり。命令とは、人のために考へて、その人の身に便利ならんと思ふことを差図《さしづ》し、不便利ならんと思ふことには異見を加へ、心の丈《たけ》を尽くして忠告する(2)ことにて、これまた世話の義なり。

右のごとく世話の字に保護と差図と両様の義を備へて人の世話をするときは、真によき世話にて、(3)世の中は円《まる》く治まるべし。たとへば父母の子供におけるがごとく、衣食を与へて保護の世話をすれば、子供は父母の言ふことを聞きて差図を受け、親子の間柄に不都合あることとなし。また政府にては、法律を設けて国民の生命と面目と私有(4)とを大切に取り扱ひ、一般の安全を謀《はか》りて保護の世話をなし、人民は政府の命令に従ひて、差図の世話に戻《もと》ることあらざれば、公私の間(5)円く治まるべし。

ゆゑに保護と差図とは、両《ふたつ》ながらその至るところを共にし、寸分も境界を誤るべからず。保護の至るところは、すなはち差図の及ぶところなり。差図の及ぶところは、必ず保護の至るところならざるを得ず。(6)もししからずして、この二者の至り及ぶところの度を誤り、僅《わず》かに齟齬《そご》することあれば、たちまち不都合を生じて、(7)禍の源因となるべし。世間にその例少なからず。けだしその由縁は、世の人々常に世話の字の義を誤りて、あるいは保護の意味に解し、あるいは差図の意味に解し、ただ一方にのみ偏して、文字の全《まった》き義を尽くすことなく、もつて大なる間違ひに及びたるなり。

注

（1）人を世話するという行為のなかには、保護恩恵を与える半面、命令干渉するという面がある。この両者が表裏一体に行なわれなければ、「世話」には弊害が多いというのが論旨。このことは後年『福翁百話』（明治三十年）に「世話の字の義を誤る勿れ」と題して再論された。（2）あらん限りの親切をもって。（3）世話という語に保護と差図の両方の精神をもたせて人を世話するならば、正しい意味の世話になる。（4）財産。（5）官民の間。（6）保護と差図とはその手をさしのべる範囲を一にすべきで、その線に少しの狂いがあってもならぬ。すなわち保護の恩情の至るところには同時に命令の権威が必要であり、命令の権利があるところには保護の責任も伴うのが当然だ。（7）保護と命令の手のさしのべ方にバランスを失い、少しでもチグハグがあれば不都合が起こる。

大きに御世話と大きに御苦労

たとへば父母の差図を聴《き》かざる道楽息子へみだりに銭を与へて、その遊冶《いうや》放蕩を逞《たくま》しうせしむるは、保護の世話は行き届きて、差図の世話は行なはれざるものなり。子供は謹慎勉強して父母の命《めい》に従ふといへども、この子供に衣食をも十分に給せずして、無学文盲《もんまう》の苦界《くがい》に陥《おちい》らしむるは、差図の世話のみをなして、保護の世話を怠るものなり。甲は不孝にして、乙は不慈なり。[1]ともにこれを人間の悪事といふべし。

古人の教へに、「朋友《ほういう》に屢《しばしば》すれば疎《うと》んぜらる」[2]とあり。その訳《わけ》は、「わが忠告をも用ひざる朋友に向かひて余計なる深切[3]を尽くし、その気前《きまへ》[4]をも知らずして、あつかましく異見[5]をすれば、つひにはかへってあいそづかしとなりて、さきの人に嫌《きら》はれ、あるいは怨《うら》まれ、あるいは馬鹿《ばか》にせられて、事実に益なきゆゑ[6]、大概に見計らうて、こちらから寄り付かぬやうにすべし」との趣意なり。この趣意も、すなはち差図の世話の行き届かぬところには、保護の世話をなすべからずといふことなり。

また昔かたぎに、田舎《ゐなか》の老人が旧《ふる》き本家《ほんけ》の系図を持ち出して、別家《べつけ》の内を掻《か》きまはし[7]、あるいは銭もなき叔父様《をぢさま》が、実家の姪《をひ》を呼び付けて、その家事を差図し[8]、その薄情を責め、その不行き届きを咎《とが》め、はなはだしきに至りては、知らぬ祖父の遺言《ゆゐごん》などとて、姪の家の私有を奪ひ去らんとする[9]がごときは、差図の世話は厚きに過ぎて、保護の世話の痕跡《こんせき》もなきものなり。[10] 諺《ことわざ》にいはゆる「大きに御世話[11]」とはこのことなり。

また世に貧民救助とて、人物の良否を問はず、その貧乏の源因を尋ねず、ただ貧乏のありさまを見て、米銭《べいせん》を与ふることあり。鰥寡《くわんくわ》[12]孤独、実に頼るところなき者へは救助ももつともなれども、五升の御救ひ米《まい》を貰《もら》うて、三升は酒にして[13]飲む者なきにあらず。禁酒の差図もできずして、みだりに米を与ふるは、差図の行き届かずして、保護の度を越えたるものなり。諺にいはゆる「大きに御苦労[14]」とはこのことなり。英国などにても、救窮の法に困却するはこの一条なり[15]といふ。

この理を拡《おしひろ》めて一国の政治上に論ずれば、人民は租税を出して政府の入用を給し、その世帯《せたい》向きを保護するものなり。しかるに専制の政《まつりごと》[16]にて、人民の助言をば少しも用ひず、またその助言を述ぶべき場所もなき[17]は、これまた保護の一方は達して、差図の路《みち》は塞《ふさ》がりたるものなり。人民のありさまは大きに御苦労なりといふべし[18]。

この類を求めて例を挙《あ》ぐれば、一々計《かぞ》ふるに遑《いとま》あらず。この「世話」の字義は、経済論の最も大切なる箇条なれば[19]、人間の渡世において、その職業の異同・事柄の軽重に拘《かか》はらず、常にこれに注意せざるべからず。あるいはこの議論は全く十露盤《そろばん》づくにて、薄情なるに似《に》たれども、薄くすべきところを無理に厚くせんとし、あるいはその実の薄きを顧みずして、その名を厚くせんとし、かへつて人間の至情を害して、世の交際を苦々《にがにが》しくするがごときは、名を買はんとして実を失ふものといふべし。(20)

注

(1) 前者はかえって子を不孝に導き、後者は子に対して無慈悲となる。 (2) 友だちに忠告しすぎるときらわれる。『論語』(「里仁」)「子游曰ク、君ニ事《ツカ》ヘテ屢々スレバココニ辱カシメラレ、朋友ニ屢々スレバココニ疎ンゼラル」。 (3) 親切。 (4) 気風。 (5) うるさく。今も方言で言う。厚顔の意ではない。 (6) 実際の効果がないから。 (7) そんなことをしては御先祖の系図に相すまぬ、と分家の家庭に干渉する。 (8) 養子に行った貧乏な叔父が、金銭の援助もせずに実家の甥《おい》の家事に口を出す。姪はここはめいではなく、おいとよむ。 (9) 甥の知らぬ祖父(生まれる前に死んだ、叔父の父にあたる)の遺言と称して、甥の財産の横領を謀る。 (10) ひとかけらもない。 (11) 諺というより慣用句。余計なおせっかい。 (12) 身よりのない者。「鰥」は妻に死なれた男、「寡」は夫を失った女、「孤」はみなしご、「独」はひとり者。 (13) 米三升分は酒に換える。 (14) むだ骨折りに対するひやかし文句。 (15) 救貧の行き過ぎが国民の自立心をそこなうのを当時の英国政府が悩んでいたことは、ウェーランドの『経済論』『修身論』等にも見える。 (16) 専制国家では。暗に日本をも含む。 (17) 議会のないこと。 (18) 国民は政府を保護するのみで命令する権利がないのは、御苦労千万と同情せざるを得ぬ。 (19) 「世話」の語に保護の恩恵と命令の権利の両義があることは、いわばギブ・アンド・テークの精神を意味し、経済的原則に通ずる大切なことである。 (20) この議論はあまり打算的でドライのようだが、これが人生の現実である。世話する必要もない者を無理に世話をやきたがり、またはろくな世話もせぬくせに、さも世話したような風をしたがって、相手の感情を害し、お互いに気まずくなるなどは、自らいい格好をするつもりで、かえって逆効果になったものだ。

仁恵の心も忘るるなかれ

右のごとく議論は立てたれども、世人の誤解を恐れて、念のためここに数言を付せん。修心《しゅうしん》(1)道徳の教へにおいては、あるいは経済の法と相戻《あひもと》るがごときものあり。けだし一身の私徳は、悉皆《しっかい》天下の経済に差し響くものにあらず。見ず知らずの乞食《こじき》に銭を投与《とうよ》し、あるいは貧人の憐《あは》れむべき者を見れば、その人の来歴をも問はずして、多少の財物を給することあり。そのこれを投与しこれを給するは、すなはち保護の世話なれども、この保護は差図とともに行なはるるものにあらず。(3)考への領分を窮屈にして、ただ経済上の公《おほやけ》をもつてこれを論ずれば、不都合なるに似たれども、(4)一身の私徳(5)においては、恵与の心は最も貴《たふと》ぶべく、最も好《よ》みすべきものなり。(6)たとへば天下に乞食を禁ずるの法は、もとより公明正大なるものなれども、人々の私において、乞食に物を与へんとするの心は咎《とが》むべからず。人間万事十露盤《そろばん》を用ひて決定すべきものにあらず(7)。ただその用ゆ(ふ)べき場所と、用ゆべからざる場所とを区別すること緊要《きんえう》なるのみ。世の学者、経済の公論に酔うて、仁恵の私徳を忘るるなかれ(8)。

(明治八年三月出版)

注

（1）修身に同じ。（2）身の上。（3）乞食への恵与は必ずしも命令の権利を伴うものではない。（4）考え方を厳重にして、経済上の公式論だけから言えば、矛盾した行為のようだが。（5）個人的恩情。（6）賞すべき精神。（7）人生は必ずしも一から十までそろばんずくで片づくものではない。（8）学徒諸君は、経済の公式論にとらわれて、不幸な者への同情を忘れてはならぬ。

学問のすゝめ　第十五編

事物を疑ひて取捨《しゆしや》を断ずること(1)

信の世界に偽詐《ぎさ》多し

信の世界に偽詐多く、疑ひの世界に真理多し。(2)試みに見よ、世間の愚民、人の言《げん》を信じ、人の書を信じ、小説(3)を信じ、風聞を信じ、神仏を信じ、卜筮《ぼくぜい》(4)を信じ、父母の大病に按摩《あんま》の説を信じて草根木皮《もくひ》(5)を用ひ、娘の縁談に家相見《かさうみ》(6)の指図《さしづ》を信じて良夫《りやうふ》を失ひ、熱病に医師を招かずして念仏を申すは、阿弥陀如来《あみだによらい》を信ずるがためなり。三七日《さんしちにち》の断食《だんじき》(7)に落命するは、不動明王《ふどうみやうわう》を信ずるがゆゑなり。この人民の仲間に行なはるる真理の多寡《たくわ》を問はば、これに答へて多しといふべからず。真理少なければ、偽詐多からざるを得ず。けだしこの人民は、事物を信ずといへども、その信は偽りを信ずる者なり。ゆゑにいはく、「信の世界に偽詐多し」と。

注

（1）この編は第十四編から一年数ヵ月ぶりで出たもので、従来の諸編になかった二つの特徴が見られる。一つは当時愛読していた英国の歴史家トーマス・バックルの『英国文明史』（一八五七〜六一年）の影響である。社会進歩の原動力は〝懐疑の精神〟にあるというバックルの歴史観にしたがって、著者は、この編でその精神を強調した。もう一つは、日本の風習でも良いものは残さねばならぬとする保守精神の現われである。封建的旧物の打破に急であった初期の態度から、後年の調和主義的姿勢に移ってゆく徴候が著しい。その意味でこの編は重要である。（2）物事を無批判に受容する社会には偽りがはびこり、疑いの目を光らす社会では真理が発達する。著者の名言の一つ。（3）つまらぬ俗説。今の小説ではない。（4）うらない。（5）漢方薬。著者はあくまで西洋医学の信奉者だった。（6）家の位置・方向・構造等から運命の吉凶をうらなう人。（7）信仰のため二十一日間断食する風習。

疑ひの世界に真理多し

文明の進歩は、天地の間にある有形の物にても無形の人事にても[1]、その働きの趣を詮索《せんさく》して、真実を[2]発明するにあり。西洋諸国の人民が今日の文明に達したるその源を尋ぬれば、疑ひの一点より出でざるものなし。ガリレヲ[3]が天文の旧説を疑ひて地動を発明し、ガルハニ[4]が蝦蟆《がま》の脚《あし》の搐搦《ちくでき》する[5]を疑ひて動物のエレキ[6]を発明し、ニウトン[7]が林檎《りんご》の落つるを見て重力の理に疑ひを起こし、ワット[8]が鉄瓶《てつびん》の湯気を弄《もてあそ》んで蒸気の働きに疑ひを生じたるがごとく、いづれもみな疑ひの路に由《よ》りて真理の奥に達したるものといふべし。格物窮理の域を去りて、顧みて人事進歩のありさまを見るも、⑨またかくのごとし。売奴法《ばいどはふ》の当否⑩を疑ひて、天下後世に惨毒《さんどく》の源《みなもと》を絶ちたる⑪者はトーマス・クラレクソン⑫なり。ローマ宗教の妄誕《まうたん》⑬を疑ひて、教法⑭に面目を改めたる者はマルチン・ルーザ⑮なり。フランスの人民は貴族の跋扈《ばつこ》に疑ひを起こして、騒乱の端《たん》を開き、⑯アメリカの州民は英国の成法に疑ひを容《い》れて、独立の功を成《な》したり⑰。

今日⑱においても、西洋の諸大家が日新の説を唱へて、人を文明に導くものを見るに、その目的は、ただ古人の確定して、駁《ばく》すべからざるの論説⑲を駁し、世上に普通⑳にして疑ひを容るべからざるの習慣に疑ひを容るるにあるのみ。今の人事において㉑、男子は外を務め婦人は内を治むるとて、その関係ほとんど天然なるがごとくなれども、スチュアルト・ミル㉒は『婦人論』を著はして、万古一定動かすべからざるのこの習慣を破らんことを試みたり。英国の経済家に自由法㉓を悦《よろこ》ぶ者多くして、これを信ずる輩は、あたかももつて世界普通の定法《ぢやうはふ》のごとくに認むれども、アメリカの学者は保護法を唱へて㉔、自国一種の経済論を主張する者あり。一議随つて出づれば、一説随つてこれを駁し、異説争論その極《きは》まるところを知るべからず。これをかのアジア諸州の人民が、虚誕妄説を軽言して、巫蠱《ふこ》神仏に惑溺《わくでき》し㉕、あるいはいはゆる聖賢者の言を聞きて、一時にこれに和するのみならず、万世の後に至りて、なほその言の範囲を脱することあたはざるものに比すれば、その品行[26]の優劣、心志の勇怯《ゆうけふ》、もとより年を同じうして語るべからざるなり[27]。

異説争論の際に事物の真理を求むるは、なほ逆風に向かつて舟をやるがごとし。その舟路《ふなぢ》を右にし、またこれを左にし、浪に激し風に逆らひ、数十百里の海を経過するも、その直達《ちよくたつ》の路[28]を計れば、進むこと僅《わづ》かに三、五里に過ぎず。航海にはしばしば順風の便ありといへども、人事においては決してこれなし。人事の進歩して真理に達するの路は、ただ異説争論の際にまぎるの[29]一法あるのみ。しかうしてその説論の生ずる源は、疑ひの一点にありて存するものなり。「疑ひの世界に真理多し」とは、けだしこの謂《い》ひなり。

注

（1）自然現象でも社会現象でも。（2）発見。（3）Galileo Galilei（一五六四年～一六四二年）。イタリア人。西洋近代自然科学の祖と言われる。地動説を確立。（4）Luigi A. Galvani ガルヴァーニ。（一七三七～九八年）。イタリアの生物学者。偶然殺したばかりの蛙《かへる》の脚にメスを触れたとき、その脚が痙攣《けいれん》したことから、動物電気を発見し、後世の電気学の発達を促した。（5）痙攣。（6）エレキテルの略で、江戸時代以来電気の称。蘭語から来た。（7）Isaac Newton（一六四二～一七二七年）。イギリス人。万有引力の発見者。（8）イギリス人。蒸気機関を発明。（9）自然科学の方面から目を移して、社会状態の進歩のあとを見ても。「格物」はもと儒教で物の道理をきわめる意であるが、転じて自然科学をさす。「窮理」は物理学。（10）奴隷《どれい》売買が正しいかどうか。（11）悲惨な弊害の根本を絶ち切った。（12）Thomas Clarkson クラークソン。（一七六〇年〜一八四六年）。イギリス人。英国が新大陸アメリカをはじめ植民地にアフリカの黒人を多く奴隷に売りこむのを非人道とし、迫害に屈せず、一八〇七年、奴隷貿易禁止法を議会に通過させた。その後、他の諸国もこれにならうに至る。（13）ローマ旧教の迷信。（14）宗教。（15）Martin Luther ルーテル（ルター）。（一四八三年〜一五四六年）。ドイツの宗教改革者。新教の開祖。（16）一七八九年、フランス革命。「跋扈」は横暴。（17）一七七六年、アメリカ独立。（18）以上は過去の例。以下は十九世紀中期以降のこと。（19）後人の反対できそうもない論。（20）「普通」は共通の意。（21）今日の人間社会で。（22）John Stuart Mill（一八〇六〜七三年）。英国の自由主義思想家。一八六九年の『婦人の隷従』は女性解放論で、女性の参政権や職業の自由等を主張し、日本にも影響を与えた。（23）自由貿易。アダム・スミス以来の英国経済学の伝統。（24）アメリカは当時、英国より経済上後進国だったから、関税政策で英国品の輸入を抑え、国内産業を育成する必要があった。そこで一八二〇年代から保護貿易論を唱える学者が輩出した。国民主義的経済学派と言う。（25）まじないや神仏の迷信におぼれる。（26）人格識見。（27）「日を同じうして」に同じ。くらべものにならぬ。（28）直径。（29）間切る。波間を乗り切る。「際」はさかい。

信疑取捨の明なかるべからず

しかりといへども、事物の軽々《けいけい》信ずべからざることはたして是《ぜ》ならば、またこれを軽々疑ふべからず。この信疑の際に就《つ》き[1]、必ず取捨の明《めい》なかるべからず。けだし学問の要は、この明智を明らかにするにあるものならん。わが日本においても、開国以来頓《とみ》に人心の趣を変じ、政府を改革し、貴族を倒し、学校を起こし、新聞局(2)を開き、鉄道・電信・兵制・工業等、百般の事物一時に旧套《きゅうとう》(3)を改めたるは、いづれもみな数千百年以来の習慣に疑ひを容《い》れ、これを変革せんことを試みて、功を奏《そう》したるものといふべし。しかりといへども、わが人民の精神において、この数千年の習慣に疑ひを容れたるその原因を尋ぬれば、はじめて国を開きて西洋諸国に交はり、彼《かれ》の文明のありさまを見てその美を信じ、これに倣《なら》はんとしてわが旧習に疑ひを容れたるものなれば、あたかもこれを自発の疑ひといふべからず。ただ旧を信ずるの信をもつて新を信じ、(4)昔日は人心の信、東(5)にありしもの、今日《こんにち》はその処《ところ》を移して西に転じたるのみにして、その信疑の取捨いかんに至りては、はたして的当《てきとう》の明あるを保《ほ》すべからず。(6)余輩未《いま》だ浅学寡聞《くわぶん》、この取捨の疑問に至り、一々当否を論じて、その箇条を枚挙するあたはざる(7)は、もとより自ら懺悔《ざんげ》(8)するところなれども、世事転遷の大勢を察すれば、天下の人心この勢ひに乗ぜられて、信ずるものは信に過ぎ、疑ふものは疑ひに過ぎ、(9)信疑ともにその止《とど》まるところの適度を失するものあるは明らかに見るべし。左《さ》にその次第を述べん。

注

（1）信ずべきか否かの分かれ目に立って。（2）新聞社。（3）旧習。（4）旧文明への無批判に追随する態度をそのまま新文明の信仰に向けかえただけだ。（5）東洋の伝統。「西」は西洋の文明。（6）はたして正しい判断力があるかどうか保証できぬ。「的当」は適当。（7）何を取り、何を捨つべきか具体的には数えられぬ。（8）告白。（9）西洋文明を信ずること重きに過ぎ、日本文明を疑うことはなはだしきに過ぎる。

西施《せいし》の顰《ひそ》みに倣ふの愚

東西の人民、風俗を別にし、情意を殊《こと》にし、数千百年の久しき、おのおのその国土に行なはれたる習慣は、たとひ利害の明らかなるものといへども、頓《とみ》にこれを彼《かれ》に取りてこれに移すべからず。いはんやその利害未《いま》だ詳《つまび》らかならざるものにおいてをや。これを採用せんとするには、千思万慮歳月を積み、やうやくその性質を明らかにして取捨を判断せざるべからず。しかるに近日世上のありさまを見るに、いやしくも中人《ちゆうじん》以上の改革者流、(1)あるいは開化先生と称する輩(2)は、口を開けば西洋文明の美を称し、一人《いちにん》これを唱ふれば万人これに和し、およそ知識・道徳の教へより治国・経済・衣食住の細事に至るまでも、悉皆《しつかい》西洋の風を慕うて、これに倣《なら》はんとせざるものなし。あるいは未《いま》だ西洋の事情につき、その一斑《いっぱん》(3)をも知らざる者にても、ひたすら旧物を廃棄して、ただ新をこれ求むるもののごとし。なんぞそれ事物を信ずるの軽々《けいけい》にして、またこれを疑ふの疎忽《そこつ》(4)なるや。

西洋の文明は、わが国の右に出《い》づること必ず数等ならんといへども、決して文明の十全(5)なるものにあらず。その欠典(点)(6)を計《かぞ》ふれば、枚挙に遑《いとま》あらず。彼《かれ》の風俗ことごとく美にして信ずべきにあらず、我の習慣ことごとく醜にして疑ふべきにあらず。たとへばここに一少年(7)あらん。学者先生に接してこれに心酔し、その風に倣《なら》はんとして、俄《にはか》に心事を改め、書籍を買ひ、文房の具(8)を求めて、日夜机に倚《よ》りて勉強するは、もとより咎《とが》むべきにあらず。これを美事《びじ》といふべし。しかりといへども、この少年が先生の風を擬《ぎ》する(9)の余りに、先生の夜話《やわ》に耽《ふけ》りて朝寝《あさね》するの僻《くせ》(10)をも学び得て、つひに身体の健康を害することあらば、これを智者といふべきか。けだしこの少年は、先生を見て十全の学者と認め、その行状《ぎやうじやう》の得失を察せずして、悉皆《しつかい》これに倣はんとし、もつてこの不幸に陥《おちい》りたるものなり。支那《しな》の諺《ことわざ》に、「西施《せいし》の顰《ひそ》みに倣ふ(11)」といふことあり。美人の顰みは、その顰みの間におのづから趣ありしがゆゑにこれに倣ひしことなれば、未《いま》だ深く咎むるに足らずといへども、学者の朝寝に何の趣あるや。朝寝はすなはち朝寝にして、懶惰《らんだ》不養生の悪事なり。人を慕ふの余りに、その悪事に倣ふとは、笑ふべきのはなはだしきにあらずや。

注

（1）革新主義者たち。（2）西洋文明一辺倒の学者のあだ名。（3）一端。（4）軽率。（5）完全。（6）「欠点」に同じ。当時の慣用。（7）若者。今の「少年」より広義。（8）筆・墨《すみ》等。「文房」は書斎。（9）まねる。（10）「僻」は悪いくせ。（11）中国古代に西施という美人が、病気で顔をしかめていたのが風情《ふぜい》があるというので、世間の女がみなそのまねをしたという故事。他人の欠点をまねるたとえ。

開化先生の付会

されども今の世間の開化者流(1)には、この少年の輩《はい》、はなはだ少なからず。仮に今、東西の風俗習慣を交易《かうえき》して、開化先生の評論に付し、その評論の言葉を想像してこれを記《しる》さん(2)。西洋人は日に浴湯《よくたう》して、日本人の浴湯は一月僅《わづ》かに一、二次(3)ならば、開化先生これを評していはん、「文明開化の人民は、よく浴湯して皮膚の蒸発を促し、もつて衛生の法を守れども、不文(4)の日本人はすなはちこの理を知らず」と。日本人は寝《ね》屋《や》の内に尿瓶《しゆびん》を置きてこれに小便を貯《たくは》へ、あるいは便所より出でて手を洗ふことなく、洋人は夜中といへども起きて便所に行き、なんら事故あるも(5)、必ず手を洗ふの風ならば、論者評していはん、「開化の人は清潔を貴《たふと》ぶの風あれども、不開化の人民は不潔の何者たるを知らず。けだし小児《せうに》の知識未《いま》だ発生せずして、汚潔《をけつ》を弁ずることあたはざるものに異ならず。この人民といへども、次第に進みて文明の域に入らば、つひには西洋の美風に倣《なら》ふことあるべし」と。洋人は鼻汁《はなじる》を拭《ぬぐ》ふに毎次紙を用ひて直ちにこれを投棄し、日本人は紙に代ふるに布を用ひ、随つて洗濯《せんたく》し、随つてまた用ふるの風ならば、論者たちまち頓智を運《めぐ》らし、(6)細事を推《お》して経済論の大義に付会《ふくわい》していはん、(7)「資本(8)に乏しき国土においては、人民自ら知らずして節倹《せつけん》の道に従ふことあり。日本全国の人民をして鼻紙を用ふること西洋人のごとくならしめなば、その国財の幾分を浪費すべきはずなるに、よくその不潔を忍んで布を代用するは、おのづから資本の乏しきに迫られて、節倹に赴《おもむ》く者(9)といふべし」と。日本の婦人その耳に金環を掛け、小腹《せうふく》を束縛して衣裳を飾ることあらば、論者人身窮理の端《たん》(10)を持ち出して、顰蹙《ひんしゆく》していはん、(11)「はなはだしいかな、不開化の人民、理を弁じて天然に従ふことを知らざるのみならず、(12)ことさらに肉体を傷つけて、耳に荷物を掛け、婦人の体《からだ》(13)において最も貴要部たる小腹を束《つか》ねて蜂《はち》の腰のごとくならしめ、もつて妊娠《にんしん》の機を妨げ、分娩《ぶんべん》(14)の危難を増し、その禍《わざはひ》の小なるは一家の不幸を致《いた》し、大なるは全国の人口生々《せいせい》の源を害するもの(15)なり」と。西洋人は家の内外に錠《ぢやう》を用ふること少なく、旅中に人足《にんそく》を雇うて荷物を持たしめ、その行李《かうり》に慥《たし》かなる錠前なきものといへども、常に物を盗まるることなく、あるいは大工・左官等のごとき職人に命じて普請《ふしん》を受け負《お》はしむるに、約条書⑯の密なるものを用ひずして、後日に至り、その約条につき公事訴訟《くじそしよう》を起こすこと稀《まれ》なれども、日本人は家内の一室ごとに締まりを設けて、座右《ざいう》の手箱に至るまでも錠をおろし、普請受け負ひの約条書等には、一字一句を争うて紙に記《しる》せども、なほかつ物を盗まれ、あるいは違約等のことにつき、裁判所に訴ふること多き風ならば、論者⑰また嘆息していはん、「ありがたきかな、耶蘇《ヤソ》の聖教、気の毒なるかな、パガン外教の人民。日本の人はあたかも盗賊と雑居するがごとし。これをかの西洋諸国自由正直の風俗に比すれば、万々《ばんばん》同日の論にあらず。実に聖教の行なはるる国土こそ、道に遺《ゐ》を拾はず⑱といふべけれ」と。日本人が煙草《たばこ》を咬《か》み⑲、巻煙草⑳を吹かして、西洋人が煙管《きせる》を用ふることあらば、「日本人は器械の術に乏しくして、未《いま》だ煙管の発明もあらず」といはん。日本人が靴《くつ》を用ひて、西洋人が下駄《げた》をはくことあらば、「日本人は足の指の用法を知らず」といはん。味噌《みそ》も舶来品ならば、かくまでに軽蔑《けいべつ》を受くることもなからん。豆腐《とうふ》も洋人のテーブルに上《のぼ》らば、一層の声価を増さん。鰻《うなぎ》の蒲焼《かばや》き・茶碗蒸《ちゃわんむ》し等に至りては、世界第一美味《びみ》の飛び切りとて評判を得《う》ることとなるべし。これらの箇条を枚挙すれば、際限あることなし。

注

(1) 新しがりや。(2) 東西の風俗習慣が逆だと仮定して、開化先生の批評を求め、なんというかその評言を想像してみよう。「交易」は置き換える。(3) 一、二回。(4) 未開。(5) どんな事情があっても。(6) 気をきかして。(7) この小さな事柄を国家経済の大問題に結びつけて、こじつけて言うだろう。(8) 資材。(9) 下腹部をコルセットで締めつける。当時流行の洋装。(10) 生理学の片端。(11) 顔をしかめる。(12) 天理をわきまえて自然にしたがうことを知らぬのみか。(13) 妊娠の機能。(14) 出産。(15) 人口増殖の根本を害する。「生々」は生殖。(16)「約定書」が正しい。契約書。(17) pagan 異教徒。「外教」はキリスト教以外の宗教。(18) 道徳が行きわたって、路上の落とし物を盗む者がないという中国の成句。(19) 嚙《か》み煙草。押し固めた煙草の葉をかんで香気を愛する。日本にこの風はなく、西洋でも保健上現代ではすたれた。(20) 日本古来の煙草は、煙管を用いる刻み煙草で、巻煙草の流行は明治中期以後である。

東西宗教の優劣

今少しく高尚に進みて、宗旨(1)のことに及ばん。四百年前(2)西洋に親鸞上人《しんらんしやうにん》(3)を生じ、日本にマルチン・ルーザを生じ、上人は西洋に行なはるる仏法を改革して、浄土真宗(4)を弘《ひろ》め、ルーザは日本のローマ宗教に敵して、「プロテスタント」(5)の教へを開きたることあらば、論者必ず評していはん、「宗教の大趣意は衆生《しゆじやう》済度(6)にありて、人を殺すにあらず。いやしくもこの趣意を誤れば、その余は見るに足らざるなり。西洋の親鸞上人はよくこの旨《むね》を体し(7)、野に臥《ふ》し石を枕《まくら》にし、千辛万苦《せんしんばんく》、生涯の力を尽くして、つひにその国の宗教を改革し、今日に至りては全国人民の大半を教化《けうげ》したり。その教化の広大なることかくのごとしといへども、上人の死後、その門徒なる者(8)、宗教のことにつき、あへて他宗の人を殺したることなく、また殺されたることもなきは、もつぱら宗徳をもつて人を化したるものといふべし。顧《かへり》みて日本のありさまを見れば、ルーザ一度《ひとたび》世に出《い》でて、ローマの旧教に敵対したりといへども、ローマの宗徒容易にこれに服するにあらず、旧教は虎《とら》のごとく、新教は狼《おほかみ》のごとく、虎狼《こらう》相闘《たたか》ひ、食肉流血、ルーザの死後、宗教のために日本の人民を殺し、日本の国財を費し、師《いくさ》を起こし、国を滅ぼしたるその禍《わざはひ》は、筆もつて記《しる》すべからず、口もつて語るべからず(9)。殺《さつ》伐《ばつ》(10)なるかな、野蛮の日本人は、衆生済度の教へをもつて生霊《せいれい》を塗炭《とたん》に陥《おとしい》れ(11)、敵を愛するの宗旨によりて無辜《むこ》の同類を屠《ほふ》り(12)、今日に至りてその成跡いかんを問へば、ルーザの新教は未《いま》だ日本人民の半ばを化することあたはずといへり。東西の宗教、その趣を殊《こと》にすることかくのごとし。余輩ここに疑ひを容《い》るること日すでに久しといへども、未だその原因の確かなるものを得ず。ひそかに按《あん》ずるに(13)、日本の耶蘇《ヤソ》教も西洋の仏法も、その性質は同一なれども、野蛮の国土に行なはるれば、おのづから殺伐の気を促し、文明の国に行なはるれば、おのづから温厚の風を存するによりてしかるものか、あるいは東方の耶蘇教と西方の仏法とは、初めよりその元素(14)を殊にするによりてしかるものか、あるいは改革の始祖たる日本のルーザと、西洋の親鸞上人と、その徳義に優劣ありてしかるものか、みだりに浅見をもつて臆断《おくだん》(15)すべからず。ただ後世博識家の確説を待つのみ」と。

注

(1) 宗教。(2) 十六世紀の初め、ルーテルの宗教改革の時代。(3) 十三世紀鎌倉時代の高僧。弘長二(一二六二)年、八十九歳で没。(4)「南無阿弥陀仏」さえ唱えれば成仏すると説く庶民的仏教。(5) Protestant 新教徒。(6) 仏教の語。人類の悩みを救って仏の世界に導く。(7) この精神を実行して。(8) 信者。特に真宗で言う。(9) 十六世紀後半から十七世紀前半、欧州全土に行なわれた宗教戦争を諷した。(10) 血なまぐさいこと。(11) 人類を非常な苦しみに陥れる。「生霊」は生物中の霊妙な者で、人類。「塗」は泥、「炭」は火。泥や火の中に陥れるような苦しみ。(12) 罪のない人類を殺す。(13) 私自身の考えでは。(14) 本質。根本精神。(15) 勝手な判断。

信疑取捨の責任は学者にかかる

しからばすなはち今の改革者流が、日本の旧習を厭《いと》うて西洋の事物を信ずるは、全く軽信軽疑の譏《そし》りを免るべきものといふべからず。いはゆる旧を信ずるの信をもつて新を信じ、西洋の文明を慕ふの余りに、兼《か》ねてその顰蹙《ひんしゆく》朝寝《あさね》の僻《くせ》をも学ぶものといふべし。なほはなはだしきは、未だ新の信ずべきものを探り得ずして、早くすでに旧物を放却《はうきやく》し、一身あたかも空虚なるがごとくにして、安心立命《あんしんりつめい》の地位《ちゐ》(1)を失ひ、これがためつひには発狂する者あるに至れり。医師の話を聞くに、近来は神経病および発狂の病人多しといふ。

西洋の文明もとより慕ふべし。これを慕ひこれに倣《なら》はんとして、日もまた足らず(2)といへども、軽々《けいけい》これを信ずるは、信ぜざるの優にしかず。(3)彼《かれ》の富強はまことに羨《うらや》むべしといへども、その人民の貧富不平均の弊をも兼ねてこれに倣ふべからず。日本の租税寛《ゆる》(4)やかなるにあらざれども、英国の小民が地主に虐《ぎやく》せらるる(5)の苦痛を思へば、かへつてわが農民のありさまを祝せざるべからず。西洋諸国、婦人を重んずるの風は人間世界の一美事なれども、無頼なる細君が跋扈《ばつこ》して良人《をつと》を窘《くる》しめ、(6)不順なる娘が父母を軽蔑《けいべつ》して、醜行を逞《たくま》しうするの俗(7)に心酔すべからず。されば今の日本に行なはるるところの事物は、はたして今のごとくにしてその当を得たるものか、商売会社(8)の法今のごとくにして可ならんか、政府の体裁今(9)のごとくにして可ならんか、教育の制今のごとくにして可ならんか、著書の風今のごとくにして可ならんか、しかのみならず、現に余輩学問の法(10)も、今日の路《みち》に従ひて可ならんか。これを思へば百疑並び生じて、ほとんど暗中に物を探るがごとし。

この雑沓混乱《ざつたふこんらん》の最中に居て、よく東西の事物を比較し、信ずべきを信じ、疑ふべきを疑ひ、取るべきを取り、捨つべきを捨て、信疑取捨その宜《よろ》しきを得んとするは、また難《かた》きにあらずや。しかりしかうして、今この責《せめ》に任ずる者は、他《た》なし、ただ一種わが党の学者あるのみ[11]。学者勉《つと》めざるべからず。けだしこれを思ふはこれを学ぶにしかず[12]。幾多の書を読み、幾多の事物に接し、虚心平気、活眼を開き[13]、もつて真実のあるところを求めなば、信疑たちまち処《ところ》を異にして、昨日《さくじつ》の所信は今日《こんにち》の疑団《ぎだん》[14]となり、今日の所疑《しよぎ》は明日《みやうにち》氷解する[15]こともあらん。学者勉めざるべからざるなり。

（明治九年七月出版）

注

（1）仏教流に発音すれば「アンジンリュウメイ」。信仰に安心して運命に身を任せること。ここは広く精神安定の意。「地位」は足場。（2）時間がなくて忙しい。（3）「信ぜざるにしかず」に同じ。信じないのがましなのに及ばぬ。（4）当時の租税の大部分は農民の地租であった（所得税は明治二十年から）。（5）英国は十八世紀の産業革命以後、農業技術の進歩から大地主の大農経営が発展し、小農は土地を奪われて生活困窮に陥った。（6）不良な妻が、威張って夫を悩ます。（7）わがままな娘が、親を侮って不品行をする風俗。（8）営利会社。（9）政府の機構。（10）われわれの学問の仕方。「余輩」は複数。（11）ただひとり、われわれ学者仲間があるだけだ。「学者」は広く学生を含む。（12）ひとり思索にふけるよりも、良書を読み、良師について正しく学ぶほうがよい。『論語』（「衛霊公」）「子曰ク、吾嘗《カツ》テ終日食ハズ、終夜寝《イ》ネズ、以テ思ヘドモ益ナカリキ。学ブニ如《シ》カザルナリ」。（13）冷静公平に鋭い観察力をもって。

（14）疑問のかたまり。大きな疑問。

（15）完全にわかる。

学問のすゝめ　第十六編(1)

手近く独立を守ること

有形の独立と無形の独立

不羈《ふき》独立の語は、近来世間の話にも聞くところなれども、世の中の話には随分間違ひもあるものゆゑ、銘々《めいめい》にてよくその趣意を弁《わきま》へざるべからず。独立に二様の別あり。一は有形なり、一は無形なり。なほ手近くいへば、品物につきての独立と、精神につきての独立と、二様に区別あるなり。

品物につきての独立とは、世間の人が銘々に身代《しんだい》を持ち、銘々に家業を勤《つと》めて、他人の世話厄介にならぬやう、一身一家内の始末をすることにて、一口に申せば、人に物を貰《もら》はぬといふ義なり。

有形の独立は、右のごとく目にも見えて弁じ易《やす》けれども、無形の精神の独立に至りては、その意味深く、その関係広くして、独立の義に縁なきやうに思はるることにもこの趣意を存して、これを誤るものはなはだ多し。(2) 細事ながら左《さ》にその一箇条を撮《と》りて、これを述べん。

注

（1）この第十六編は独立の二文から成るが、第十二編「人の品行は高尚ならざるべからざるの論」・第十四編「心事の棚卸し」等と同じ性質の修身訓話的傾向のものである。（2）この精神の独立の必要があるのに、それに気づかぬ者が多い。

物よく人の本心を制す

「一杯《ぱい》、人、酒を呑《の》み、三杯、酒、人を呑む」といふ諺《ことわざ》あり。今この諺を解けば、「酒を好むの欲をもつて人の本心を制し、(1) 本心をして独立を得せしめ（しめ）ず」といふ義なり。今日世の人々の行状を見るに、本心を制するものは酒のみならず、千状万態の事物ありて、本心の独立を妨ぐることはなはだ多し。この着物に不似合ひなりとてかの羽織《はおり》を作り、この衣裳《いしやう》に不相当なりとてかの煙草入《たばこい》れ(2)を買ひ、衣服すでに備はれば、屋宅《をくたく》の狭きも不自由となり、屋宅の普請《ふしん》はじめて落成すれば、宴席を開かざるもまた不都合なり。鰻飯《うなぎめし》は西洋料理の媒妁《ばいしやく》となり、(3) 西洋料理は金の時計の手引きとなり、これよりかれに移り、一より十に進み、一進また一進、段々限りあることなし。この趣を見れば、一家の内には主人なきがごとく、一身の内には精神なきがごとく、物よく人をして物を求めしめ、主人は品物の支配を受けて、これに奴隷使《どれいし》せらるるものといふべし。

注

（1）酒のために人間の性根《しょうね》が支配される。（2）刻み煙草を入れる小さい袋。一種の装身具として着物との釣り合いが考慮された。（3）鰻飯を食べたのが次に西洋料理を食べる仲立ちとなる。

他人の物に心を役せらるるなかれ

なほこれよりはなはだしきものあり。前の例は品物の支配を受くる者なりといへども、その品物は自家の物なれば、一身一家の内にて奴隷の堺界《かいかい》(1)に《を》居るまでのことなれども、ここにまた他人の物に使役せらるる(2)の例あり。かの人がこの洋服を作りたるゆゑ我もこれを作るといひ、隣に二階の家を建てたるがゆゑに我は三階を建つるといひ、朋友《ほういう》の品物はわが買ひ物の見本となり、同僚の噂咄《うはさばなし》はわが注文書の腹稿となり(3)、色の黒き大の男が、節《ふし》くれ立ちたるその指に、金の指輪はちと不似合ひと自分も心に知りながら、これも西洋人の風なりとて、無理に了簡《れうけん》を取り直して銭を奮発し、極暑《ごくしよ》の晩景、(4)浴後には浴衣《ゆかた》に団扇《うちは》と思へども、西洋人のまねなれば、我慢を張つて筒《つつ》袖《そで》(5)に汗を流し、ひたすら他人の好尚(6)に同じからんことを心配するのみ。他人の好尚に同じうするはなほかつ許すべし。その笑ふべきの極度に至りては、他人の物を誤り認め、隣の細君が御召縮緬《おめしちりめん》(7)に純金の簪《かんざし》をと聞きて、大いに心を悩まし、急に我もと注文して、後によくよく吟味《ぎんみ》すれば、あに計らんや、隣家の品は綿《めん》縮緬(8)に鍍金《めつき》なりしとぞ。かくのごときは、すなはちわが本心を支配するものは、自分の物にあらず、また他人の物にもあらず、煙のごとき夢中の妄想に制せられて、一身一家の世帯《せたい》は妄想の往来に任ずるもの(9)といふべし。精神独立のありさまとは多少の距離あるべし。その距離の遠近は、銘々にて測量すべきものなり。

　かかる夢中の世渡りに心を労し、身を役《えき》し、一年千円の歳入も、一月百円の月給も、遣《つか》ひはたしてその跡を見ず、不幸にして家産歳入の路《みち》を失ふか、または月給の縁に離るることあれば、気抜けのごとく、間抜《まぬ》けのごとく、家に残るものは無用の雑《ざふ》(11)物《もつ》、身に残るものは奢侈《しやし》の習慣のみ。憐《あは》れといふもなほおろかならずや(10)。産を立つるは一身の独立を求むるの基《もとゐ》なりとて心身を労しながら、その家産を処置するの際(12)に、かへつて家産のために制せられて、独立の精神を失ひ尽くすとは、まさにこれを求むるの術をもつてこれを失ふものなり。(13)余輩あへて守銭奴《しゆせんど》(14)の行状を称誉するにあらざれども、ただ銭を用ふるの法を工夫《くふう》し、銭を制して銭に制せられず、毫《がう》も精神の独立を害することなからんを欲するのみ。

注

(1)「堺」も「界」も「さかい」であるが、見当たらぬ熟字である。おそらく「境界」(キョウガイ)の誤りであろう。境遇。(2)他人の所持品に心を支配される。(3)出入りの店に注文する品書きの腹案となる。(4)夕方。(5)セビロの上着。(6)趣味。(7)上等の縮緬。貴人が着たことからの名。単に御召とも言う。(8)生糸を縦に、綿糸を横糸にしたまがいの縮緬。(9)自分の生計が夢のような幻想のまにまに支配される。(10)気の毒と言ってもまだ言い足らぬくらいだ。愚かではなく、おろそか、の意。(11)財産をつくる。(12)財産を運用する。(13)「これ」は独立をさす。生活の独立を求める手段(すなわち金)のために、精神の独立を失ったものだ。(14)金銭万能主義者。

心事と働きと相当すべきの論(1)

言行一致の困難

議論と実業(2)と両《ふたつ》ながらその宜《よろ》しきを得ざるべからずとのことは、普《あまね》く人のいふところなれども、このいふところなるものもまたただ議論となるのみにして、(3)これを実地に行なふ者ははなはだ少なし。そもそも議論とは、心に思ふところを言に発し、書に記《しる》すものなり。あるいは未《いま》だ言と書に発せざれば、これをその人の心事といひ、またはその人の志といふ。ゆゑに議論は外物に縁なきものといふも可なり。(畢)必竟内に存するものなり、自由なるものなり、制限なきものなり。実業とは、心に思ふところを外にあらはし、外物に接して処置を施すことなり。ゆゑに実業には必ず制限なきを得ず。外物に制せられて、自由なるを得ざるものなり。古人がこの両様を区別するには、あるいは言《げん》と行《かう》といひ、あるいは志《こころざし》と功《こう》(4)といへり。また今日俗間にていふところの説(5)と働きなるものも、すなはちこれなり。

言行齟齬《そご》するとは、議論に言ふところと実地に行なふところと一様ならずといふことなり。「功に食《は》ましめて、志に食ましめず(6)」とは、「実地の仕事次第によりてこそ物をも与ふべけれ、その心になんと思ふとも、形もなき人の心事をば賞すべからず」との義なり。また俗間に、「某《なにがし》の説はともかくも、元来働きのなき人物なり(7)」とて、これを軽蔑《けいべつ》することあり。いづれも議論と実業と相当せざるを咎《とが》めたるものならん。

さればこの議論と実業とは、寸分も相齟齬せざるやう、まさしく平均せざるべからざるものなり。今初学の人の了解に便ならしめんがため、人の心事と働きといふ二語を用ひて、その互ひに相助けて平均をなし、もつて人間の益を致す所以《ゆゑん》と、この平均を失ふよりして生ずるところの弊害を論ずること左《さ》のごとし。

注

(1) 人間のアイディアと実行とは伴わなければならない、という論。(2) 実行。商工業の意ではない。(3) そういう主張自体、やはり口先だけの議論にとどまる。(4) 事功。事業。(5) 自説。意見。(6) その人の実績には食禄(ほうび)を与えるが、アイディアだけでは与えない。孟子と門人彭更との問答中に見える語(『孟子』「滕文公下」)。(7) だれそれは、その意見はともあれ、実行力のない人だ。

行動活潑にして識見乏しき弊

第一　人の働きには、大小軽重の別あり。芝居《しばゐ》も人の働きなり、学問も人の働きなり。人力車を挽《ひ》くも、蒸気船を運用するも、鍬《くは》を執《と》りて農業するも、筆を揮《ふる》ひて著述するも、等《ひと》しく人の働きなれども、役者たるを好まずして学者たるを勤《つと》め(1)、車挽きの仲間に入らずして航海の術を学び、百姓の仕事を不満足なりとして著書の業に従事するがごときは、働きの大小軽重を弁別し、軽小を捨てて重大に従ふものなり。人間の美事《びじ》といふべし。しかりしかうして、そのこれを弁別せしむるものは何ぞや。本人の心なり、また志なり。かかる心志ある人を名づけて心事高尚なる人物といふ。ゆゑにいはく、人の心事は高尚ならざるべからず。心事高尚ならざれば、働きもまた高尚なるを得ざるなり。

第二　人の働きは、その難易《なんい》に拘《かか》はらずして、用をなすの大なるものと小なるものとあり。(2)囲碁《ゐご》、将棋《しやうぎ》等の技芸も易《やす》きことにあらず。これらの技芸を研究して工風《くふう》(3)を運《めぐ》らすの難きは、天文・地理・器械・数学等の諸件に異ならずといへども、その用をなすの大小に至りては、もとより同日の論にあらず。今この有用無用を明察して、有用の方に就《つ》かしむるものは、(4)すなはち心事の明らかなる人物なり。ゆゑにいはく、心事明らかならざれば、人の働きをしていたづらに労して功なからしむることあり。

第三　人の働きには、規則(5)なかるべからず。その働きをなすに場所と時節とを察せざるべからず。たとへば道徳の説法はありがたきものなれども、宴楽《えんらく》(6)の最中に突然とこれを唱ふれば、いたづらに人の嘲《あざけ》りを取るに足るのみ。書生の激論も時にはおもしろからざるにあらずといへども、親戚児女《しんせきじぢよし》子団座の席に(7)これを聞けば、発狂人といはざるを得ず。この場所柄と時節柄とを弁別して規則あらしむるは、すなはち心事の明《めい》なるものなり。人の働きのみ活溌《くわつぱつ》にして明智なきは、蒸気に機関なきがごとく、(8)船に楫《かぢ》なきがごとし。ただに益をなさざるのみならず、かへつて害を致すこと多し。

注

（1）当時は芝居を卑俗視していたから、こう言った。（2）人の仕事の難易は、必ずしも仕事の功用の大小とは対応せぬ、という意であるが、主として、その働きは困難にもかかわらず、実益の小さい仕事がある点を指摘した。（3）工夫の当て字。（4）「有用の方に就くものは」でないと、文法上ととのわない。（5）制限。わく。（6）学生の討論。（7）親類や女子どもの団欒《だんらん》の席で。（8）蒸気にエンジンがなければ動力の用をなさないように、人間もエネルギーばかり盛んで、これを調節する理性がなければ役に立たない。

識見高くして行動不活潑なる弊

第四　前の条々は、人に働きありて心事の不行き届きなる弊害なれども、今これに反し、心事のみ高尚遠大にして、事実の働きなきも、またはなはだ不都合なるものなり。心事高大にして働きに乏《とぼ》しき者は、常に不平を抱《いだ》かざるを得ず。世間のありさまを通覧して仕事を求むるに当たり、己《おの》れが手に叶《かな》ふ事は、悉皆《しつかい》己れが心事より以下の事なれば、これに従事するを好まず。さりとて己れが心事を逞《たくま》しうせんとするには、実の働きに乏しくして、事に当たるべからず。ここにおいてか、その罪を己れに責めずして、他を咎《とが》め、あるいは「時に遇《あ》はず」といひ、あるいは「天命至らず」といひ、あたかも天地の間になすべき仕事なきもののごとくに思ひ込み、ただ退きてひそかに煩悶《はんもん》するのみ。口に怨言《ゑんげん》を発し、面《おもて》に不平をあらはし、身外みな敵のごとく、天下みな不深切(1)なるがごとし。その心中を形容すれば、かつて人に金を貸さずして返金の遅きを怨《うら》む者といふも可なり。儒者は己れを知る者なきを憂《うれ》ひ(2)、書生は己れを助くる者なきを憂ひ、役人は立身の手掛かりなきを憂ひ、町人は商売の繁昌せざるを憂ひ、廃藩の士族(3)は活計《くわつけい》の路《みち》なきを憂ひ、非役《ひやく》の華族(4)は己れを敬する者なきを憂ひ、朝々暮々《てうてうぼぼ》憂ひありて、楽しみあることなし。今日世間にこの類の不平はなはだ多きを覚ふ《（ゆ）》。その証を得んと欲せば、日常交際の間によく人の顔色《がんしよく》を窺《うかが》ひ見て知るべし。言語・容貌活潑にして、胸中の快楽外《そと》に溢《あふ》るるがごとき者は、世上にその人ははなはだ稀《まれ》なるべし。余輩の実験(5)にては、常に人の憂ふるを見て悦《よろこ》ぶを見ず。その面《つら》を借用したらば、不幸の見舞ひ(6)などに至極よろしからんと思はるるものこそ多けれ。気の毒千万なるありさまならずや。もしこれらの人をしておのおのその働きの分限に従つて勤むることあらしめなば、おのづから活潑為事《ゐじ》の楽地(7)を得て、次第に事業の進歩をなし、つひには心事と働きと相平均するの場合(8)にも至るべきはずなるに、かつてここに心付かず、働きの位は一に居《を》り、心事の位は十に止《とど》まり(9)、一に居《ゐ》て十を望み、十に居て百を求め、これを求めて得ずして、いたづらに憂ひを買ふ者といふべし。これをたとへば、石の地蔵に飛脚の魂を入れたる(10)がごとく、中風《ちゆうぶ》の患者に神経の穎敏《えいびん》を増したるがごとし(11)。その不平不如意は推《お》して知るべきなり。

また心事高尚にして働きに乏しき者は、人に厭《いと》はれて孤立することあり。己《おの》れが働きと他人の働きとを比較すれば、もとより及ぶべきにあらざれども、己れが心事をもつて他の働きを見れば、これに満足すべからずして、自《みづか》らひそかに軽蔑《けいべつ》の念なきを得ず。みだりに人を軽蔑する者は、必ずまた人の軽蔑を免《まぬか》るべからず。互ひに相不平を抱《いだ》き、互ひに相蔑視《べつし》して、つひには変人奇物の嘲《あざけ》りを取り、世間に歯《よはひ》すべからざるに至るものなり(12)。今日世のありさまを見るに、あるいは傲慢不《がうまんふ》遜《そん》(13)にして人に厭はるる者あり、あるいは人に勝つことを欲して人に厭はるる者あり、あるいは人に多《た》を求めて人に厭はるる者あり、あるいは人を誹謗《ひばう》して人に厭はるる者あり。いづれもみな人に対して比較するところを失ひ、己れが高尚なる心事をもつて標的となし、これに照らすに他の働きをもつてして、その際に恍惚《くわうこつ》たる想像を造《つく》り、もつて人に厭はるるの端《たん》を開き(14)、つひに自ら人を避けて、独歩孤立の苦界《くがい》に陥《おちい》る者なり。

試みに告ぐ、後進の少年輩、人の仕事を見て心に不満足なりと思はば、自らその事を執《と》りて(15)、これを試むべし。人の商売を見て拙なりと思はば、自らその商売に当たりてこれを試むべし。隣家の世帯《せたい》を見て不取り締まりと思はば、自らこれを自家に試むべし。人の著書を評せんと欲せば、自ら筆を執りて書を著はすべし。学者を評せんと欲せば、学者たるべし。医者を評せんと欲せば、医者たるべし。至大のことより至細のことに至るまで、他人の働きに喙《くちばし》を入れんと欲せば、試みに身をその働きの地位に置きて、躬《み》みづから顧みざるべからず。あるいは職業の全く相異《あひこと》なるものあらば、よくその働きの難易軽重を計《はか》り、異類の仕事にても、ただ働きと働きとをもつて自他の比較をなさば、大なる謬《あやま》りなかるべし。(16)

（明治九年八月出版）

注

（1）不親切に同じ。（2）『論語』（「学而」）「子曰ク、人ノ己レヲ知ラザルヲ患《ウレ》ヘズ、人ヲ知ラザルヲ患フ」の逆を言った。（3）明治の廃藩で禄を失った士族。（4）昔の大名・公卿で明治の華族になっても、新政府の役職に就けなかった者。（5）経験。（6）おくやみに行く。（7）活発に仕事のできる楽しい世界。（8）本来の高尚な理想と活発な実行力とが一致する。（9）腕のほうはわずかに第一段階にあり、頭だけが十段目まで進んでいる。（10）からだは動けぬのに、精神だけが駆けまわる。「飛脚」は昔の手紙や荷物の配達人。（11）脳出血でからだのきかぬ病人が、神経だけ過敏になったようなもの。「穎」はさとい（利口）、の意だから、ここは「鋭敏」のほうが妥当であろう。（12）世間に仲間入りできなくなるものだ。（13）威張って無礼なこと。（14）人と自分とを比較する標準を誤り、自分の実行力はたなにあげて、いたずらに高遠な理想を標準にして、それと他人の実績を照らし合わせ、そこに実現不可能なビジョンを描き出して、人からきらわれる原因となる。（15）その仕事を引き受けて。（16）それがたとい自分の職業とは全然違った仕事でも、自分の職業上の実績と相手の成績とを比較するならば、大きな間違いはないだろう。

学問のすゝめ　第十七編

人望論(1)

信用こそ人生の第一義

十人の見るところ、百人の指《ゆびさ》すところにて、(2)「何某《なにがし》は慥《たし》かなる人なり、たのもしき人物なり。この始末を託しても、(3)必ず間違ひなからん。この仕事を任しても、必ず成《じやう》就《じゆ》することならん」と、あらかじめその人柄を当てにして、世上一般より望みを掛けらるる人を称して、人望を得《う》る人物といふ。およそ人間世界に人望の大小軽重はあれども、かりそめにも人に当てにせらるる人にあらざれば、なんの用にも立たぬものなり。その小なるをいへば、十銭の銭を持たせて町使ひに遣《や》る者も、十銭だけの人望ありて、十銭だけは人に当てにせらるる人物なり。十銭より一円、一円より千円万円、(4)つひには幾百万円の元金を集めたる銀行の支配人となり、または一府一省の長官となりて、ただに金銭を預かるのみならず、人民の便不便を預かり、その貧富を預かり、その栄辱《えいじよく》をも預かることあるものなれば、かかる大任に当たる者は、必ず平生《へいぜい》より人望を得て、人に当てにせらるる人にあらざれば、とても事をなすことは叶《かな》ひ難し。人を当てにせざるは、その人を疑へばなり。人を疑へば際限もあらず。目付《めつけ》(5)に目を付くるがために目付を置き、監察(6)を監察するがために監察を命じ、結局なんの取り締まりにもならずして、いたづらに人の気配《けはひ》を損じたるの奇談(7)は、古今にその例はなはだ多し。また三井・大丸《だいまる》(8)の品は正札《しやうふだ》にて大丈夫なりとて、品柄をも改めずして(9)これを買ひ、馬琴《ばきん》(10)の作なれば必ずおもしろしとて、表題ばかりを聞きて注文する者多し。ゆゑに三井・大丸の店はますます繁昌し、馬琴の著書はますます流行して、商売にも著述にもはなはだ都合よきことあり。人望を得るの大切なること、もつて知るべし。

十六貫目の力量ある者へ十六貫目の物を負はせ、千円の身代《しんだい》ある者へ千円の金を貸すべしといふときは、人望も栄名も無用に属し、ただ実物を当てにして事をなすべきやうなれども(11)、世の中の人事は、かく簡易にして淡白なるものにあらず(12)。十貫目の力量なき者も、坐《ざ》して数百万貫の物を動かすべし。千円の身代なき者も、数十万の金を運用すべし。試みに今、富豪の聞こえある商人の帳場《ちやうば》(13)に飛び込み、一時に諸帳面の精算をなさば、出入り差し引きして、幾百幾千円の不足する者あらん。この不足は、すなはち身代の零点より以下の不足なるゆゑ、無一銭の乞食《こじき》に劣ること幾百幾千なれども、世人のこれを視《み》ること乞食のごとくせざるは何ぞや。他《た》なし、この商人に人望あればなり。されば人望は、もとより力量(14)によりて得べきものにあらず、また身代の富豪なるのみによりて得べきものにもあらず。ただその人の活潑なる才智の働きと、正直なる本心(15)の徳義とをもつて、次第に積んで得べきものなり。

注

（1）人間には人望（世間の信用）が大切で、それにはわが真価を人に知らせねばならず、したがって社交が必要だということを論じた。第十二編「演説の法を勧むるの説」・第十三編「怨望の人間に害あるを論ず」・第十六編「心事と働きと相当すべきの論」等の一部と類似する点もあるが、著者の積極的で明朗な性格をよく示す編である。（2）衆人の観察と批評によって。（3）この処置を任せても。（4）府も役所。総督府の類。（5）武家時代に諸役人の不正を監視した役。（6）目付にほぼ同じ。中国は特に監察制度が発達していた。（7）相手の気を悪くしたというような馬鹿な話。（8）江戸時代以来の大呉服店。今日の百貨店三越・大丸の前身。（9）品質を吟味もせずに。（10）一七六七年～一八四八年。江戸末期の小説家。明治中期以後、評価が下落したが、それ以前は文壇の第一人者とされた。代表作は『南総里見八犬伝』など。（11）相手の実力や現物を目当てにして事は足りるようだが。（12）それほど単純であっさりしたものではない。（13）勘定場。（14）肉体力。（15）良心。conscience を当時「至誠の本心」「正直なる本心」等と訳した。（一一八頁参照）。

藪医者の玄関

人望は智徳に属すること当然の道理にして、必ずしかるべきはずなれども、[1] 天下古今の事実において、あるいはその反対を見ること少なからず。藪《やぶ》医者が玄関を広大にして[2]盛んに流行し、売薬師が看版《かんばん》を金《きん》にして[3]大いに売り弘《ひろ》め、山師[4]の帳場に空虚なる金箱《かねばこ》[5]を据《す》ゑ、学者の書斎に読めぬ原書を飾り、人力車中に新聞紙を読みて、宅に帰りて午睡《ごすゐ》を催す[6]者あり、日曜日の午後に礼拝《れいはい》堂に泣きて、月曜日の朝に夫婦喧嘩《げんくわ》する者[7]あり。滔々《たうたう》たる天下、真偽雑駁《ざつぱく》、善悪混同、いづれを是とし、いづれを非とすべきや。[8]はなはだしきに至りては、人望の属するを見て、本人の不智不徳を卜《ぼく》すべき者なきにあらず。[9]ここにおいてか、やや見識高き士君子は、世間に栄誉を求めず、あるいはこれを浮世《うきよ》の虚名なりとして、ことさらに避くる者あるも、また無理ならぬことなり。士君子の心掛けにおいて称すべき一箇条といふべし。

注

(1) 必ず人望と智徳とは比例すべきはずだが。 (2) ことわざに「藪医者（または山師）の玄関」と言う。 (3) 昔の薬屋の店先には金文字の大看板がかけてあった。「看版」は看板。 (4) 原義は鉱山業者。転じて見せかけで人を欺く者。 (5) 金庫。 (6) 当時の新聞は知識層相手の高級なものだったから、人力車上で新聞をひろげるのは、学のある多忙な紳士ぶるジェスチャーで、家に帰れば疲れて昼寝せざるを得ぬ。（7）新しがってクリスチャンになった男女への諷刺。礼拝堂は学校等に付属のチャペルを言うが、ここは教会も含めた。「泣く」は感涙を流す。（8）広い天下を見渡すと、本物とにせ物、よい者と悪い者が雑然と入り混じって、見分けもつかぬ。（9）人望が高いのを見て、かえって本人のインチキを判断できる場合さえないではない。

自己の正味を人に知らしむべし

しかりといへども、およそ世の事物につき、その極度の一方のみ(1)を論ずれば、弊害《へいがい》あらざるものなし。かの士君子が世間の栄誉を求めざるは大いに称すべきに似《に》たれども、そのこれを求むると求めざるとを決するの前に、まづ栄誉の性質を詳《つまび》らかにせざるべからず。その栄誉なるもの、はたして虚名の極度(2)にして、医者の玄関・売薬の看《かん》版《ばん》のごとくならば、もとよりこれを遠ざけ、これを避くべきは論をまたずといへども、また一方より見れば、社会(3)の人事は悉皆《しつかい》虚をもつて成るものにあらず。人の智徳はなほ花樹のごとく、その栄誉人望はなほ花のごとし。花樹を培養《ばいやう》して花を開くに、なんぞことさらにこれを避くることをせんや。栄誉の性質を詳らかにせずして、概して(4)これを投棄せんとするは、花を払ひて樹木の所在を隠すがごとし。これを隠してその功用を増すにあらず、あたかも活物《くわつぶつ》を死用するに異ならず。世間のためを謀《はか》りて(5)、不便利の大なるものといふべし。

しからばすなはち栄誉人望はこれを求むべきものか。いはく、しかり、勉《つと》めてこれを求めざるべからず。ただこれを求むるに当たりて、分《ぶん》に適すること(6)緊要なるのみ。心身の働きをもつて世間の人望を収むるは、米をはかりて人に渡すがごとし。升取《ますと》り(7)の巧みなる者は、一斗の米を一斗三合に計り出し(8)、その拙なる者は、九升七合にはかり込むことあり。余輩のいはゆる分に適するとは、計り出しもなく、また計り込みもなく、正《まさ》に一斗の米を一斗に計ることなり。升取りには巧拙《かうせつ》あるも、これによりて生ずるところの差は僅《わづ》かに内外《ないぐわい》の二、三分《ぶ》なれども(9)、才徳の働きを升取りするに至りては(10)、その差決して三分に止《とど》まるべからず。巧みなるは正味《しやうみ》の二倍三倍にも計り出し、拙なるは半分にも計り込む者あらん。この計り出しの法外なる者は、世間に法外なる妨げをなして、もとより悪《にく》むべきなれども、しばらくこれを擱《お》き、今ここには正味の働きを計り込む人のために、少しく論ずるところあらんとす。

注

(1) 極端な場合ばかり。 (2) 極端な虚名。 (3) 本書中「社会」の語はこれが初出。これ以前は「人間交際」「交際」であった。 (4) ひとからげに。 (5) 世間の利益を考えても。 (6) 身分相応。 (7) 升の取り扱い。 (8) 量目より多く見せる。「計り込み」はその反対。 (9) プラスにせよマイナスにせよ、二、三パーセントの差にすぎないけれども。 (10) 自己の才徳を人に示す場合には。

弁舌を学ぶこと

孔子のいはく、「君子は人の己《おの》れを知らざるを憂ひず、人を知らざるを憂ふ(1)」と。この教へは、当時世間に流行する弊害を矯《た》めんとして述べたる言ならんといへども、後世無気無力の腐儒《ふじゅ》(2)は、この言葉を真《ま》ともに受けて、引っ込み思案にのみ心を凝《こ》らし、その悪弊やうやく増長して、つひには奇物変人、無言無情、笑ふことも知らず、泣くことも知らざる木の切れのごとき男を崇《あが》めて(3)、奥ゆかしき先生なぞと称するに至りしは、人間世界の一奇談なり。今この陋《いや》しき習俗を脱して、活潑《くわつぱつ》なる境界《きやうがい》に入り、多くの事物に接し、博《ひろ》く世人に交はり、人をも知り、己れをも知られ、一身に持ち(4)前正味の働きを逞《たくま》しうして、自分のためにし、兼《か》ねて世のためにせんとするには、

第一　言語を学ばざるべからず。文字に記《しる》して意を通ずるは、もとより有力なるものにして、文通または著述等の心掛けも等閑《とうかん》にすべからざるは(5)無論なれども、近く人に接して、直ちにわが思ふところを人に知らしむるには、言葉の外《ほか》に有力なるものなし。ゆゑに言葉は、なるたけ流暢《りうちやう》にして活潑ならざるべからず。近来世上に演説会の設けあり。この演説にて有益なる事柄を聞くはもとより利益なれども、この外(6)に言

葉の流暢活潑を得《う》るの利益は、演説者も聴聞《ちやうもん》者もともにするところなり。また今日不弁なる人(7)の言を聞くに、その言葉の数ははなはだ少なくして、いかにも不自由なるがごとし。たとへば学校の教師が、訳書の講義なぞするときに、「円《まる》き水晶の玉」とあれば、分かり切つたることと思ふゆゑか、少しも弁解(8)をなさず、ただむづかしき顔をして子供を睨《にら》み付け、「円き水晶の玉」といふばかりなれども、もしこの教師が言葉に富みて、いひまはしのよき人物にして、「円きとは角《かど》の取れて団子《だんご》のやうなといふこと、水晶とは山から掘り出すガラスのやうな物で、甲州(9)なぞから幾らも出ます。この水晶で拵《こしら》へたごろごろする団子のやうな玉」と解き聞かせたらば、婦人にも子供にも腹の底からよく分かるべきはずなるに、用ひて不自由なき言葉を用ひずして不自由するは、必竟(畢)演説を学ばざるの罪なり。あるいは書生が、「日本の言語は不便利にして、文章も演説もできぬゆゑ、英語を使ひ、英文を用ふる」なぞと、取るにも足らぬ馬鹿《ばか》をいふ者あり(10)。按《あん》ずるにこの書生は、日本に生まれて未《いま》だ十分に日本語を用ひたることなき男ならん。国の言葉は、その国に事物の繁多《はんた》なる割合(11)に従ひて、次第に増加し、毫《がう》も不自由なきはずのものなり。なにはさておき、今の日本人は、今の日本語を巧みに用ひて、弁舌の上達せんことを勉《つと》むべきなり。

注

（1）第十六編の注参照（二三七頁）。すぐれた人物は、他人が自己を認めぬのを憂えないが、他のすぐれた人物を見のがすのを恐れる。（2）平凡な儒者。（3）「木の切れのごとき男となれり。その男を崇めて」を簡単に表現した。（4）「一身に持つ持ち前」の簡略な表現。（5）なおざりにできぬ。（6）演説の内容から利益を受けるほかに。（7）弁舌のまずい人。（8）説明。（9）山梨県。（10）明治初年、森有礼が日本語をやめて英語を国語にしようと唱えたり、明六社の人々が、日本語は演説に向かぬと主張したりしたことがある。（11）版本により「書物の繁多なる割合」とあるのは誤り。

顔色容貌を快活にすること

第二　顔色《がんしょく》容貌を快《こころよ》くして、一見、直ちに人に厭《いと》はるることなきを要す。肩を聳《そび》やかして諂《へつら》ひ笑ひ、(1)巧言令色、(2)太鼓《たいこ》持ちの媚《こ》びを献ずる(3)がごとくするは、もとより厭ふべしといへども、苦虫を嚙《か》み潰《つぶ》して、熊《くま》の胆《い》(4)を啜《すす》りたるがごとく、黙して誉《ほ》められて、笑ひて損をしたるがごとく、終歳胸痛を患《うれ》ふるがごとく、生涯父母の喪《も》に居《ゐ》る(5)がごとくなるも、またはなはだ厭ふべし。顔色容貌の活潑愉快なるは、人の徳義の一箇条にして、人間交際(6)において最も大切なるものなり。人の顔色は、なほ家の門戸《もんこ》のごとし。広く人に交はりて客来を自由にせんには、まづ門戸を開きて入口を洒掃《さいそう》(7)し、とにかくに寄りつきをよくするこそ緊要《きんえう》なれ。しかるに今、人に交はらんとして、顔色を和するに意を用ひざるのみならず、かへつて偽君子を学んで、ことさらに渋き風を示すは、戸の入口に骸骨《がいこつ》をぶら下げて、門の前に棺桶《くわんをけ》を安置するがごとし。誰かこれに近づく者あらんや。世界中にフランスを文明の源といひ、智識分布の中心[8]と称するも、その由縁を尋ぬれば、国民の挙動常に活潑気軽《きがる》にして、言語・容貌ともに親しむべく、近づくべきの気風あるをもつて源因の一箇条となせり。

人あるいはいはん、「言語・容貌は人々の天性に存するものなれば、勉めてこれをいかんともすべからず[9]。これを論ずるも、詰まるところは無益に属するのみ」と。この言あるいは是《ぜ》なるがごとくなれども、人智発育の理を考へなば、その当たらざるを知るべし。およそ人心の働き、これを進めて進まざるものあることなし。その趣は、人身の手足を役《えき》して、その筋を強くするに異ならず。されば言語・容貌も、人の心身の働きなれば、これを放却《はうきやく》して上達するの理あるべからず。しかるに古来日本国中の習慣において、この大切なる心身の働きを捨てて顧みる者なきは、大なる心得違ひにあらずや。ゆゑに余輩の望むところは、改めて今日より言語・容貌の学問といふにはあらざれども、この働きを人の徳義の一箇条として、等閑《とうかん》にすることなく、常に心に留《とど》めて忘れざらんことを欲するのみ。

注
（1）からだをすくめてお世辞笑いをする。『孟子』（「滕文公」下）の「脅レ肩諂笑」が出典で、「脅」を通常「そびやかし」とよんでいるが、「肩をすくめ」とよむ説もあり、そのほうがわかりやすい。（2）言葉を飾り、愛想のいい顔つきをすること。『論語』（「学而」）「巧言令色鮮《スク》ナイカナ仁」。（3）幇間《ほうかん》（酒席を取りもつ芸人）が客のきげんを取る。（4）熊の胆嚢《たんのう》を乾かした健胃剤で、すこぶる苦い。（5）一生父母の死をとぶろうて家で謹慎する。（6）世間づきあい。ソサイティの場合は、著者はもはや「社会」と書くようになった。（7）掃除。「洒」は水をそそぐ。（8）知識を広める中心地。世界の社交場。（9）努力したからとてどうなるものではない。

虚飾は交際の本色にあらず

ある人またいはく、「容貌を快くするとは、表《おもて》を飾ることなり。表を飾るをもつて人間交際の要となすときは、ただに容貌顔色のみならず、衣服も飾り、飲食も飾り、気に叶《かな》はぬ客をも招待して、身分不相応の馳走《ちそう》するなぞ、全く虚飾をもつて人に交はるの弊あらん」(1)と。この言もまた一理あるがごとくなれども、虚飾は交際の弊にして、その本色にあらず。事物の弊害は、ややもすればその本色に反対するもの多し。「過ぎたるはなほ及ばざるがごとし」(2)とは、すなはち弊害と本色と相反対するを評したる語なり。たとへば食物の要は、身体を養ふにありといへども、これを過食すれば、かへつてその栄養を害するがごとし。栄養は食物の本色なり、過食はその弊害なり。弊害と本色と相反対するものといふべし。されば人間交際の要も、和して真率《しんそつ》なる(3)にあるのみ。その虚飾に流るるものは、決して交際の本色にあらず。およそ世の中に、夫婦・親子より親しき者はあらず。これを天下の至《し》親《しん》(4)と称す。しかうしてこの至親の間を支配するは何物なるや、ただ和して真率なる丹心あるのみ。表面の虚飾を却《しりぞ》け、またこれを掃《はら》ひ、これを却掃し尽くして、はじめて至親の存するものを見るべし。しからばすなはち交際の親睦《しんぼく》は、真率の中《うち》に存して、虚飾と並び立つべからざるものなり。余輩もとより今の人民に向かひて、その交際、親子・夫婦のごとくならんことを望むにあらざれども、ただその赴《おもむ》くべきの方向を示すのみ。今日俗間《ぞくかん》の言に人を評して、あの人は気軽な人といひ、気のおけぬ人といひ、遠慮なき人といひ、さつぱりした人といひ、男らしき人といひ、あるいは、多言なれども程《ほど》のよき人(5)といひ、騒々《さうざう》しけれどもにくからぬ人といひ、無言なれども親切らしき人といひ、こはいやうなれどもあつさりした人といふがごときは(6)、あたかも家族交際のありさまを表《あら》はし出して、和して真率なるを称したるものなり。

注

(1) 本質。 (2) 『論語』(「先進」)にある孔子の語。 (3) 仲よくして飾りけがない。「真率」は率直。

(4) まごころ。 (5) 調子のいい人。 (6) 身内同然の親しさを丸出しにし、うちとけて飾り気のない人間を言ったものだ。

交際を広く求むること

第三 「道同じからざれば、相与《あひとも》に謀《はか》らず(1)」と。世人またこの教へを誤解して、学者は学者、医者は医者、少しくその業《げふ》を異にすれば、相近づくことなし。同塾同窓の懇意にても、塾を巣立ちしたる後に、一人が町人となり、一人が役人となれば、千里隔絶、呉越《ごゑつ》の観をなす者なきにあらず(2)。はなはだしき無分別なり。人に交はらんとするには、ただに旧友を忘れざるのみならず、兼ねてまた新友を求めざるべからず。人類相接せざれば、互ひにその意を尽くすこと(3)あたはず。意を尽くすことあたはざれば、その人物を知るに由《よし》なし。試みに思へ、世間の士君子、一旦《たん》の偶然に人に遭《あ》うて、生涯の親友たる者あるにあらずや。十人に遭うて一人の偶然に当たらば(4)、二十人に接して二人の偶然を得《う》べし。人を知り人に知らるるの始源は、多くこの辺にあつて存するものなり(5)。人望栄名なぞの話はしばらく擱《お》き(6)、今日《こんにち》世間に知己朋友《ほういう》の多きは、差し向きの便利(7)にあらずや。先年宮の渡し(8)に同船したる人を、今日《けふ》銀座の往来に見掛けて、双方図《はか》らず便利を得《う》ることあり。今年《ことし》出入りの八百屋《やほや》が、来年奥州街道《あうしうかいだう》の旅籠《はたご》屋《や》にて、腹痛《ふくつう》の介抱《かいはう》してくれることもあらん。(9) 人類多しといへども、鬼《おに》にもあらず、蛇《じゃ》にもあらず、ことさらに我を害せんとする悪敵はなきものなり。恐れ憚《はばか》るところなく、心事を丸出しにして、颯々《さつさ》と応接すべし。(10) ゆゑに交はりを広くするの要は、この心事をなるたけたくさんにして、(11) 多芸多能、一色《いつしよく》に偏《へん》せず、さまざまの方向に由《よ》りて人に接するにあり。あるいは学問をもつて接し、あるいは商売に由りて交はり、あるいは書画の友あり、あるいは碁・将棋の相手あり、およそ遊冶放蕩《いうやはうたう》の悪事にあらざるより以上のことなれば、友を会するの方便たらざるものなし。(12) あるいは極《きは》めて芸能なき者ならば、ともに会食するもよし、茶を飲むもよし。なほ下《くだ》りて筋骨の丈夫なる者は、腕押し(13)・枕引き(14)・足角力《あしずまう》も、(15) 席の興(16)として交際の一助たるべし。腕押しと学問とは、道同じからずして、相与《あひとも》に謀《はか》るべからざるやうなれども、世界の土地は広く、人間の交際は繁多にして、三、五尾《び》の鮒《ふな》が井中《せいちゆう》に日月《じつげつ》を消《せう》するとは少しく趣を異にするものなり。人にして人を毛嫌《けぎら》ひするなかれ。(17)

（明治九年十一月出版）

注

（1）『論語』（「衛霊公」）「子曰ク、道同ジカラザレバ、相為《タメ》ニ謀ラズ」。主義の違う者とは相談してもむだだ。(2)すっかり縁遠くなって、かたき同士のありさまとなる者さえある。呉と越は古代中国の敵対国。(3)十分了解し合う。(4)十人に出あって、偶然ひとりの親友が得られるなら。(5)「この辺にあるものなり」、または「この辺に存するものなり」に同じ。(6)交際を広くすることによって、人望や名誉を高めるなどの問題は別としても。(7)手近な便宜。(8)東海道の宮(名古屋市熱田)から桑名(三重県)に渡る海上連絡船。当時この辺にまだ汽車はなかった。(9)今年から出入りさせた八百屋を供に連れて旅行する際の事件であろう。交通不便の時代の旅行には、荷物持ちを兼ねて、出入りの商人・職人等を連れて行った。「奥州街道」は東北地方への街道。「旅籠屋」は宿屋。(10)腹のなかをさらけ出して、気軽に交際すべきだ。「颯々と」は著者筆癖の当て字で、用例が多い。(11)心を多方面にはたらかせて。(12)下等な遊興づき合いでない限りは、どんなことでも友だちと会合する好手段とならぬものはない。(13)腕ずもう。(14)木枕の両端を指先でつまんで引っぱり合う競技。(15)すわって向かい合い、片足で相手を倒す競技。(16)座興。(17)人間のくせに、同じ人類を毛ぎらいしてはならぬ。

解　説

一　福沢諭吉の生涯

大阪に生まれる

福沢諭吉は天保五年十二月十二日に大阪に生まれた。西洋紀元で言えば一八三五年一月十日にあたる。彼は明治三十四（一九〇一）年二月三日に六十六歳でなくなったので、彼の生涯は明治元（一八六八）年を境に、それ以前が三十三年、それ以後が三十三年と、ちょうど折半された形になる。父は百助《ひゃくすけ》といって、豊前《ぶぜん》中津（今の大分県中津市）の藩士であるが、当時大阪の堂島にあった藩の蔵屋敷（出張所）に勤めていたとき、諭吉が生まれたのである。その生まれた場所は、現在大阪市福島区福島一丁目。堂島川沿いの道路に面して、誕生地の記念碑が建っている。彼は二男三女の末子であった。

中津で育つ

ところが生後一年半で父が病死したので、一家は郷里中津に引きあげたが、武士と言ってもわずか十三石二人扶持《ぶち》という最下級の貧乏士族であったから、その生活は容易ではない。彼は亡父が学識も深く、人格もすぐれたひとかどの学者でありながら、先祖以来の家柄が低いために、思うように志も伸ばせず、不遇に一生を終わったことを嘆き、早くから封建制度の不合理を憤《いきどお》る念を禁じ得なかった。晩年の『福翁自伝』に、「私のために門閥《もんばつ》制度は親のかたきでござる」と言ったゆえんである。彼が母や兄姉とともに住んでいた草ぶきの粗末な旧宅は、現在中津市の所有となり、原型のまま大切に保存されて、その地随一《ずいいち》の文化財になっている。

長崎で蘭学修業

彼は十二、三歳ごろから当時の武士の学問である漢学に励んで、相当の力がついたが、生来反抗心が強いため、いつまでも中津の狭い天地にとどまることに耐え切れず、安政元（一八五四）年、十九歳のとき、ついに意を決して、長崎に蘭学《らんがく》修業におもむいた。ちょうどこの年は、日本が米・英・露とはじめて和親条約を結んで、開国の第一歩を踏み出した年である。時を同じゅうして、わが洋学界の先覚者《せんかくしゃ》が修業の途についたことは、不思議な天の配剤と言うべきであろう。

大阪の緒方洪庵に入門

彼は長崎で苦学しながら、一年ほど蘭学の初歩を学んだが、ある不愉快な事件が起こったため、翌安政二（一八五五）年に去って大阪に行き、日本第一の聞こえの高かった蘭方医《らんぽうい》（オランダ流の医者）緒方洪庵《おがたこうあん》の塾にはいった。福沢は医者になるつもりはなかったが、当時の蘭学者は多くは医者だったので、彼はほかの多くの医学生とともに、医学や理化学等の研究にしたがったのである。洪庵は福沢が一生の恩人と仰いだ学徳の高い名医で、その門下からは、福沢だけでなく、明治の文運に尽くした各界の人材が輩出《はいしゅつ》した。大阪東区北浜の緒方塾（適塾と言う）の建物は、昭和の戦災をも免れ、よく旧態を残して、大阪市内に現存するもっとも重要な史跡に指定されている。

福沢は緒方塾に学ぶこと前後約三年余、ついに塾長（塾の首席）に進んだ。この間の彼の生活やその周囲の空気は、『福翁自伝』のなかにきわめておもしろく描き出されている。彼がその多感な青年期の数年間を経済の中心地大阪で送り、江戸の市民とは違った現実的・合理的で、しかも自主的な大阪町人の気風に親しんだことは、その後の人間形成の点に少なからぬ関係があると思われる。

*

慶応義塾の始まり

たまたま安政五（一八五八）年の秋、江戸の中津藩邸内に蘭学塾が設けられることになったので、福沢は藩主奥平《おくだいら》侯の命により、その教師として江戸に召されることになった。けだし数年前の黒船渡来以来、国防上の見地からも、各藩ともにわかに西洋の知識を取り入れる必要に迫られたためである。

これから福沢の活動舞台は東に移ることになる。時に二十三歳であった。彼は築地鉄砲洲《てっぽうず》の奥平家の中屋敷《なかやしき》内に小さな塾を開いて、藩の若者に蘭学の講義をはじめた。これがのちの慶応義塾であるが、最初はまだ塾名はなかった。この塾が次第に発展して、各地から来学する者が多くなり、十年後の慶応四年（明治元年、一八六八年）に芝の新銭座（今の浜松町駅付近）に移転して、はじめて慶応義塾と称したのである。さらに同四（一八七一）年三田《みた》に移って、現在に及んでいる。最初の鉄砲洲の旧地は、今聖路加《せいるか》病院のあるところで、近年同病院前の路上に、「天は人の上に人を造らず云々」と刻んだりっぱな記念碑が建てられた。

英学に転向

彼が最初学んだ洋学が蘭学であったのは、江戸時代において、洋学と言えば蘭学が唯一のものだったからである。ところが、安政六（一八五九）年、たまたま開港場となったばかりの横浜に遊んだ福沢は、オランダ語がもはや過去のものになりつつあることを体験した。そこで彼は、これからはイギリスやアメリカの学問を修めなければならぬことを悟り、断然、蘭学を捨てて、英学に転向することを決意したのである。ここに世界の動きを見抜く先見の明があったと言えよう。

そのころは、江戸で英語を知る者はほとんどなかったから、彼はようやく一部の英蘭対訳辞書をたよりに、コツコツ独学を続けるよりほかはなかった。しかし、従来蘭学を学ぶ者は、その知識が主として医学や自然科学、およびその応用技術等の範囲に限られていたのに、福沢が英語を通して、次第に英米等の進んだ政治・経済などの知識を得、西洋の社会・人文の諸科学に眼を開かれてきたことは非常な収穫であった。ここに後年の民主主義者・自由主義者福沢諭吉の育まれる契機があったのである。

幕府出仕・三回の洋行

万延元（一八六〇）年、彼はその洋学の力を認められて、幕府の外国方《かた》（現在の外務省にあたる）に召され、外交文書の翻訳《ほんやく》に従事することになった。そうしてその前後にわたって、幕府の遣外使節の一行にしたがって、三度まで欧米に行く機会を得たことは、彼の一生にもっとも重大な意味をもつものであった。すなわち第一回は万延元年一月から五月まで木村摂津守《せっつのかみ》にしたがって渡米し、第二回は文久元（一八六一）年十二月から翌年十二月まで竹内下野守《しもつけのかみ》らの一行に加わって渡欧。第三回は慶応三（一八六七）年一月から六月まで小野友五郎らの渡米使節とともに、再度アメリカを視察して帰った。福沢の洋行はこの幕末の三回だけで、明治になってからは一度も外遊したことはない。

彼の西洋知識は、この若い時代の三回の欧米見学が基礎となったのである。わずか数ヵ月ないし一年の短期間にすぎなかったにもかかわらず、その体験は幾多の著書のなかに縦横に活用されて、明治新文明の絶好の指針となった。のみならず、彼が外遊の際買い入れて来た多くの原書が、慶応義塾の教師・学生などを通じて、英学の普及に貢献した功績も見のがすことができない。

*

1862（文久２）年、遣欧使節団の一員として随行した当時の福沢諭吉

文明開化の大本山

さて明治になって約十年間（一八六八～七七年）は福沢の活動がもっともはなばなしく、その存在が社会的にももっとも反響を生んだ時代である。年齢的にも三十代の半ばから四十代の半ばにかけてで、人生のあぶらの乗り切った時期であった。明治初年のいわゆる文明開化の風潮は、福沢によって指導され、代表され

たと言っても過言ではない。

明治政府は維新の初め、開国進取の方針をきめるや、政府のブレーンとして旧幕以来の有力な洋学者たちを登用するにつとめた。福沢も第一に白羽《しらは》の矢を立てられたひとりである。しかし彼は、他の学者連と異なり、断然それを拒《こば》んで、あくまで一平民として、民間の教育と民衆啓蒙《けいもう》の著述とをわが使命とする立場を明らかにした。官尊民卑《かんそんみんぴ》の風が極端に支配していた当時としては、まことに異数なことである。

慶応義塾が当時わが国洋学の総本山として幾多の人材を社会に送った功績はもちろんであるが、さらに社会的影響の大きかったのは著述による国民の啓発である。彼はすぐれた文章家であり、しかも平明な通俗文をもって大衆を導くにつとめたから、いわゆる福沢本が天下を風靡《ふうび》したことは今日の想像を超えるものがあった。彼以外にも西洋の事情を紹介した学者は少なくなかったが、福沢の著書ほど内容が多方面にわたり、感化の著しかったものはない。

福沢本の全盛

そのころの福沢本のおもなものをあげると、彼の著作生活はすでに幕末時代から始まっている。まず彼の名を高からしめた最初の本は、『西洋事情』（慶応二年～明治三年）である。これは外遊の際の見聞体験に基づき、原書の知識を参照して、西洋諸国の状況を詳細に叙述《じょじゅつ》した大部《たいぶ》の書物である。（初編・外編・二編計十冊）。当時これだけ詳しくまとめて海外事情を紹介した書物はなかったから、天下の歓迎を受け、数十万部の売れ行きを示したと言われる。明治政府が制度法令などをつくるにも有力な参考に供された。これは単なる西洋紹介の書で、まだ福沢自身の意見を主張したものではないが、後年の彼の言論の基調となった知識や思想の種が、このなかに多く見いだされることは注目されなければならない。

そのほか、物理学の原理を平易に図解した『窮理図解』（明治元年）、世界地理の知識を子どもに暗誦《あんしょう》しやすいように七五調の韻文《いんぶん》につづった『世界国尽《くにずくし》』（明治二年）、イギリスの児童用修身書を翻訳した『童蒙《どうもう》をしへ草』（明治五年）、太陽暦の性質を略述した『改暦弁』（明治六年）、西洋の簿記をはじめて日本に紹介した『帳合之法《ちょうあいのほう》』（明治六年）、漢字制限の立場から実用的な文字の用法を教えた『文字之教《もじのおしへ》』（明治六年）、西洋の会議や演説の仕方を説明した『会議弁』（明治七年？）など、彼の啓蒙的な著書は枚挙にいとまがない。それは文明開化の百貨店とも言うべき観があった。

『学問のすゝめ』と『文明論之概略』

しかし数ある福沢の著書のうちでも、最も重要なものは、『学問のすゝめ』（明治五～九年）と『文明論之概略』（明治八年）である。『学問のすゝめ』については別に詳しく述べるが、数年にわたり逐次刊行された十七冊の小冊子で、その名のごとく青少年に向かって新時代の学問のあり方や人間の生き方を教えたものである。これ以前の著書の大部分が洋書の翻訳、西洋文明の紹介にとどまったのに対して、この書に至って、はじめて西洋文明に立脚《りっきゃく》した彼自身の信念を率直明快に表明したのである。けだし福沢に限らず、明治初年の洋学者の著書には、訳述書（翻訳《ほんやく》に若干の説明を加味したもの）の類が圧倒的に多いが、これは創見を吐くだけの力の不足という事情のほかに、うっかり自説を吐くと、頑迷《がんめい》な保守主義者の危害をこうむる恐れがあるからでもあった。今や福沢が堂々と自己の見解を公にするに至ったことは、それだけ時勢が有利に展開したことを示すものである。これ以後の彼の著書には、単なる翻訳紹介の啓蒙書《けいもうしょ》は姿を消し、もっぱら自分の意見を発表したものばかりとなるので、少なくとも著書の形の上から言えば、福沢は『学問のすゝめ』を境として、西洋文明案内者の段階から、一個の思想家に成長したと言えよう。本書は明治時代きってのベスト・セラーで、各編約二十万部、十七編合わせて三百四十万部売れた（『福沢全集緒言』）と言われるのをもって見ても、いかに当時の社会に大きな影響を与えたかを知ることができる。（当時は著作権制度が不備だったから、著者の知らぬ間に、偽版もおびただしく行なわれた）。

『文明論之概略』は、『学問のすゝめ』と違い、むしろ世間の有識者を対象にしたもので、文章も前者よりはむずかしい。その内容は、東洋（日本）と西洋との文明の相違を幾多の事例を引いて比較した上、日本の独立強化のためにこそ、西洋文明に学ぶことが不可欠の急務であることを力説したものである。福沢によれば、〈東洋文明の根本的欠陥は、〝権力の偏重偏軽《アンバランス》〟にある。これが日本のあらゆる社会に専制と卑屈《ひくつ》との気風をもたらしているのであるから、われわれはこの気風を一掃せねばならぬ〉というのである。この書は、『学問のすゝめ』が一冊（時には二冊）ごとにテーマを異にしているのとは違い、全編整然たる体系を備えた大冊で、福沢の全著作のうち、もっとも学者の著書らしい趣《おもむき》をもっている。書物の性質上、『学問のすゝめ』ほどには普及しなかったが、革新思想家としての福沢の学殖や識見をうかがうには最高のものである。（岩波文庫等所収）。

＊

自由民権運動と福沢

明治十（一八七七）年ごろまでの福沢は、名実ともに新文明の指導者・推進者であったが、それ以後になると、もはや第一線の革新家ではなく、むしろ時代の批判者、ないし調整者の立場に立つことになる。かつての彼は、封建的なもの一切を打破するために、その言論がやや極端に走るきらいもあった。しかし十年以後になると、その主張は著しく調和的になってくる。それは年齢的に老熟したこともあろうが、社会情勢の変化によるところが大きかった。

明治十年代（一八七八〜八七年）は、世に自由民権運動時代と呼ばれている。けだし明治政府の基礎が固まり、その政権が強大になるにしたがって、専制の風も著しくなった。元来、明治政府は、主として薩摩《さつま》（鹿児島）・長州（山口）二大藩が徳川幕府を倒してつくったものであるから、新政府の主要な地位は、ほとんどこの二藩の出身者で占められていた。世に薩長藩閥政府と言われるゆえんである。そこでこの政府の専制に対する反感が、次第に国民の間に高まり、なかんずく薩長派と対立していた土佐（高知）出身の民間政治家が主唱して、藩閥政治打倒のために、国会開設運動を展開する。これがいわゆる自由民権運動である。それは明治七（一八七四）年一月、板垣退助（土佐）らによる民選議院（国会）設立の建白《けんぱく》に始まるが、特に全国的な大勢力になって、政府との間に激しい闘争を示すのは十年以後である。こうした自由民権運動も、その基づくところは、明治初年以来、福沢ら新思想家の鼓吹《こすい》した天賦人権思想（天は人間に平等の権利を与えたとする思想）の発展であるが、この民権思想にもおのずから二つの系統があった。一つはイギリス流の立憲政治を模範とする穏健《おんけん》な改良主義であり、もう一つは革命的手段をも辞せぬフランス流の極端な民主主義である。前者に属する者には、慶応義塾の福沢門下生などが多かったが、自由民権運動の主流をなす土佐派の人々の思想は、後者に傾く風があった。土佐派はやがて板垣を党首に自由党（明治十四年）を結成し、もう一方も政府から民間に下った大隈重信《おおくましげのぶ》を党首にいただいて、立憲改進党（明治十五年）を組織する。日本における最初の政党であるが、政府はこれらの政党を目のかたきにして苛酷《かこく》な弾圧を加えたので、官民の衝突は激化の一途をたどった。

こうした政争時代に福沢はどう対処したかと言えば、彼自身は元来、政治運動には関心が乏しく、〈政治は一応政府に任せる代わりに、学問や商工業などはあくまで民間人がその権を握って、政府の干渉をしりぞけ、互いに相並立し、相助くべきである〉という意見であった。彼は極端な官民の政治的対立が、国内の秩序を混乱に陥《おとしい》れ、外国の侮《あなど》りを受けて、国家の独立を危くすることをなによりも恐れたのである。そこで、国会開設の必要はもとより主張したけれども、行き過ぎた民権運動にはブレーキをかけざるを得なかった。国内の波瀾を一刻も早く安定して、海外列強と競争せねばならぬというのがその持論《じろん》で、〝官民調和〟〝内安外競〟がそのモットーとされたゆえんである。『通俗民権論』『通俗国権論』（明治十一年）・『民情一新』『国会論』（明治十二年）・『時事小言』（明治十四年）の諸著は、この時期におけるそうした趣旨の政治論であった。

明治十四年の政変

当時の政界を騒がした大事件に、「明治十四年の政変」と呼ばれるものがあった。詳しい事情は省くが、要するに藩閥政府内部における主流派の伊藤博文（長州出身）らと、反主流派の大隈重信（佐賀出身）との派閥争い・政見の相違が、たまたま起こった北海道開拓使官有物払い下げ事件と称する政界の黒い霧事件を導火線として爆発し、明治十四（一八八一）年十月、大隈派が一せいに政府から追放された事件である。大隈はかねて福沢と親しく、思想ももっとも進歩的で、国会即時開設論を政府部内でひとり主張したのが、漸進《ぜんしん》主義の伊藤らとは相容《あいい》れなかった。その上、主流派が関係した黒い霧事件にも厳しい姿勢をとったため、ついに排斥をくったのである。そこで野《や》に下った大隈は、翌十五年、立憲改進党を組織して、政府攻撃の一方の旗がしらとなり、同時に民衆の政治教育のために東京専門学校を建てた。これがのちの早稲田大学で、彼が福沢と並んで私学界の二頭目《とうもく》となったのはこのときからである。

ところでこの政変は、福沢にとっても大打撃であった。従来、大隈側近の官吏には慶応出身の人材が多かったが、その勢力が官界から一掃されたのみならず、福沢自身ひそかに大隈と結んで、政府転覆を企てた謀反人のごとき嫌疑をこうむったからである。これ以後、政府と福沢との関係が著しく冷却したことはおおいがたいところであった。

「時事新報」の発行

明治十四年の政変は、福沢にとって一大災厄であったが、これはまた禍を転じて福となす契機ともなったのである。彼は大隈在官時代、政府の懇請により、官民調和の目的のために、政府の資金で新聞を発行する計画を進めていたが、その実現を見ぬうちに事態が一変したので、構想を新たにして、独力で新聞を創刊することになった。明治十五（一八八二）年三月発足した「時事新報」がこれである。すなわち福沢の前途には、ジャーナリストとしての新生面が開かれたのであり、従来の慶応義塾の教育と並んで、新聞事業がその生命となったのである。

「時事新報」の方針は、当時の有力な新聞がほとんど政党の機関紙か、あるいは政府の御用新聞化していたのに反し、あくまで不偏不党、厳正公平を標榜した。それが世の信用を博するとともに、福沢の筆に成る論説には、時代の良識を代表したものが多かったから、「時事新報」は数年ならずして、新聞界に確固たる勢力を築くに成功した。もともと福沢は、理解力の広くかつ速い点で、時代感覚の鋭い点で、大局をつかむ目の正しい点で、人物の明るくユーモアの豊かな点で、さらに文章の平明で魅力に富む点で、天成無類のジャーナリストであったと言えよう。彼の著書そのものが、すべてそのときそのときの必要に応ずるための新聞的効果を発揮しなかったものはない。だから彼が「時事新報」をもったことは、いよいよ得意の活動舞台を得たことになる。

　彼の論説は多方面にわたったが、官民調和の政治論のほか、なお尚商立国（商工業をたっとんで国家繁栄の基礎とする）の精神に立って、産業貿易の発展を図ること、軍備を強化して、西洋列強の東亜進出に備え、また中国（当時の清国《しんこく》）を抑えて、朝鮮の独立と近代化とを助けることなどはその熱心な主張であった。一言にして言えば、富国強兵策の活発な推進にほかならない。その思想のなかには、世界情勢の一変した今日には、もはや通用しがたい面もあるが、当時としては、東洋唯一の新興国民であった日本人の抱負をもっとも率直に代《だい》弁《べん》したものであろう。しかも一方、常に日本社会の官尊民卑の弊を指摘して、人権の尊重・思想の自由・学問の独立・教育制度の民主化などを唱え、特に男女平等の精神から、女性の解放・女権の擁護を力説してやまなかったことは、「時事新報」の大きな特色をなしたものである。

彼の新聞に発表した文章のおもなものは、ただちに単行本として刊行されたので、明治十五年以後の著書は、すべて当初「時事新報」に掲載されたものばかりである。また著書にならなかったたくさんの文章も、今日では『福沢諭吉全集』にことごとく収録されている（「時事新報」は昭和の初めまで新聞界に重きをなしたが、今はない）。

日清戦争

晩年の福沢をもっとも喜ばしたのは、日清戦争（一八九四〜九五年）の勝利であった。かねて彼は、古い儒教を依然、政治・道徳の基本にしている老大国清国をやっつけなければ、東洋の安定と近代化は不可能であることを確信し、しばしば政府を鞭撻《べんたつ》してやまなかった。彼が多年日本に亡命していた朝鮮の独立党（清国の干渉を脱して、日本の指導下に祖国の独立を図ろうとする政党）の志士金玉均《きんぎょくきん》らに一方ならぬ援護《えんご》を与えて、その志をとげさせようとしていたのもそのためである。しかるに明治二十七（一八九四）年三月、金玉均は反対派の事大党（清国にたよろうとする政党）の謀略にかかって、上海におびき出されて暗殺された。その背後には清国の力が働いていたから、これが日本国民の憤激を買って、日清戦争の一誘因となったのである。金玉均の横死《おうし》は、福沢にとって痛惜にたえなかったが、それを契機に、やがて日清間に戦端が開かれたことは、まさしく時機到来の感があったから、彼は筆舌の力を尽くして戦意の高揚につとめたのである。彼の認識によれば、この戦争は文明と野蛮との戦いであり、いわば儒教撲滅《ぼくめつ》の思想戦争なのであった。文明の勝利を世界に立証するためにも、日本は是非とも勝たなければならぬ。彼が当時としては非常な大金であった一万円をいち早く献納して、国民に軍事献金を奨励したのも、そうした熱意の現われにほかならなかった。

日清戦争の勝利と、それによる国運の飛躍的発展は、彼のこの上なき会心事であったが、やがて明治三十一（一八九八）年九月、脳出血で倒れ、一旦《いったん》回復したけれども、もはや筆を執ることはなかった。明治三十四（一九〇一）年一月、病気が再発して、二月三日に没した。二十世紀の空気を僅《わず》か一ヵ月余り吸っただけで世を去ったのである。現在、品川区上大崎の常光寺の墓地に彼は眠っている。

『福翁百話』と『福翁自伝』

晩年の著書の代表的なものは、『福翁百話』（明治三十年）と『福翁自伝』（明治三十二年）である。（やはりはじめ「時事新報」に連載された）。『福翁百話』は彼の老熟した思想を見るべき随筆で、豊かな常識に立って、楽天的な人生観や、処世の道などを説いている。かつての『学問のすゝめ』『文明論之概略』などと対照すると、二十年の間に彼の思想がいかに変わったか、あるいは変わらなかったかを知ることができる。(角川文庫等所収)。『福翁自伝』は特に明治以前の部分が詳しいが、わが国自伝文学中の最高作品たるにとどまらず、日本近代史の有力な側面資料でもある。ことにこれは、他の諸著と違い、座談の速記であるから、福沢その人の肉声や体臭までがさながら伝わってくる思いがする。まさに国民必読の快著と言うをはばからない(岩波文庫・角川文庫等所収。別に慶応通信から富田正文氏校注『新かな当用漢字福翁自伝』も出ていて、若い人々には読みやすくできている)。

無冠の大平民

福沢は生涯一個の平民をもって終始し、位階も、勲等も、爵位も、学位も一切身につけなかった。もし彼にその意志があれば、おそらくそのいずれをも得られたであろうことは、彼と同時代の学者たちの例から推《お》しても考えられるし、また事実その機会は少なくなかった。しかし彼は、そうした肩書きをなによりも嫌って、拒み通したのである。日清戦争の献金に対して、政府が勲章を授けようとしたときも、彼は「勲章などは御免」という文章を「時事新報」に掲げて、これを退けた。彼の友人だった神田孝平・加藤弘之《ひろゆき》・西周《あまね》・津田真道《まさみち》・箕作《み》麟祥《つくりりんしょう》など有位有爵の洋学の大家連が、今日その著書はおろか、その名さえほとんど忘れられているのに、無位無冠の福沢諭吉がひとり国民の脳裏《のうり》に強く生きているのは、まことに皮肉な現象と言わねばならない。福沢ももとより人間であるから、人物に欠点がなかったとは言えないが、あくまで人間の価値を人間そのものの本質におき、人爵を意に介せず、権威に屈従せず、身をもって独立自尊の主義を貫徹した態度は、長く後世の範たるべきものであろう。

二　『学問のすゝめ』の成り立ち

執筆の動機と流行の事情

『学問のすゝめ』は、明治五（一八七二）年二月から明治九（一八七六）年十一月まで五年近くにわたり、逐次十七編の小冊子《さつし》として出版されたものである。各編十枚内外のパンフレット形式のもので、それが明治十三（一八八〇）年に至り、一冊の『合本学問之勧《すすめ》』となって翻刻された。しかし最初から福沢は、そんなに連続したものを書く予定だったのではない。初編一冊だけのつもりで公《おおやけ》にしたのが、意外に需要が多かったので、乗り気になって、第二編・第三編と書きついだものらしい。初編にだけ編名がなく、また第二編の出るまでに二ヵ年近い空白期があるのもそのためである。最初刊行の動機は、明治四（一八七一）年、福沢の提唱により、その郷里に中津市学校と称する学校が創立されることになったので、その地の青少年に新時代の国民の心得を教えるために筆を執ったのを、同じことなら、世間一般に読ませたほうが有意義であろう、という周囲の勧告にしたがって公刊した。それが明治四年十二月稿、明治五年二月出版の初編である。動機から言えば、なかば偶然の事情に促されたものにすぎない。

ただ明治四、五年というと、ちょうど廃藩置県と同時に、文部省（現在の文部科学省にあたる）がはじめて出来（明治四年）、ついでいわゆる学制頒布が行なわれて（明治五年）、これまで全国にあった藩校や寺子屋に代わって、新しく小学校が設けられることになった時期である。ところがそのころは、まだ新しい教育に応ずるだけの教科書がなかったから、福沢のような知名人の著訳書が盛んに利用された。『学問のすゝめ』初編も、時代の幸運に恵まれて、予想外の売れ行きを示したので、第二編以下はそうした需要にこたえるために書き下ろしたのである。いわばタイミングのよさが、十七編に及ぶこの書を生み、かつ普及させたことは疑いない。

学制頒布の趣意書との関係

『学問のすゝめ』との関係で見のがせないのは、明治五（一八七二）年七月、太政官《だじょうかん》（今の内閣）から発表された「学制頒布ニ付キ仰セ出ダサレ書」という布告文である。それは明治政府が学校制度をつくった根本精神を明らかにした重大な文章であるが、一見しただけで、内容といい、表現といい、『学問のすゝめ』初編と非常によく似ていることに気がつく。その全文は省略するが、その要点は、

一、これまで学問は、もっぱら「士人以上の事」と考えられ、「農工商および婦女子」は、「学問の何物たるを弁」じないありさまであったが、これからは国民全部が学問に志《こころざ》し、「必ず邑《むら》に不学の戸《こ》なく、家に不学の人なからしめんこと」を目標とせねばならぬ。（教育の機会均等）。

二、従来の学問は、「詞章記誦（文字の記憶暗誦《あんしょう》）の末にはしり、空理虚談《きょだん》（観念的な学問）の途《みち》に陥り」、実用に適しなかったが、今後の学問は、日用常行の生活に実益ある学問でなければならぬ。（実学主義）。

三、これまで世人は、学問の目的を「ややもすれば国家のためにす」と称するばかりで、肝心《かんじん》のわが「身を立つるの基たるを知ら」なかった。しかし学問は、まず自分の生活を固め、身を立てる資本であることを知らねばならぬ。（個人主義）。

というに帰する。その思想は、『学問のすゝめ』初編に見えるところとそっくりであるばかりか、個人主義に徹底した点では、むしろ福沢の線をはみ出している観がある。国家の名において宣言された教育方針としては驚くほかはない。しかも文章まで福沢流に非常にくだけていて、「貧乏破産」というような俗語に近い表現もあれば、漢語の横にかなで小さく俗語訳をつけたところもある。たとえば「其産」に「しんだい」、「其業」に「とせい」といったぐあいである。それから約二十年後に発布された「教育勅語」(明治二十三年)が、思想の上でも表現の上でも徹頭徹尾いかめしく、四角ばっているのとは雲泥《うんでい》の相違であろう。

この学制頒布の趣意書はだれが起草したものかわからないが、よほど福沢の感化を受けた人の筆に違いない。『学問のすゝめ』初編はこれより約半年前に出ているから、それを有力な参考にしたものと思われる。当時、福沢の教育界における勢力はたいしたもので、世間では、「文部省(現文部科学省)は竹橋《たけばし》にあり、文部卿(現在の文部科学大臣)は三田《みた》にあり」と言った。文部省の建物は皇居に近い竹橋にあるが、文部省の教育を支配する実力者は、三田の福沢諭吉だという意味である。当時の政府が文教の大方針を打ち出すのに、民間人福沢の主義主張を借りてきても、あながち不思議ではなかったのである。

次に『学問のすゝめ』第二編は、明治六(一八七三)年十二月の出版で、学制頒布より一年以上おくれているが、第二編以下の諸編は、政府の教育方針にほぼ歩調を合わせて議論を立てているところが見られるようである。福沢は役人ぎらいで、自ら明治政府に仕えることを潔しとしなかったけれども、決して頑固《がんこ》な反政府主義者ではなかった。彼は自分の信ずる洋学主義を政府が採用する限りは、これに協力する努力を惜しまなかったのである。彼の数多くの啓蒙書は、いわば、政府の開明政策を国民に徹底させる早わかり書の役目をつとめたものである。『学問のすゝめ』ももとよりそれに漏れるものではない。たとえば第六編(明治七年二月)に、敵討《かたきう》ちを非合法な蛮風として排斥し、赤穂義士は義士にあらずとまで痛論しているのは、前年に政府が公布した仇討《あだう》ち禁止の法令を国民に徹底するように敷衍《ふえん》したものとも言えよう。また初編や第二編などで百姓一揆《いっき》を戒《いまし》め、第七編で暴力革命を否定しているごときは、明治政府に対する人民の不平反抗をしずめる意図《いと》であったことは明らかである。かように、この時代の福沢と政府との間柄は、おのずから相互扶助の関係にあったと言える。

先駆的著作

『学問のすゝめ』は、大づかみに言えば、福沢がはじめて自分の思想を明白に打ち出した画期的な書物であるが（「福沢諭吉の生涯」参照）、その原型とも言うべき文章がないではない。明治三（一八七〇）年三月執筆の「慶応義塾学校之説」（『福沢諭吉全集』十九）、同年十一月の「中津留別《りゅうべつ》の書」（『福沢諭吉全集』二十）などがそれである。慶応義塾の学生や、郷里中津の青少年たちに、西洋文明の特色や、今後の日本のモラルのあり方、洋学修業の心得などを示したものである（後者は中津に帰郷中の執筆）。両方とも片々《へんぺん》たる短編で、しかもただ写本《しゃほん》として伝えられたにすぎないが、その成立の事情も内容も、『学問のすゝめ』の源流と言ってさしつかえない。特に『学問のすゝめ』の初編は、「慶応義塾学校之説」と関連するところが深く、「中津留別の書」は、第八編とほぼ同じ精神を説いており、第六編・第七編とも一部共通する点がある。その詳細に触れることは省くが、そうした小規模な二、三の先駆《せんく》作を経て、本格的な『学問のすゝめ』の著作に到達したことを一言しておく。

訳述書的性格

それよりもむしろ、本書の成立上見のがせないのは、外国書の影響である。『学問のすゝめ』といえども、それ以前の訳述書的性格を全然抜け切っているわけではない。第二編の「端書《はしがき》」のなかに「書中に記すところは、西洋の諸書より、あるいはその文を直ちに訳し、あるいはその意を訳し、形あることにても形なきことにても、一般に人の心得となるべき事柄を挙げて、学問の大趣意を示したるものなり」とあるのは、本書の性格を自ら語ったものであるが、全十七編中、正真正銘《しょうしんしょうめい》福沢自らの発想と見るべき編もあれば、翻訳・翻案のにおいの強い編も混じっている。

どれだけの外国書が本書に影響を及ぼしたかを明らかにすることはむずかしいが、もっとも代表的な種本となったのが、アメリカの学者ウェーランド（Francis Wayland 一七九六年～一八六五年）の『修身論』（The Elements of Moral Science 一八三五年初版）であることは疑いない。ウェーランドはブラウン大学の学長を長く務めた人である。学問史上に不朽の名を残すほどの大学者ではなかったが、右の『修身論』およびその姉妹編『経済論』（The Elements of Political Economy 一八三七年初版）は、学生用の手ごろな教科書・参考書として、十九世紀中ごろアメリカやイギリスで広く行なわれた。二書とも幕末から明治の初年にかけて相ついで日本に伝えられ、ことに福沢が熱心に愛読し、宣伝して、慶応義塾で教科書に用いたために、非常に流行を見たのである。維新の際、上野の山で官軍と幕府軍が戦争の最中に、福沢は平気で慶応義塾で経済の原書を講義していたという有名な逸話中の原書も、ほかならぬウェーランドの『経済論』であった。思うにこの両書は、当時の福沢にとって最大の虎《とら》の巻だったらしく、彼の著書にいろいろな形で利用されている。

『学問のすゝめ』に関係が深いのは『修身論』のほうである。ウェーランドは元来、牧師だったから、『修身論』には神への信仰が第一に説かれているが、宗教に関心の乏しい福沢は、神様のことにはあまり心を動かされた様子がない。彼が主として学んだのは、〈神の目から見れば、人間はすべて平等であり、基本的人権には上下の差別がない〉という相互対等の観念（reciprocity）および〈人間は他人に迷惑《めいわく》をかけぬ限りは、他人から束縛《そくばく》されるものではない〉という個人の自由の観念（personal liberty）であった。彼は古来の日本に欠けていたこの自由平等の精神に非常な魅力を感じたのである。そこで『学問のすゝめ』第二編「人は同等なること」・第三編「国は同等なること」・第八編「わが心をもつて他人の身を制すべからず」の三編は、皆ウェーランドの自由平等論を下敷きにしたものである。またウェーランドは、〈政府と人民とは、相互契約の関係にある。人民は政府に政治の権を委託して国費をまかなうことを約し、政府はその代わりに人民の安全を保護することを約したものだから、両者は互いにその本分を守り、責任を尽くさねばならぬ〉という社会契約〈social contract〉説を主張したが、それは第六編「国法の貴きを論ず」・第七編「国民の職分を論ず」に忠実に翻訳されている（ウェーランドの自由論や社会契約説は、これより先「中津留別の書」にもその大意が要約されている）。そうしてこれらの諸編の体裁《ていさい》を見ると、いずれも初めにウェーランドの原書の大要を掲げ、そのあとで、または途中で、種々な日本の実例にあてはめて敷衍するという形をとっている。当時、福沢は、慶応義塾でこの『修身論』の講義を受け持ち、原文を訳読しながら、日本の問題に結びつけておもしろく講じたと伝えられるから、おそらくその講義の形式を踏襲したのが、右の諸編であろう。福沢自身ウェーランドの名を明記しているのは第八編だけであるが、実は第二編・第三編・第六編・第七編もすべてウェーランドの訳述にほかならぬことが、今日明らかとなっている。

しかし第九編以後になると、もはやはっきりした種本らしいものは見当たらない。ただ第十五編「事物を疑ひて取捨を断ずること」（明治九年七月）の趣旨には、明白にイギリスの歴史家バックル（Thomas Buckle 一八二一〜六二年）の『英国文明史』（The History of Civilization in England 一八五七〜六一年）の影響が認められる。この本は一種の科学的解釈に立つ新しい歴史書として、当時世界的に一つのセンセーションを起こしたものであった。福沢はこの本をやはりいち早く慶応義塾の教科書に用い、『文明論之概略』はバックルの文明史観を応用して著わされたものである。『学問のすゝめ』第十五編が、〈社会の進歩は懐疑《かいぎ》の精神に基づく〉ということを全体の骨子《こつし》としているのは、とりも直さずバックルの思想である。しかしそれは、ただその精神をバックルから示唆されただけで、その内容は、毫《ごう》も訳述と言うべきものではない。

右のほか、ウェーランドの『経済論』や、イギリスのチェンバーズ版『経済読本』なども、『学問のすゝめ』に部分的に利用された跡が指摘できるが、ここでは詳しく触れないことにする（両書ともその一部は、早く『西洋事情』外編・二編に訳出されたものである）。要するに『学問のすゝめ』は、前半においてはなお訳述書の色彩をとどめ、後半に至ってそれを完全に払拭したということができるのである。

強い主体性

以上のごとく、『学問のすゝめ』にはウェーランドの訳述書的な数編が含まれるが、しかしそのために福沢の主体性は少しも失われてはいない。彼は原書のうちから、日本人にとってもっとも必要と信ずる部分だけを自己の見識によって選択した。しかもその文章は、決してぎごちない直訳ではなく、原書の冗漫《じょうまん》平板なところは適当に圧縮し、乾燥《かんそう》無味なところには豊かな潤飾《じゅんしょく》を加えて、原文よりもはるかに生彩のある文章に面目を一新したのである。両者の文章をここに対照して示す煩《はん》は避けたいが、（拙著『福沢諭吉の研究』に詳しい）、その文才においてウェーランドは、到底福沢の敵ではなかった。種本をあらかじめ知らぬ読者には、翻訳であることが全く気づかれぬくらい、その文章は福沢のペースになりきっているのである。原文が福沢の縦横自在な敷衍《ふえん》をまって、輝きを増したことは争うべくもない。ウェーランドの著書は、福沢諭吉という絶好の知己《ちき》を得て、はからずも原価以上の値打ちを極東の世界に認められたと言っても、あえて過言ではあるまい。

元来、福沢の読んだ洋書の量などは、今日の専門家から見れば、ほとんど取るに足らぬほどのものであろう。質的にもウェーランドの著書などは、一個の通俗書にすぎなかった。明治初期には、そんなにたくさんの名著大著が輸入されたわけもなく、それを読みこなすだけの力も乏しかったであろう。しかし福沢の偉さは、僅かばかりの洋書の教えるところを自己の主体性において把握し、必要な限りの養分を体内に血肉化して、現実社会に活用したことである。つまらぬ本でも、読み手次第でその価値は無限大に広がることを彼の読書態度が教えているように思われる。

『学問のすゝめ』は、福沢がそれまでに吸収した洋学の知識をギリギリに煎じ詰めたエキスのような観がある。彼の著作歴を二つの時期に大きく分ければ、この書は前期の著作の総決算であるとともに、後期の著作の出発点でもあった。彼の生涯の言論には、相当の変遷があったが、その思想の根幹は、一応この書に備わっていると言える。『学問のすゝめ』を福沢思想の総論とすれば、それ以後の著作は各論であり、時には修正版でもあった。そうした意味でも、この書は福沢の著書中、中心の座を占めるものである。

そこで、以下福沢の思想精神を『学問のすゝめ』を中心に考察し、あわせてその思想精神がどういう風に彼の生活行動に具体化されたか、またいかに後年の言論や著作等に展開されたかについても、必要な限り触れてみたいと思う。

三　『学問のすゝめ』の精神

愛国の志

福沢諭吉の生涯を貫ぬく精神は何であったか。一言で尽くせば、封建時代の垢を洗い落として、国民の精神革命を行ない、それによって日本を真の独立国たらしめることにあった。そしてそのためには、従来封建社会のささえとなっていた儒教思想を捨てて、西洋の近代文明に学ぶことが絶対に必要であると彼は信じたのである。

幕末の開国によって、国民の目ははじめて世界に向かって開かれたが、明治初年の日本は、もとよりまだ極東の弱小国にすぎなかった。幕府時代から西洋列強と結んでいた条約は、はなはだ不平等で、日本に来ている外人が悪いことをしても、いわゆる治外法権のために、わが政府はこれを裁判する権利がない。また関税の自主権がないから、日本政府は税収入の不足に悩み、国内産業を発展させることも困難であった。こうした西洋勢力の圧迫の前に、一歩を誤れば、日本も当時の中国やインドの二の舞いを演じかねなかったのである。わが政府は国民の手前、できるだけそうした弱みは見せず、いい格好をしていたのは無理もないが、福沢のような先覚者には、日本の実力のあまりに弱体なのが憂慮にたえなかった(『学問のすゝめ』第四編・第五編、各冒頭の一段はそれを示す)。そこで欧米先進国に対抗して、真に自国の独立を全うするには、当然敵の武器を奪ってわが武器としなければならなかった。明治三(一八七〇)年の「中津留別の書」に、「万国の書を読んで、一国の独立をかがやかすべし」という意味のことばがあるのは、まさに彼の真骨頂を示したものと言えよう。国力発展の結果、不平等条約が改正されて、治外法権が撤廃されたのは、福沢晩年の明治三十二(一八九九)年であり、関税自主権が完全に確立したのは、彼の死後の明治末年であった。福沢生前の日本は、いわば半独立国に近いものだったのである。そういう事情をよく認識しておかないと、彼の激しいナショナリズムと、その言論の切実さが十分理解されないであろう。彼が日清戦争の勝利に感涙《かんるい》を流して喜んだのも、これで日本がやっと一人前の国家になった、という満足にほかならなかったのである。

『学問のすゝめ』では、第三編「国は同等なること」「一身独立して一国独立すること」がすなわち国家の独立を守るための国民の心構えを主題とした文章であるが、その他の編にも同様の精神は随所に現われている。(初編・第十編・第十二編等)。同じ時代に書かれた『文明論之概略』では、その結びの章「自国の独立を論ず」において、滔々《とうとう》数千言を費して、欧米勢力の恐るべきことを警告し、国民の独立心を要望した。『福翁自伝』などによれば、彼は多年頑固《がんこ》な保守主義者から非国民・売国奴のように誤解され、しばしば暗殺の危険にさえさらされたが、彼こそは遠大な見識ある愛国者だったのである。世界的視野に立った祖国愛こそ、今日の日本人にとってももっとも大切なものでなければならない。

自由平等の思想

封建時代は極端な階級制度に支配され、武士の切り捨て御免が公認されていたくらい、平民の権利は無視されていた。それに反して西洋の近代社会では、人間の生命・財産・名誉等のいわゆる基本的人権の平等は、すでに天然自明の原理になっていた。十八世紀啓蒙思想の最大の象徴の一つたる天賦人権思想がこれである。天賦人権は、明治初年あらゆる洋学者のうたい文句だったが、廃藩置県が断行され、国民平等が認められた直後、福沢がこれに応ずるように、『学問のすゝめ』に「天は人の上に人を造らず、人の下に人を造らず」(初編)と言い、「大名の命も人足の命も、命の重きは同様なり」(第二編)と言って、人権の平等を力強く国民に訴えたのは、今日ではなんでもないことのようであるが、当時としては実に大きな精神革命の宣言だったのである。また「わが心をもって他人の身を制すべからず」(第八編)・「名分をもって偽君子を生ずるの論」(第十一編)・「怨望の人間に害あるを論ず」(第十三編)の諸編などは、形式的な儒教の名分思想にわざわいされて、個人の自由のなかった封建社会が、いかにゆがんだ暗いものだったかを痛烈に指摘して余すところがない。

独立自尊の主義

個人の自由・人権平等の主張は、いわば権力者に向かっての宣言だったとすれば、独立自尊の奨励は、主として一般人民への心得とも言えよう(「独立自尊」の四字が福沢の標語となったのはごく晩年であるが、その精神は最初から彼の骨格であった)。封建制度の弊たる上に立つ者の専制と、下におる者の卑屈とをため直すには、この両者は当然表裏一体となるべきものである。「古来百姓・町人は、いたずらに武家の権力に隷従して、自尊自重の気概がなく、武士もまた世禄《せいろく》に依存して、自主独立の自覚がなかった。国民に独立の気力がなければ、一国の独立はおぼつかない。各人まず衣食の独立に志し、進んで国家の独立と社会の進歩とに貢献せねばならぬ」とは、福沢が不断の信念であった。第九編・第十編「中津の旧友に贈る文」には、特にその精神の端的な現われを見ることができよう。武士は封禄その他の特権を失い、百姓・町人は身分の束縛から解放されて、実力万能の前途が約束された当時、この独立自尊の教えが、いかに大きな希望と勇気を国民大衆、特に青少年たちに与えたかは想像に難くない。

官尊民卑の打破と学問の権威

封建社会の余弊《よへい》は、明治になっても、依然、著しい官尊民卑の気風となって残った。けだし明治維新は、ヨーロッパに見るような市民革命ではなく、士族によって実現されたものだからである。役人の威張ることは、明治の以前も以後も少しも変わらない。官尊民卑の打破は、福沢の生涯の念願で、彼が政府の再三の召命にも応ぜず、民間の学者をもって終始したのは、自らその範を示したものである。「政府の力だけが強く、役人だけが威張る国は、決して文明国とは言えない。国民はよろしく官民対等の精神を自覚すべし」とは、初編・第二編・第三編そのほかにも力説されたところであるが、なかんずく第四編「学者の職分を論ず」・第五編「明治七年一月一日の詞」は、全編このことを論じ、官僚学者の事大主義を批判して、時弊を突いた快文字であろう。政府を恐れず、政府に媚《こ》びず、政府に頼らぬ逞しい市民社会を築くことこそ、彼の抱負であった。

権力に弱い日本の学者の卑屈な伝統は、『文明論之概略』などにも痛論されているが、「政治（政治家）と学問（学者）とは各自の分野に独立して、車の両輪のごとく、その権威に少しの軽重もあるべきではない」というのが彼の持論であり、それは生涯の行動にも遺憾なく発揮された。彼が学問（学者）の権威を高めるために払った不断の努力は、実に先覚者たるに恥じぬものがあった。

創造・批判の精神

既成の権威を尊敬する封建社会では、万事伝統に盲従するばかりで、自己の個性や創意を生かす活発な努力がなかった。古代を聖賢の世と仰ぐ儒教の尚古《しょうこ》思想や秩序観念が、この弊を助長したことは言うまでもない。東洋の文明が西洋の文明におくれた一大原因はここにあった。「政府は衆智《しゅうち》者の集まる所にして、一愚人の事を行なふもの」（第四編）となったのも、畢竟《ひっきょう》日本人に個性の強さがないためである。このこともまた『文明論之概略』の力説したところであるが、『学問のすゝめ』では、第十五編「事物を疑ひて取捨を断ずること」が無自覚な日本人の模倣心理を穿《うが》った圧巻である。伝統に惑溺《わくでき》することの弊を戒める半面、外来文化に心酔することの愚をも諷して、これほど辛辣《しんらつ》な文章は珍しい。『学問のすゝめ』も、この第十五編あたりになると、前向き一辺倒から、伝統とのバランスをはかる姿勢に変わってきたことを思わせる。また第十二編、「人の品行は高尚ならざるべからざるの論」も、東西彼我《ひが》の大局的比較と、向上進取の精神との必要を説いた点で、ほぼ同系列のものと言えよう。

実学と科学の尊重

『学問のすゝめ』は、その題名通り学問を奨励《しょうれい》した本であるが、その学問とはいわゆる「実学」であった。封建時代には、百姓・町人や女性に学問はほとんど無縁で、もっぱら武士のみのものであったが、その学問はあまり実用にならぬ和漢の古書を読むだけであった。福沢はそうした「記誦の学」をしりぞけ、あくまで実生活に役立つ学問をあらゆる国民に普及することを目的としたのである（初編・第二編・第十二編等）。彼が不要不急の閑文字にふけって生活を顧みぬ学者を「文字の問屋、飯を食ふ字引」（第二編）とののしり、「学問の要は活用にあるのみ。活用なき学問は無学に等し」（第十二編）と戒めたのは、よくその精神を示すものであった。第十四編「心事の棚卸し」・第十六編「手近く独立を守ること」「心事と働きと相当すべきの論」なども、いわば実学主義に立った身近な処世訓と言えよう。

しかしながら、彼のいわゆる「実学」とは、決して実用一点ばりの学問だけをさしたのではない。彼はしばしばそれを「科学」と同じ意味にも用いたことを知らねばならぬ。『学問のすゝめ』の「実学」の用例にも、その精神の片鱗が見られるが（「初編」）、後年の文章には、明らかに「実学」に自ら「サイエンス」とルビを付けた例がある。すなわちそれは、「実験実証の学」という意味である。けだし儒教万能の封建社会には、精確な科学など発達する地盤がなかったから、福沢は合理的・実証的な科学精神の養成をもってわが国最大の急務とした。「東洋になきものは、有形において数理学と、無形において独立心」とは、『福翁自伝』中の有名なことばであるが、「数理学」とはすなわち科学のことである。「日本人に欠けた独立心と科学精神との二つの種をわが国土に植えつけるのが、自分の教育の任務だ」と、彼はそこで語っているのである。晩年医学界のホープ北里柴三郎を助けて、伝染病研究所を設立させたごときも、科学尊重の精神の現われにほかならなかった。

ただ彼のいわゆる「実学」は、なんと言っても実用主義のニュアンスのほうが強かったために、その奨励した学風が、とかく精緻《せいち》な学理の考究に専念せしめぬ風潮をその周囲に生んだことは争えない。また彼の関心が、実学・科学の物質文明にのみ傾いて、芸術・宗教等の精神的分野に冷淡であったことも、その盲点とすべきである。これは合理主義・科学主義的な西洋の啓蒙思想の洗礼を受けた明治初年の洋学者たちにほぼ共通の傾向であったが、福沢はその点でももっとも典型的な啓蒙思想家であった。明治の文芸復興は、彼の晩年の明治二十年代を待たねば出現しなかったのである。

経済の振興

封建社会では、不当に金銭が軽視された。武士は清貧を美徳とする風があり、儒教の教育がそれに輪をかけた。けだし限られた米（食禄）に依存する武士の生活は、物欲を制し、質素倹約でなければ成り立たなかったからである。士農工商と称して、金を扱う商人階級がことさら社会の最下位におかれたのも、封建社会維持の必要からにほかならなかった。そのために当時の町人は、金はあっても学問はなく、卑屈の気風を免れなかった。しかし西洋の近代社会が、資本主義の発達によって繁栄し、経済学が新しい学問として重きをなすことを早くから知った福沢は、西洋経済学の輸入に先鞭《せんべん》を着けるとともに、国家の独立と発展のために、金がいかに貴重なものかを国民に教えたのである。かの維新の上野戦争の際、平然として慶応義塾でウェーランドの『経済論』を講じていたのも、今後の社会では、武力の戦争より経済の戦争のほうがいっそう重大なことを教えたとも受け取れる象徴的な逸話ではないか。

『学問のすゝめ』には、特に経済の重要性だけを主題にした文章はないが、その精神は随所に発見される。「貧は士の常、尽忠報国」などという古風な金銭軽視思想をしりぞけ（第十一編・第十四編）、「洋商の向かふ所はアジアに敵なし。恐れざるべからず」（第十二編）として、世界的認識の上から、商戦の重大さを警告したごときはその一例である。ことにかの官尊民卑の打破と不羈《ふき》独立の鼓吹《こすい》をテーマとした第四編・第五編・第九編・第十編等には、官権にたよらぬ民業の発展をこいねがう熱意が言外にみなぎっている。明治維新は士族の手で実現されたため、商工業まで政府の力によらなければ近代化されなかったのが、福沢には心外でたまらなかったのである。彼は『学問のすゝめ』より少しおくれて、『民間経済録』（明治十〜十三年）を著わしたが、これはいわば「経済のすゝめ」であって、新時代の商売人の心得を教えた好個の経済読本であった。

明治十四（一八八一）年の政変以後、慶応義塾出身者の政界・官界進出の途《みち》がとざされたため、勢い塾の教育はいちだんと実業家養成に比重がかからざるを得なくなった。心なき世人のなかには、福沢の教育を「拝金宗」などとそしる声もあったが、彼の志は「尚商立国」とともに、「士魂商才《すちようにん》」にあったのである。商売を尚《たつと》んで立国の大本とするとともに、封建時代の卑しい素町人根性を離れ、高尚な武士の見識をもって商売に活動する実業人をつくるにあったのである。欧米先進国の実業家の高い地位と教養とを考えれば、これは必要すぎるほど必要なことであった。福沢自身は直接経済事業に関係しなかったけれども、その門下から明治を代表する優秀な経済人が輩出したことは周知のごとくである。ただし一利一害は免れぬところで、彼のあまりにも大きな社会的感化が、結果的に物質偏重の流弊《りゅうへい》を生んだことは否めないが、おくれた日本の経済を近代資本主義の軌道にのせ、日本の富国化に尽くしたその教育的役割は、高く評価されなければならない。

法の順守と暴力の否定

封建時代は、武力尊重の結果、往々暴力の是認された傾向がある。刀は武士の魂とされ、明治になっても、明治九（一八七六）年に廃刀令が出るまでは、士族の帯刀が許されていたのだから、『学問のすゝめ』の大部分は、まだ多くの士族が二本さして歩いていた時代の産物なのであった。しかし福沢は、もちろん早くから廃刀を実行し、「文明開国の世の中に、ありがたそうに凶器を腰にしている奴は馬鹿だ。その刀の長いほど大馬鹿であるから、武家の刀はこれを名づけて馬鹿メートルというがよかろう」（『福翁自伝』）と放言したほどである。第六編「国法の貴きを論ず」と第七編「国民の職分を論ず」は、暴力を戒め、敵討ちや暗殺や内乱（革命）等、流血の行為を強く否定した重要な編である。敵討ちは武家時代には美風とされたが、それは社会に法が完備せず、警察力も不完全だった時代の蛮風にほかならない。西洋の文明国では、法律をもって暴力を厳禁しているから、悪人を処罰するのは政府だけの権能で、個人がこれを処分することはできない。福沢はこの点を強調して、「たとひ親の敵は目の前に徘徊《はいくわい》するも、私《わたくし》にこれを殺すの理なし」と言い、「赤穂義士は義士にあらず」ときめつけた。いわんや暗殺に至っては、沙汰《さた》の限りである。

福沢のこうした暴力否定論の根底には、前に述べたウェーランド等の社会契約思想があった。「社会（国家）は、政府と人民（国民）との相互契約に成り立ったものであるから、もし政府の措置《そち》やその法が、国民との契約に反する場合は、暴力をもってこれに抵抗することなく、辛抱強く正理を主張して、政府をして契約を実行せしむべきである」というのである。もっとも、ひとしく社会契約論というなかでも、フランスのルソーなどのように、「契約を履行せぬ政府は、これを倒すのが当然だ」という人民の抵抗権・革命権を認めた説もある。明治十年代の自由民権論者には、その説を唱える者も多かったが、福沢は絶対にそれにくみしなかった。第七編で内乱の不合理を強調し、「マルチルドム」を賛美したのは、全くウェーランドの『修身論』の翻訳であるが、それは同時に彼自身の信念でもあった。彼は生涯イギリスの言論政治の発達をたたえる反面、フランス革命は是認しなかったのである。初編や第二編で百姓一揆や強訴《ごうそ》を厳しく戒めたのも、同様の根拠によっている。立憲政治や共和政治の国と違い、明治初期、政府専制の日本において、ウェーランド流の社会契約説をそのまま適用することは、たしかに矛盾の面もあったが、古い封建的風習と近代の法秩序との相違を明白にして、法治国家の今後のあり方を教えたことは、やはり大きな意義があったとせねばならない。

女性の解放と家庭の浄化

封建時代は男尊女卑で、女性の権利は無視された。個人より家を重んずる家父長専制の社会だったからである。それも、もちろん儒教思想と固く結びついており、『女大学』は、もっぱら儒教思想から、服従の美徳を女子に強要した江戸時代の代表的修身書であった。早くから西洋における男女平等の風習を知っていた福沢は、日本におけるこの弊風《へいふう》をため直すために、非常な熱意を示した。すでに「中津留別の書」もそれを大きなテーマの一つとしているが、『学問のすゝめ』でも、第八編と第十三編に男子の横暴を戒め、女性に自由を与えなければならぬことを主張している。また東洋道徳では、子に孝を求めることが厳しきに過ぎて、親の子に対する責任を説くことの寛に失するきらいがある。福沢はこの点も「中津留別の書」や『学問のすゝめ』第八編などに指摘して、世の親たる者の反省を促すところがあった。それらの所論は、いずれもやはり、ウェーランドの『修身論』に示唆された跡が著しい。

こうした新しい家庭道徳観は、単に口先だけの議論に終わらず、事実、彼の一家において具現され、当時としては珍しいほど明るい健全な家庭生活が営まれたのである。彼は後年

『日本婦人論』（明治十八年）以下多くの女性論を著わし、特に『女大学』を徹底的に論難した『女大学評論』『新女大学』（明治三十一年）の姉妹編は、彼の絶筆となった。『福翁百話』にも、封建的な家父長中心の家庭を批判し、夫婦中心の新しい家庭観を提唱した文章が多い。女性の解放・近代的家庭道徳の樹立に尽くした福沢の言論と行動は、現代においても銘記されなければならぬものである。

社交と弁論の奨励

民主社会は、人々が隔意《かくい》なく接触して、意見を交換し、相互の理解を深め合うところに成立する。したがって西洋では、社交が盛んで、弁論が発達した。しかるに、わが封建社会では、階級制度・専制政治のために、うっかり物を言えば不利益になりやすい。言いたいことも言わぬのが習い性となって、人前でしゃべるのははしたないこととされた。「巧言令色《こうげんれいしょく》仁すくなし」とか、「剛毅木訥《ごうきぼくとつ》は仁に近し」とかいう儒教の教えも、この風を助けた。そこで福沢は、文明開化の一要件として、社交を奨励し、弁論の修練を力説したのである。第十二編「演説の法を勧むるの説」・第十七編「人望論」は、もっぱらその趣旨のものであり、第十三編「怨望の人間に害あるを論ず」・第十六編「心事と働きと相当すべきの論」も、それに関連するところがある。そこでは、とかく消極的な独善孤高に傾きやすい東洋のモラルに対して、強い批判が加えられているのである。

福沢はこれらのことについても、ただ人に教えるだけでなく、自ら率先実行した。明治七（一八七四）年（?）、西洋の本からはじめてスピーチや討論の方法を学んで、『会議弁』を著わし、またそれに先立って、慶応義塾に三田演説会を設けて、学生とともに熱心に演説を行なったのである。「演説」という日本語自体、彼がスピーチの訳語として採用したものであった。明治八（一八七五）年には、慶応義塾構内に三田演説館が落成したが、これが日本における最初の演説専門の会館である。現在、安全地帯に移されて、貴重な文化財として保存されている。わが国の弁論史上でも、福沢は第一ページを飾るべき先駆者《せんくしゃ》であった。

また明治十三（一八八〇）年、交詢社《こうじゅんしゃ》というクラブを組織して、全国に会員を募り、国民相互の知識交流の中枢機関たらしめることを期した。交詢社は今も続いており、わが国社交クラブの元祖となっている。後年の交詢社は、必ずしも当初の目的を果たしたとは言えないにしても、福沢の着想は、いかに彼が全国民の知識の結集と意見の交換とを社会発達の要因と考えていたかをよく示すものであろう。

*

福沢の偉さ

福沢の値打ちは、知識の深遠さや、思想の緻密さにあったのではない。そういう点では、当時にも彼以上の学者・思想家はあった。彼の偉さは、人間にとって、特に現在の日本人にとって、何がもっとも大切であるかという〝物事の本質〟をとらえる見識の確かさにあった。そうしてそれを勇敢に人に説き、自らも忠実に実践して、世人に範を示したことである。社会の指導者・人間の教師としての感化力の大きさにあった。

彼にはほとんど言行の不一致がない。民権論の第一人者と言われた中江兆民《ちょうみん》が、民主主義の経典とも言うべきルソーの『社会契約論』（民約論）を『民約訳解』（明治十五年）に翻訳するのに、もっとも非民主的な難解の漢文をもってしたような矛盾は、福沢にはなかった。また兆民と並んで、近年高く評価されている植木枝盛《えもり》にしても、民権主義のイデオロギーでは福沢より徹底していながら、私生活の面では封建的悪習を免れず、その点、福沢の清潔さには及びもつかなかったのである。

十九世紀の思想家福沢の言論のなかには、二十世紀後半の今日では、もはや解決ずみとなった問題もある。また時には現代に通用しない議論もないではない。しかしそれが、その時代としてはいかに社会の進歩に役立ち、いかに適切な発言であったかは、当時の社会のレベルや歴史の背景を考えなければならぬ。またその反面、当然生かさるべき彼の精神が今日なお生かされていない事実のいかに多いことか。彼の教えたことは、いわば民主主義のイロハにすぎないが、それすら一世紀後の現代に十分実現されているとは言いがたい。『学問のすゝめ』が古くて読むにたえなくなる時代にはまだ程遠いのである。われわれはもっと謙虚に、真剣《しんけん》に福沢の精神に学ぶべきではなかろうか。

四　『学問のすゝめ』の文章

俗文をもって衆生を文明に導く

福沢の文章は、平明達意を旨《むね》とした、きわめて庶民的な文章である。まだ彼の時代は文語体が一般の風だったから、すべて文語文で書かれているが（晩年の『福翁自伝』等は例外）、このくらいやさしい文語文はめったにない。やがて、明治中期以後発達する口語文の地ならしをした観がある。彼は封建時代を支配した漢学思想を排斥するとともに、漢字の煩雑さが国民の頭脳に重い負担を強制し、科学的な思考力や合理的な判断力を鈍らせてきたことを憂えて、早くから文字の簡素化と文章の平易化を念願していた。常に物事を本質的にとらえる彼は、「ことばや文章の本質ないし使命は、自分の気持ちをひとりでも多くの人に、正確に、かつ平易に伝えるにあるのだ」という根本的認識をしっかり身につけていたのである。

『学問のすゝめ』と同じ時代に著わした『文字之教』（明治六年）は、そうした精神でつくられた少年向きの国語読本であるが、その序文のなかで、漢字制限の必要を説いているのが、わが国漢字制限論の走りである。またこの本の付録の最後に、「文章と内容とは全く別のもので、つまらぬことでもむずかしく書けるし、むずかしいことでもやさしく書ける。むずかしい文章を書く人は、文章が上手なのではなく、下手なのをごまかすためか、あるいは内容のくだらぬのを文章で飾ろうとするにすぎないのだ」と言い、「今の世の中に流行する学者先生の文章といふものも、その楽屋《がくや》にはひつてみれば、大抵このくらゐの趣向なるゆゑ、少年の輩、必ずその難文に欺かれざるやう用心すべし。その文を恐るるなかれ、その人を恐るるなかれ。気力をたしかにして、易き文章を学ぶべきなり」と教えているのは、今日もなお多く見かける学者の難語難文癖を諷刺して、痛烈をきわめているではないか。

「昔真宗の開祖親鸞上人《しんらんしょうにん》は、親しく庶民のなかにはいって衆生《しゅじょう》の済度を実践したが、自分もそれを模範にして、通俗の文章で民衆を文明に導くことを志したのだ」と彼は語っている。(『福沢全集緒言』)。その態度は、『西洋事情』以来、福沢のあらゆる著書に貫かれたので、『学問のすゝめ』も、もとより例外ではなかった。第一『学問のすゝめ』という書名からして、当時の一般の書物に比べると、無類に平民的である。その文章は、今日では時代の変化で、大学生にさえ必ずしも読みやすい文章ではないが、この時代にこんなやさしい文章はほとんどなかった。ただことばづかいがやさしいだけでなく、論理が明晰《めいせき》で、言わんとする趣旨を縦横に言い尽くして余すところがない。読者に対する親切心が紙上にあふれている。彼がわかりやすい文章を書くために非常な苦心を重ねた逸話は、自らも語り、門下生の間にも語り伝えられたところである。言語・文章の封建性を打破して、これを民主化した彼の功績は、もっとも見のがすことができないものである。

福沢文体の完成

しかし福沢の文章の特色は、単に平易通俗だけにあるのではない。非常に自由闊達で、明るいユーモアに満ちていることである。それは談話筆記である『福翁自伝』を読む人のひとしく感ずるところであるが、文語文についても同様である。ただ『学問のすゝめ』以前の文章は、なんと言っても訳述が主であったから、原書の束縛のために、まだ福沢個人の持ち味が十分発揮されないうらみがあった。ほぼ『学問のすゝめ』の時代になって、はじめて彼自身の文才が思いっきり羽を伸ばすことができるようになったと言えよう。平明達意の上に、歯切れのいい気炎毒舌や諷刺諧謔《かいぎゃく》が加わり、しかもことわざの使用や、比喩・仮定あるいは引例等が多く、寸鉄人を刺すような警句が至るところに飛び出してくる。そのために、堅い議論の間にも、おのずから豊かな文学性が感ぜられるのである。以下少しく具体的な実例について見よう。

まず彼の得意の筆法は、庶民に親しみ深い俗語を用いる方法である。「御上《おかみ》の御用とあれば、馬鹿に威光を振ふのみならず、道中の旅籠《はたご》までもただ食ひ倒し」(第二編)・「世の学者は大概みな腰ぬけにて、その気力は不慥《たし》かなれども」(第五編)・「半解半知の飛び揚がりものが」(第十一編)・「月給の縁に離るることあれば、気抜けのごとく、間抜けのごとく」(第十六編)・「恐れ憚《はばか》るところなく、心事を丸出しにして颯々と応接すべし」(第十七編)といった類がそれである。

それは単なる笑いを誘うだけではなく、痛烈な皮肉諷刺につながる場合が多い。「独立の気力なき者は、必ず人に依頼す。人に依頼する者は、必ず人を恐る。人を恐るる者は、必ず人に諛《へつら》ふものなり。常に人を恐れ人に諛ふ者は、次第にこれに慣れ、その面の皮鉄のごとくなりて、恥づべきを恥ぢず、論ずべきを論ぜず、（中略）立てといへば立ち、舞へといへば舞ひ、その柔順なること、家に飼ひたる痩せ犬のごとし。実に無気無力の鉄面皮といふべし」（第三編）とか、「元来人の性情において、働きに自由を得ざれば、その勢ひ、必ず他を怨望せざるを得ず。因果応報の明らかなるは、麦を蒔《ま》きて麦の生ずるがごとし。聖人の名を得たる孔夫子《こうふうし》が、この理を知らず、別に工夫《くふう》もなくして、いたづらに愚痴をこぼすとは、余り頼もしからぬ話なり」（第十三編）などは、その好例であろう。

右の例にも、「家に飼ひたる痩せ犬のごとし」とか、「麦を蒔きて麦の生ずるがごとし」とかいった比喩が用いられているが、比喩の上手なことは福沢のもっとも大きな特徴であった。実生活に不用意な学者を「文字の問屋」「飯を食ふ字引」（第二編）とあざけり、外国人を恐れる商人を「臆病神《おくびやうがみ》の手下ども」（第三編）、無気力な小市民を「蟻《あり》の門人」（第九編）とののしったのも辛辣な比喩であるが、見識のみ高くて実行力のない人間の不満を評して、「石の地蔵に飛脚の魂を入れたるがごとく、中風の患者に神経の穎敏を増したるがごとし」（第十六編）と言い、偽君子を学んで社交に無関心な人を戒めて、「戸の入口に骸骨《がいこつ》をぶら下げて、門の前に棺桶《くわんをけ》を安置するがごとし。誰《たれ》かこれに近づく者あらんや」（第十七編）と言ったごときは、奇想天外である。なかんずく第十四編「心事の棚卸し」は、全体が比喩から成っているが、ことに最後一頁ほどの比喩の連続が、この文の見どころであろう。「青年の書生、未《いま》だ学問も熟せずして、にはかに小官を求め、一生の間《あひだ》等外に徘徊《はいくわい》するは、半ば仕立てたる衣服を質に入れて流すがごとし」などは、言い得て妙と感心するほかはない。第十七編「人望論」のなかで、彼は「なにはさておき、今の日本人は、今の日本語を巧みに用ひて、弁舌の上達せんことを勉《つと》むべし」と言い、教師が「円《まる》い水晶の玉」を生徒に教えるのに、わかりやすい比喩をもってすることの必要を説いているが、これこそ彼自身の心がけを語ったものと言えよう。

　比喩と並んで読者の理解を助け、興味を増すのは、引例および仮定である。学問を活用できぬ洋学者を戒める例に、江戸で多年修行した朱子《しゆし》学の書生が、帰国の途中、船で積み送った数百巻の写本を難破のため流失して、その愚は昔に逆戻りしたという話（第十二編）をあげているのもそれである。また対話の大切なことを論じて、古今の暗殺の事に触れ、「もし下手人《げしゆにん》と被害者とを数日間同じ場所におき、隔意《かくい》なく話し合わせたならば、互いに理解し合うばかりか、時には無二の朋友《ほうゆう》となることさえあるだろう」（第十三編）と言っているのは、仮定の一例である。第八編「わが心をもつて他人の身を制すべからず」のなかにも、人間に自由のない場合の仮定がおもしろく語られているが、第十五編「事物を疑ひて取捨を断ずること」は、ほとんど全編が引例と仮定から成った点で注目に値《あたい》する。すなわち前半には、日本人の無批判に信じこむ性格と西洋人の懐疑的性格とを幾多の例をあげて対照し、後半には、東西の風俗習慣が現実と逆の場合を仮定して、それに対する軽薄な一開化先生の評論の言葉を想像したものである。特にこの後半の部分は、仮定の妙をきわめたもので、「揶《や》揄《ゆ》翻弄《ほんろう》の特技を恣《ほしいまま》にし、読者をして思わず失笑を禁じかねしめる」（小泉信三）奇抜な構想と言うをはばからない。福沢一流の諷刺諧謔は、この編に至って極致に達した趣がある。

キャッチ・フレーズの名人

福沢の文章で見のがせないのは、随所にちりばめられた警句である。彼は既製品のことわざや、古人の成句なども抜け目なく利用したが、それ以上に自らキャッチ・フレーズを製造することが名人であった。巻頭の「天は人の上に人を造らず、人の下に人を造らず」からして、それを証して遺憾《いかん》がない。今この文句について少し私見をさしはさむならば、それは近来の説では、多分アメリカの独立宣言（一七七六年）の「すべての人は神から平等に造られているうんぬん」（All men are created equal, etc.）という文句を言い換えたものだろうと言われている（木村毅氏等）。必ずしも独立宣言によらなくても、福沢の虎《とら》の巻、ウェーランドの『修身論』なども、そうした天賦人権思想が根底になっているから、思想的には福沢の身近にころがっていたもので、むろん彼の独創でもなんでもない。ただそれをことさら

「天は人の上に人を造らず、人の下に人を造らず」と対句《ついく》に表現したところに、福沢の工夫があったのであろう。上下の差別観念の強かった当時の日本人には、特に警鐘の効果が大きかったに違いない。それにしても、私見によれば、福沢がこの句を『学問のすゝめ』冒頭にすえたのは、それより約半年前に出版されて、ベスト・セラーになっていた中村正直（号、敬宇）訳の『西国立志編』（明治四年七月）と無関係ではなさそうに思われる。この本は、英人スマイルズの『自助論』（Self-Help 一八五九年）の翻訳で、自助独立の精神を鼓吹《こすい》した道徳教育の本であるが、その冒頭は、「天は自ら助くる者を助く」（Heaven helps those who help themselves の訳）という句から始まっている。この文句が当時の人心に投じて、人々の合言葉《あいことば》になっていたので、福沢はそれにヒントを得て、自著の巻頭に、「天は人の上にうんぬん」というキャッチ・フレーズを案出したのではなかろうか。これは一個の臆《おく》測《そく》にすぎないが、もしそれが当たっているとすれば、そこにいよいよ明敏な福沢の応用の才が認められるのではあるまいか。

このほか、福沢のキャッチ・フレーズは、各編に見いだすに難くない。「この人民ありて、この政治あるなり」（初編）・「独立の気力なき者は、国を思ふこと深切ならず」（第三編）・「政府は衆智者の集まる所にして、一愚人の事を行なふものといふべし」（第四編）・「日本にはただ政府ありて、未《いま》だ国民あらずといふも可なり」（同）・「学問の要は活用にあるのみ。活用なき学問は無学に等し」（第十二編）・「信の世界に偽詐《ぎさ》多く、疑ひの世界に真理多し」（第十五編）などは、現代にも通用する至極《しごく》の名言であろう。福沢生涯の文章には、この種のサワリ文句が枚挙にいとまがない。真理はもとより尊いが、真理を人に訴えるものは言葉の力である。適切な言葉があって、はじめて真理は人々の心に生かされる。短い金言やことわざが、しばしば数百千言の長い文章にまさるゆえんであるが、福沢のキャッチ・フレーズも、われわれの心に刻んでおけば、必ず人生にプラスすること多大であろう。

広義の文学者

かりに福沢諭吉が、あれ以上の大学者・大思想家であったとしても、以上のような文章上の用意と才能とがなかったならば、あれだけの大きな感化を社会に与えることは絶対に不可能だったに違いない。『学問のすゝめ』を読む者は、福沢の溌剌《はつらつ》たる独立自尊の精神をくみ取るとともに、文章家としての手腕と苦心を見のがしてはならない。

この雑沓《ざつたふ》混乱の最中に居て、よく東西の事物を比較し、信ずべきを信じ、疑ふべきを疑ひ、取るべきを取り、捨つべきを捨て、信疑取捨その宜《よろ》しきを得んとするは、また難《かた》きにあらずや。しかりしかうして、今この責《せめ》に任ずる者は、他《た》なし、ただ一種わが党の学者あるのみ。学者勉《つと》めざるべからず。（第十五編）。

のごときは、口語文にはない力強さ、簡潔さ、および朗々として誦すべきリズムの快さ、美しさが感ぜられるではないか。

『学問のすゝめ』で気がつくのは、一編の結びの文句がうまいことである。

概してこれをいへば、人を束縛《そくばく》して独《ひと》り心配を求むるより、人を放《はな》ちてともに苦楽を与《とも》にするにしかざるなり。（第三編）。

今より数十の新年を経て、顧《かへり》みて今月今日のありさまを回想し、今日の独立を悦《よろこ》ばずして、かへつてこれを愍笑《びんせう》するの勢ひに至るは、あに一大快事ならずや。学者宜《よろ》しくその方向を定めて、期するところあるべきなり。（第五編）。

人間の食物は西洋料理に限らず。麦飯《むぎめし》を食《くら》ひ、味噌《みそ》汁を啜《すす》り、もつて文明の事を学ぶべきなり。（第十編）。

人生活潑《くわつぱつ》の気力は、物に接せざれば生じ難し。自由に言はしめ、自由に働かしめ、富貴も貧賤もただ本人の自《みづか》ら取るに任《まか》して、他よりこれを妨ぐべからざるなり。（第十三編）。

世界の土地は広く、人間の交際は繁多にして、三、五尾の鮒《ふな》が井中《せいちゆう》に日月《じつげつ》を消《せう》するとは少しく趣を異にするものなり。人にして人を毛嫌《けぎら》ひするなかれ。（第十七編）。

などは、いずれもその編を締めくくって、千鈞《せんきん》の重みを示すものである。おそらく筆者の苦心の存するところであろう。

　福沢はいわゆる実学主義に立って、詩文のごとき有閑《ゆうかん》文字を排斥したから、もとより狭義の文学者ではなかった。しかしながら、文学をとかく小説や詩歌のごとき狭い範囲にのみ限定したがるのは、近代日本人の偏見で、西洋では評論などの文章も、りっぱに文学として通用しているのである。福沢はその創意と精彩に満ちた文章において、やはり稀に見る大文学者だったと言うべきである。

五　『学問のすゝめ』の用語

辞書にない文明開化時代のことば

『学問のすゝめ』は、福沢ができるだけやさしく書いた本であるが、なにぶん一世紀前の古典であるから、その用語には、今日と語彙《ごい》や意味の変わっているものが少なくない。ことに幕末から明治初年にかけては、社会の大変動期で、西洋から前代未聞の新しい文明がはいってきたから、国語の上にも非常な動揺が起こった。日本人に必要な外国語をどう訳したらいいか、訳語の上にも識者は一方ならぬ苦心を払ったのである。その時代に広く行なわれたにかかわらず、もはや廃語となって、現代の辞書にまるで出ていない例は意外に多い。日本の辞書はまだ不完全で、そうした命の短いことばまでは載せていないのである。この文庫本では、それらの語について、必ずそれぞれの場所で注を加えておいたが、今そのおもなことばだけ取りまとめて、読者の注意を促しておきたいと思う。（以下カッコ内の数字は、実例参照頁）。

今と違う学問などの名称

まず福沢がもっとも重んじた「実学」（20 145）ということばは、古くからあった。しかしそれは、単に「実用の学」または「実践の学」というだけの意味であったが、福沢になると、前（287）にも述べたように、「実験実証の学」、すなわち「サイエンス」の意味が加わったのである。「実用の学」と「サイエンス」とでは、むろん違った概念であるが、西洋のサイエンスこそ日本にとってもっとも実益ある学問だというところから、福沢の頭のなかでは、この二つの概念が堅く結びついていたのであろう。そこで彼が実学というとき、そこにはおのずから科学の意味が含まれたのである。現在どの辞書にも、実学に科学の意味があることを明記したものはないようだが、福沢の思想を正しく理解するために、これはきわめて大事な点である。

「科学」は言うまでもなくサイエンスの翻訳《ほんやく》語としてつくられたものであるが、『学問のすゝめ』には僅か一ヵ所（98）しか見えず、当時はまだ世間全般に慣用されなかった。科学（自然科学）を意味することばとして、福沢は往々「智学」（知学）と言っている（171）。また近代の中国では、古来の儒教の成語「格物」を西洋の科学の意味に転用して「格物学」と言ったので、日本でもしばしばその語を用いた（211）。「科学」の語が一般化したのは、明治中期以後である。「智学」や「格物学」などは今日では姿を消し、「智学」は辞書にさえ出ていない。明治初年にしばしば用いられた語に「窮理」（究理）または「窮理学」がある（20 31 144 211）。今の物理学のことであるが、時にはこれも自然科学全体を意味した。「人身窮理」（59 218）はすなわち「生理学」のことである。

「実学」や「科学」の対照語は、「文学」である（15 19 44 98）。「文学」は古くは学問全体の称であった。福沢も「武備・文学」（79）などのように、軍事と対照して学問全体の意味にも用いたが、実学や科学と相対した場合は、文字や文章を主とした学問、すなわちだいたいにおいて人文諸学をさしたのである。詩や小説・戯曲などのジャンルだけを文学と言うようになったのは明治中期以後で、福沢時代の「文学」は、今より範囲が広かったことを知るべきである。「文学」のついでに言えば、「芸術」という語も『学問のすゝめ』に一ヵ所（148）出てくるが、これも文学・美術・演劇・音楽などをさすのは新しいことで、学芸技術、すなわちおもに理工科方面の学問技術を意味するのが古来の用法であった。また「小説」という語も一ヵ所（209）出てくるが、これは今の小説ではなくて、世間の俗説の意味であるから、誤解してはいけない。そういう意味に使うことは、漢語の伝統にあるのである。もっとも文学作品としての「小説」という語も古くから中国にあり、日本にも行なわれていたけれども、福沢は俗説の意に用いる場合が多かったようである。

「理学」という語も間違いやすい。これは自然科学の意味よりも、「フィロソフィー」のことで、「哲学」の意に用いられた(171)。『学問のすゝめ』で、理学を無形の学問(精神的な学問)の一種に数えているのも(31)、それが哲学の意味だからである。同様に「理論」というのは「哲学論」のことで(177)、単なる「セオリー」の意味ではなかった。ただし福沢の時代にも、理学が今のように自然科学を意味した場合もあって、ややまぎらわしいが、これは古く西洋で、科学が哲学者の思索から生まれ、哲学と科学が未分化だった歴史事情によるものであろう。はじめて西洋の「フィロソフィー」が輸入された当座、適当な訳語がないままに、古来儒学で形而上《けいじじょう》的な学問を「理学」または「性理学」と称したのを借用して、理学と言ったのである。「哲学」という訳語は、西周が明治七(一八七四)年に『百一新論』という著書に用いたのが初めで、それから次第に一般化したが、『学問のすゝめ』にはまだ「哲学」という語は出ていない。

「修身学」(20)は「モーラル・サイエンス(道徳学)」の訳語に福沢が採用したもので、時に「修心学」(207)とも書き、「心学」(31)とも略称されたようである。江戸時代の心学道話のことではない。また「神学」(31)はキリスト教の神学(セオロジー)に限らず、広く「宗教学」の意味らしい。

「宗教」は「レリジョン」の訳語として生まれたことばである。しかし『西洋事情』にはまだそのことばは見えず、「宗旨」「宗門」「宗旨法教」「宗旨教法」などと書いてある。『学問のすゝめ』になると、「宗教」の語もたくさん出てくるけれども、一方にはやはり「教法」(211)、「宗旨」(220)とも言っている。福沢は後年まで宗教のことを宗旨と表現した場合が多かったが、それは決して今日言うような仏教の各宗派の意味ではない。一つの文章のなかに「宗教」と「宗旨」とが同居している場合があるのは(220 221)、文章の単調を避けるための用意であろう。

「経済」は古くからあった漢語を、福沢らの洋学者が「エコノミー」の訳語に応用したものである。しかしその漢語本来の意味は、「経国済民」すなわち国家を経営し、人民を救済することで、「政治」の意味であった。けだし西洋のエコノミーこそ経国済民の根本だという考えから、「経済」を「エコノミー」の訳語にあてたのであろう。『学問のすゝめ』でも、「エコノミー」の意味に用いているのが常例であるが、時には元の「政治」の意味に用いた例がないでもない(59)。

以上のように、この時代は西洋文明の輸入に伴って、新しいことばが創作されたり、古来のことばが新しい意味に転用されたりしたが、それが現在ではもはや廃語となったり(智学・格物学・窮理学・法教・教法)、現在とは意味が違っていたり(文学・芸術・理論・心学・神学・宗旨)、両様の意味を含んでいたり(実学・理学・小説・経済)するから、注意が肝要である。西洋の文明や学問がはいってきて、それが現代の訳語に落ち着くまでには、大きな動揺期があったことがわかるであろう。

「通義」「権義」「人間交際」など

西洋文明の伝来は、有形・無形各方面の新語を必要とした。「自由」とか「権利」とかいうことばも、今日の人はずっと古くからあったように思っているが、実は幕末から明治初年にかけて決まったのである。封建時代は、「個人の自由」とか、「人間の権利」とかいう観念そのものがなかったから、当然それを表わす日本語もなかった。そこで西洋からはじめて「リバティ」（あるいは「フリードム」）や「ライト」という語を学んで、日本の学者はそれをどう日本語に訳するかに惑い、一時、幾種かの訳語を試用した結果、やっと「自由」「権利」に落ち着いたのである。もっとも「自由」のほうは、古来あった漢語の利用であるが、原義は「わがまま、勝手」というような、悪いニュアンスをもったことばだったから、西洋で言う「リバティ」や「フリードム」の訳語としては、世人の誤解を招く恐れがあった。そこで福沢は、「正しい自由とは、わがままとは違ったものだ。『自由』には『他人の妨げにならぬ限り』という条件がつくのを忘れてはならぬ」と、『西洋事情』以下の著書で再三国民に警告している。『学問のすゝめ』（初編）でもその点を力説しているのは、そのためである。

「権利」は「ライト」の訳語として、幕末時代に中国で用いられたのを日本が輸入したのである。(古来の漢語にも「権利」の語はあったが、それは権力と利益の意で、近代語の「ライト」の意味ではない)。『西洋事情』にはまだ「権利」の語は見えず、「ライト」をもっぱら「通義」と訳している。『学問のすゝめ』になると、「権理」(34)・「通義」(34)、あるいはこの二語をつづめた「権義」(44)を用い、特に「権義」の用例がもっとも多い。「権利」と書いた例は、たった一ヵ所(61)しかない。晩年の『福翁百話』などでは、すべて「権利」に統一されている。明治初年には、「ライト」の訳語として「通義」や「権義」が広く行なわれたにもかかわらず、今日どの辞書を見ても、「通義」は「天下に通ずる道理」、「権義」は「権利と義務」というような説明しかなく、「権利に同じ」とズバリ明解したものは見当たらない。日本の辞書がまだまだ不完全なものだということは、これでもわかるであろう。「ライト」に対応する「デューティ」のほうは、福沢はおもに「職分」という語で表わした(31)。

『学問のすゝめ』の用語で、ちょっと人の気づかないのは、「人間の交際」または「人間交際」ということばであろう。「人間」とはひとりの人を言うほか、「世間」という意味のあることも知っておくべきであるが(57 69 160 180 188)、「人間の交際」「人間交際」は、単に世間づきあいという以外に、「ソサイティ」の訳語として、すなわち「社会」の意味に使われたことが非常に多いのである(126 131 135)。古来日本には、人間の上下の関係から成る「国」という観念はあったが、横の結合を示す「社会」という観念が乏しかったから、「ソサイティ」

の訳語も、「社会」に落ち着くまでに相当ひまがかかった。だれが「社会」という訳語を発明したかよくわかっていないが、明治七、八年ごろからだんだん広まり出したことが知られている。福沢は、『学問のすゝめ』でも『文明論之概略』でも、まだほとんど「人間の交際」「人間交際」で押し通し、明治九（一八七六）年になって、『学問のすゝめ』第十七編（最終編）に、やっと一ヵ所（243）「社会」の語を用いたにすぎない。明治九年以後は、彼もこの語を多く用いるようになるが、それ以前は、「交際」で「社会」の意味を表わしていた（128 131 135 180）。これは福沢だけでなく、一般の風だったので、「ソシオロジー（社会学）」を「交際学」と訳した本もあったくらいである。そういう事実も、現代の辞書では全く取り上げられていない。

「社会」をさかさまにした「会社」は、「コンパニー」または「アッソシエーション」などの訳語であるが、最初は原語の原義通り、広く「仲間」「結社」の意味に使われたのが普通である（101 155）。学校でも宗教団体でも、すべて会社だったので、今日言う会社、すなわち営利会社のことは、「商人の会社」（165）・「商売会社」（223）、略して「商社」（101）と言っていた。

ニュース・ペーパーを「新聞」と呼ぶことは、昔も今も変わらないが、昔は「新聞紙」とはっきり表現した場合が多く、単に「新聞」と言うと、「ニュース」を意味することが多かった（144）。（現在も中国で「新聞」と言えば、ニュースをさす）。「新聞局」（214）は今日の新聞社のことである。

その他の要注意語

右のほかにも、現在用いられていることばで、意味や語感の違うものがかなりある。うっかり現在のままに解釈すると、はき違えになりかねない。もちろんその大部分は、その時代では普通の用語用法だったので、福沢だけの特別な表現というわけではないのである。そのおもなものを拾って見よう。

「わが輩」または「余輩」は、明治中期以後は自分ひとりをさすことになったが、以前はわれわれ、われら仲間という複数に用いる場合が多かった。『学問のすゝめ』でも、単数と複数と両方に使っている。複数の場合は、政府に対して国民全体をさしている場合（57）・慶応義塾の同志をさしている場合（68 76）・現代学徒一般をさしている場合（136 140 223）などいろいろあるから、その場に応じて解釈する必要がある。

「学者」ということばも、「学問の専門家（スカラー）」の意味のほか、「学問修業中の若者（スチューデント）」をも含めていることを見のがしてはならない。『学問のすゝめ』は世の若い人々を相手にしているのだから、その読者をすべて学者と呼んでいる場合が多い（16 86 140 207）。たとえば「学者勉めざるべからず」（224）と言えば、「青少年諸君、しっかりしたまえ」という意味である。

「少年」ということばは、「若者」の意味で、今日のように子どもだけをさすのではない。青年までも含めたことばであった（150 172 216）。

「私立」は、広く「独立」の意味（32 47）で、特に官権にたよらぬ独立（68 82）の意味にも用いている。学校や病院などに限ることばではなかったのである。

「私有」は、今日では一個人が所有するという抽象名詞であるが、昔は「私有品」「私財」という具象名詞に用いた（79 85 202）。「プロパティ」の訳語と考えてよい。

「所得」は「収入」の意味より、身につけた「知識」「教養」の意味に多く用いられたのである（85 135）。

「知見（智見）」は、今は用いられないが、「ノレッジ」の訳語で、「知識」のことである（85 135 169）。

「コンシェンス（良心）」の訳語に、福沢は「至誠の本心」「正直なる本心」（118 241）と表現した。

また彼の言う「品行」は、単なる身持ちや行儀ではなく、「人格識見」の意である（171 212）。

福沢と言えば、前述のごとく明治実業界の育ての親で、後年には『実業論』（明治二十六年）などの著もあるが、『学問のすゝめ』には、まだ商工業の意味での「実業」ということばは見当たらない。「実行」「アクション」の意味に用いられている（230）。

「産業」も、必ずしも生産に関する事業のことではなくて、単に「なりわい」「生計」の意である(163)。

「事務」は、今日使うビジネスの意味より広く、あらゆる事業の意味に用いた例が多い(57 79)。

「事実」も、今日の「ファクト」の意味以外に、やはり「事業」の意に使われた例がある(63 171 200)。

「情実」は、今日ではもっぱら黒い霧のような後ろ暗い関係に使われるが、元来は「実際の情況」「内情」(195)の意か、「真の情愛」(114 156 192)の意味であった。今日のような暗い意味に用いた例は、『学問のすゝめ』には一つもない。

「実験」は、今日では「化学の実験」などのように、「エクスペリメント」のことを言うが、昔は「エクスペリエンス」、すなわち「経験」「体験」(71 235)、あるいは「エクザンプル」「実例」(96)と解釈すべき例が多い。

「発明」は、「インベンション」のほか、単に「発見」と同義にも用いたので(15 181 210)、現代よりも用法の幅が広かった。

「勉強」は、必ずしも学問だけに限らず、広く「努力」の意である(141 194)。

「弁解」は、今では言いわけであるが、福沢は「解説」「説明」の意味のみに用いている(127 246)。

「整理」は、今日では「人員整理」など、数を減らしてむだを省く気持ちが強いが、福沢の用例では、むしろ足らぬ物を補って整備充実する積極的な意味の方が強い（57 72）。

「視察」は、役人や学者などが実地調査に行くことではなく、「観察」と同じである（168）。

「布告」も、お役所のお触《ふ》れに限らず、広く知らせるというだけの意味にも用いられた（29）。

「交易」は、商品の貿易だけでなく、単に「交換」「転換」の意にも用いた（169 217）。

「普通」ということばは、今では「普通人」「普通列車」のごとく、価値の等級を示す気持ちが強いが、元来は普《あまね》く通ずるという文字通り、「普遍的」「共通的」の意で、広い範囲にゆきわたる意味であった。福沢も「ノーマル」よりは「ユニバーサル」の意味に用いている（211）。たとえば「人間普通の実学」（20）と言えば、人間社会共通の学問のことで、高級ならぬ並等《なみとう》の学問の意ではない。

　もう一つ、「生々」ということばがしばしば目につくが（133 199 218）、これは「生活」「生存」の意味で、「ライフ」または「リブ」にあたる。

　福沢はなるべくむずかしい漢語を避けて、平民的な言い方をしようとしたため、稀にはかえって意味のややぼけた場合もないではない。たとえば「その頼むところのみを頼みて、己れが私欲のためにはまたこれを破る。前後不都合の次第ならずや」（27）とあるのは、「矛盾」という漢語で表現したほうがむしろ通じやすい（128も参照）。「その同等とは、有様の等しきをいふにあらず、権利通義の等しきをいふなり」（34）の「有様」は、英語のコンディションの翻訳であるが、これも「境遇」とでも言ったほうがはっきりするであろう。「ゆゑに後世の孔子を学ぶ者は、時代の考へを勘定の内に入れて取捨せざるべからず」（187）は、「時代思想」とか「時代の水準」とかいう意味である。

語法・用字の癖

福沢の文章には、文法やかなづかいなどの誤りが少なくない。だいたい封建時代の学問は、漢学が主で、国文国語の研究は、ごく一部の歌人や国学者だけのことだったから、当時の教育を受けた人々が、一般に文法やかなづかいなどに無関心だったのは怪しむに足りない。「得しむ」を「得せしむ」などと書くのは、福沢だけの癖ではなく、一般の慣習であった。「必ずしも」という副詞は、否定語か反語で結ぶのがきまりであるが、福沢がそれを無視して、しばしば「必ず」と同じに用いたごときも（64 135 169）、文法の知識が正確でなかった一例であろう。

彼の漢字の素養は相当なものだったらしいが、漢字などは意味が通ずればいいという流儀で、あまり文字の細かい詮索《せんさく》はしなかった。彼の用いた漢字には、往々現代人には見なれぬ当て字が目につく。「約介」は「厄介」、「欠典」は「欠点」、「執行」（しゅぎゃう）は「修行」、「掛念」は「懸念」、「必竟」は「畢竟」、「約条」は「約定」、「大造」は「大層」、「颯々と」は「さっさと」の意味である。もっともこのなかには、福沢一個の癖というより、当時の慣用だった例もある。

以上列挙したところが、『学問のすゝめ』を読むにあたって注意を要する用語（および用字）のあらましである。その大半は、現代の辞書を探っても明らかにされぬものである。これらのことを心得ておけば、福沢の他の著作はもとより、同時代の人の文章を読むにも応用がきくであろう。

六　『学問のすゝめ』の影響

天は人の上に人を造らず

『学問のすゝめ』が明治啓蒙期に育った青少年たちに、いかに大きな希望を与え、彼らの志を鼓舞《こぶ》したかは、それらの人々の後年の思い出にいろいろ語られているところである。ことに「天は人の上に人を造らず、人の下に人を造らず」という文句は、明治十年代の自由民権運動の激化時代には、民権論者たちのうたい文句として盛んに利用された。たとえば土佐派の少壮民権主義者で、福沢の著書や演説から天賦人権思想を学び取った植木枝盛《えもり》は、民権思想の宣伝歌をつくった人であるが、「民権数え歌」「民権田舎《いなか》歌」などには、この文句がうたいこまれている。「天の人間を造るのは、天下万人みな同じ。人の上には人はなく、人の下にも人はない。ここが人間の同権ぢゃ。権利張れよや国の人」（「民権田舎歌」）などがそれである。また枝盛が自ら発行していた雑誌「愛国新誌」（第十一号、明治十三年十月）に掲げた「上下社会の区別を論ず」という論説も、「天は人の上に人を造らずとは、万古不易《ばんこふえき》の金言にしてうんぬん」という文句から始まっている。この種の例を広く当時の文献から拾ってゆけば、いくらも発見できるに違いない。当時の進歩的な青年の頭に、『学問のすゝめ』冒頭の一句が、いかに強烈な響きを与えていたかが十分想像されるであろう。

学者職分論

『学問のすゝめ』が周囲に反響を生んだ一つは、第四編「学者の職分を論ず」（明治七年一月）である。この編は、他の多くの編のように青少年向きに執筆したものではなく、当時の有力な学者の団体で、彼もその会員だった明六社の会合で行なった談話の文章化であるらしい。その内容は、前にも述べたが、世の官僚学者連の事大主義をたしなめ、「学者たる者は、よろしく民間に独立して、各種の事業を自力で実行すべきだ」というのである。しかるに明六社の会員たちは、福沢以外は大抵官僚学者だったから、この発言に大きなショックを受けたらしい。さっそく二、三の反論が加えられたらしいことが、第四編の末の「付録」によってうかがわれるが、さらに明六社の機関誌「明六雑誌」第二号（明治七年三月）には、会員の加藤弘之・森有礼・津田真道・西周の四人の官僚学者が、筆を揃えて自説を発表した。その号は、いわば福沢発言への批判特集号のような観を呈したのである。しかし彼らの言うところは、要するに、「官途にあるも民間にあるも、人々の才能や事情によることで、一方に偏する必要はあるまい」とか、「あまり民間の力が強過ぎては、国権に支障が起こるだろう」とかいった程度の消極的反論にすぎなかった。官尊民卑の打破を刻下《こっか》の急務とする福沢の烈々たる言論に比べると、ことさら顧みて他を言うような自己弁護の域を出なかったのである。

赤穂不義士論と楠公権助論

『学問のすゝめ』は封建的精神の打破を目標としたから、その所論が保守派の人々の激しい反感を買ったことはいうまでもない。『活論学問雀《かつろんがくもんのすずめ》』(服部応賀著。明治八年)・『糺駁学問《きゅうばくがくもん》勧箚《のすすめさつ》』(犬塚襲水著。同)などは、守旧《しゅきゅう》的立場からした反駁《はんばく》書である。ことに第六編「国法の貴きを論ず」・第七編「国民の職分を論ず」は、ともに骨子はウェーランド『修身論』の社会契約論の翻訳《ほんやく》であるが、それを日本の事例にあてはめた第六編の赤穂不義士論と、第七編の楠公権助《なんこうごんすけ》論とは、忠臣義士への旧来の評価を真っ向から否定した極端論だったから、その反響が大きかった。「赤穂義士は大切な国法を犯した罪人であるから、真の義士とは言えぬ」とする福沢の論に対しては、前記『糺駁学問勧箚』にも詳しい反論があるが、一方また植木枝盛の『赤穂四十七士論』(明治十二年)は、民権主義者の立場から試みられた真剣な赤穂義士弁護論であった。もっともこの本は、必ずしも福沢だけを相手に回したわけではないが、書中特に福沢の名をあげた上、「昔の専制政府の法は、社会契約によって成立した合理的な法ではないから、時にこれを犯しても、あえて天下の罪人と称するにはあたらない」と言って明白に福沢の順法論に反対の意見を吐いている。このころの枝盛は、一面に福沢の説に学びながら、他面にこれを駁《ばく》する態度をとっていたから、この書も『学問のすゝめ』に触発されて筆をとったものであることが察せられる。

しかしながら、赤穂不義士論以上に大問題となったのは、楠公権助論のほうである。第七編最後の段に福沢は、古来の日本には西洋のような「マルチルドム（正義の死）」が乏しかったことを言い、「歴史上の美談とされる忠臣義士の死といえども、多くは君臣主従の封建道徳の犠牲になったものにすぎず、社会の文明に益のない点では、権助（下男）の首くくり同然である。日本でマルチルドムの名に値《あたい》するのは、古来ただ一名の佐倉宗五郎あるのみ」と断じた。先の赤穂不義士論だけでも、相当あたまに来ていた世の保守派連は、ここに至っていよいよ怒り心頭に発したのも無理はない。文中特に楠木正成の名は見えないが、これは明らかに忠臣楠公の死をも一介の権助の死と同一視したものだと解釈して、その不当を鳴らす声がまき起こったのである。そうしていつの時代もそうであるように、筆者の身辺には暴力の危険さえ感ぜられるに至ったので、周囲の人々の勧告《かんこく》もあり、福沢は慶応義塾五九楼仙《ごくろうせん》万《ばん》という変名で、「学問のすゝめの評」（明治七年十一月）と題する長編の弁明文を新聞紙上に発表した。やがて一応、騒ぎは収まったと言われるが、この楠公権助論は、たしかに福沢が筆の勢いに任せた勇《いさ》み足《あし》だったことは争えない。封建道徳に対する国民の反省を求める熱意に出たことには相違ないが、薬がききすぎて、自ら泡を吹く結果に陥ったのである。福沢に快からぬ人々の間に、後年まで楠公権助論が忘れがたい印象をのこしたのは、なんと言っても不覚の黒星であった。

佐倉宗五郎ブーム

しかし一方、『学問のすゝめ』第七編が佐倉宗五郎（木内惣五郎）を日本唯一の義人とほめ立てたことは、その後の自由民権家の間に、大きな共鳴を呼んだように思われる。福沢と同時代の学者で、宗五郎の郷里佐倉藩（千葉県）出身の依田《よだ》学海は、「近ごろ民権論者の中には、往々宗五郎を日本のワシントンとまで称する者がある」と記しているくらいで（児玉幸多著『佐倉惣五郎』）、当時一種の宗五郎ブームのようなものが起こったことが察せられる。一時、慶応義塾に籍をおいたこともある民権派の文士小室《こむろ》信介（号、案外堂）は、明治十一（一八七八）年に『木内宗吾一代記』という本を著わして、「真によく人権を知る者は宗吾なり」という観点から、その伝を書いた。さらに小室は、明治十六（一八八三）年から明治十七年にかけて『東洋民権百家伝』を著わしたが、この本は、「官に抗し、理を守りて、民のために身をなげうちたるもの、ただかの佐倉宗五郎ひとりのみかは」と思いついた結果、宗五郎同様、支配者の圧制に反抗して犠牲となった昔の義民たちの列伝を記したのである。これらの著は、いずれも『学問のすゝめ』の論に刺激されたものと言えよう。

　ことに千葉県を中心に、宗五郎を民権家の元祖のごとくあがめる気運が強かったらしい。市原郡八幡町（現在の市原市）の加藤久太郎という人は、明治十七年に自宅で宗五郎の祭典を行なったが、その祭文のなかにも、「民権の先導者たる木内宗吾君の霊を祭る」と言っている。宗五郎をまつった印旛《いんば》郡公津《こうづ》村（現在の成田市）の宗吾霊堂も、繁昌をきわめるに至り、明治二十一（一八八八）年には壮大な堂宇が新築されて、旧観を一変した。さらに境内に記念碑を建てる計画が起こり、まずもっとも関係の深い福沢に碑文を依頼したが、辞退されたので、時の衆議院議長で自由党の実力者だった星亨《ほしとおる》が代わってそれを書いた。明治二十六（一八九三年）年に完成して、今もその碑は遺《のこ》っているが、その碑文中にも、「昔ハ義民ヲ以テ称セラレ、今ハ民権家ノ泰斗《たいと》タリ」（原文漢文）という文句があって、やはり民権の神様扱いになっている。また建碑発起者のひとりの前記加藤久太郎は、建碑と同時に『民権操志』（一名、『佐倉宗吾実伝』）という本を著わして、民権家の模範として宗五郎の事跡を顕彰した。また同じころの雑誌「国民之友」（明治二十六年一月）には、宗五郎の像を議会の庭前に建てるべしと寄稿した人もある。宗五郎を民権家と称するのが妥当か否かは論外としても、福沢の偶然投じた一石が、意外な波紋を生んだかと思うと、まことに興味深いではないか。

長沼事件

最後に、これも楠公権助論が世を騒がしていた当時、佐倉宗五郎と関係の深い千葉県の、しかも宗吾霊堂にほど近い地方で、たまたま福沢が神のごとく感謝された長沼事件という事件が起こった。印旛郡に長沼という沼があって、そのほとりの長沼村は、耕作地がすくないため、村民は昔から沼の漁獲によって生計を立てていた。しかるに明治になってから、沼の周囲の他の十五ヵ村が連合して、県庁の役人をだきこみ、長沼を共同の入会地《いりあいち》とする策謀をめぐらした。長沼村では一村の死活の問題として、古来の慣例を理由に反対を試みたが、県庁がわは権力をかさに着て村民を圧迫し、村の指導者をとらえて投獄した上、沼を無理やりに国有地としてしまったのである。折から村の有志のひとり小川武平という者が、偶然『学問のすゝめ』を読んで、人民の権利の説に感激のあまり、上京して福沢をたずね、事情を訴えた。明治七（一八七四）年十二月のことである。話を聞いていたく同情した福沢は、一肌《ひとはだ》ぬぐことになり、県庁への交渉などにも、無学な村民のために願書の代筆までするという熱の入れようであった。その骨折りのかいあって、明治九（一八七六）年に沼は一定の借地料によって村に貸し渡され、その後、種々の経緯をへて、明治三十三（一九〇〇）年（福沢の没する前年）に至って、無償で下げ戻されて、事件は完全に解決を見たのである。その間二十数年、福沢はたえずこの問題に尽力したので、村民はこれを徳として、その没後までも年々代表者が福沢邸に感謝の品を持参する習わしとなった。また大正年間には、村内に福沢の頌徳碑《しょうとくひ》を建てて、記念の年中行事が今なお続けられているという。『学問のすゝめ』につながる福沢の義侠談として有名である。（長沼は昭和にはいってから干拓《かんたく》されて美田と化し、長沼村は現在、成田市に編入された）。

＊

終戦後によみがえったフェニックス

『学問のすゝめ』の流行は、なんと言っても全国学校の教科書に用いられたことが大きな原因であったが、その時期はそれほど長くはなかった。明治十（一八七七）年以後になると、自由民権運動に恐れをなした政府は、保守的・復古的な教育方針に転換し、明治十三、四年ごろから教科書の検閲《けんえつ》制度を設けて、自由主義的な本の使用を大幅に禁止した。福沢本もともよりその網を免れることはできなかったので、『学問のすゝめ』の学校教育における使命は、このとき一応終止符を打ったと見るべきである。明治中期から、政府の教育はますます国家主義・軍国主義強化の一途をたどったので、福沢の自由主義思想はもはやわが国教育思潮の主流となることはなく、『学問のすゝめ』もいつしか影の薄い古典となってしまった。

ことに昭和の戦時中には、軍部や政府は福沢諭吉をひたすら敵国米英の文化の移植者として理解し得ず、その思想を異端邪説視したから、「天は人の上に人を造らず」などということばは、おくびにも出せなかった。昭和十九（一九四四）年、当時政府の統制下にあった日本文学報国会（全文学者の大同団結）が、『国民座右銘』というものを編纂したことがある。和漢古今の偉人のことばのなかから、国民の心得となるべき短い文句を三百六十五句選んで、一年に割りふったものであるが、二宮尊徳《にのみやそんとく》のことばなどは、ひとりで十句ぐらいも採用されているに反し、福沢のことばは全く黙殺されたのである。当時の指導者層が、彼の思想をいかに恐れ、あるいは敬遠していたかがわかるであろう。

福沢が人気を盛り返したのは、言うまでもなく終戦後である。ながらく国民の脳裏から遠ざかっていた「天は人の上に人を造らず」のキャッチ・フレーズが、にわかに民主主義のおまじないのようにもてはやされることになった。戦時中には肩身の狭かった『学問のすゝめ』が、再びフェニックスのごとく羽ばたく時節が到来したのである。これはおそらく地下の福沢自身も意外とするところであろう。戦前までの福沢研究は、たいてい慶応義塾関係者によって行なわれたが、戦後は研究者の幅がずっと広くなり、研究内容も格段に進歩した。外国人の間にも熱心な研究家が現われ、『学問のすゝめ』は、今や日本の古典から世界の古典に昇格しつつあるようにさえ思われる。アメリカの前駐日大使ライシャワー氏も、大の福沢研究家で、「明治の多くの指導者中、最も偉大な人物は福沢諭吉である。明治の指導者たちの遺産のうち、現代の日本に全面的に適合するものは、福沢の思想だけである」（『明治指導者の遺産』）と言い、『学問のすゝめ』を「偉大な著書」とたたえている。近年、福沢の精神を現代に生かすべく、「第二・第三の学問のすゝめ」を明白に標榜《ひょうぼう》して著わされた書物も一、二にとどまらない。なかにはまた、福沢が聞いたら顔をしかめそうな『××のすゝめ』などの雑書類も、ちまたに氾濫《はんらん》しているありさまであるが、これもまったく戦後の新現象で、社会に『学問のすゝめ』の名が深く浸透したことの反映と言えよう。

代表著作解題

福沢の著作は単行本になったものだけで六十種内外に及ぶが、これまで解説のなかで触れてきたものが多いので、その機会のなかったごく主要な著作だけ数種補足的に紹介しておく。

『福沢全集緒言』（明治三十年刊）
福沢晩年に全集を出すことになり、過去の著作を自ら解説して、それだけを一応単行本として出版するとともに、翌明治三十一（一八九八）年刊の『福沢諭吉全集』第一巻巻頭に収録した。大正版の『福沢諭吉全集』や近年の『福沢諭吉全集』にも第一巻に載っている。彼の著作生活の回顧録といった観があり、『福翁自伝』とあわせて、根本的な伝記史料をなす。ことに彼のいだいていた文章観や国語観がもっとも詳しく語られている点でも見のがせない。

「旧藩情」（明治十年執筆。明治三十四年「時事新報」掲載）

郷里中津藩の制度風俗の諸相を後世史家の参考のために記した稿本で、死後発表された。同じ武士のなかでも、上下の階級によっていかに大きな差別待遇がされていたかを具体的に記述しているので、現在では封建時代の諸藩の状態を察するに重要な文献とされている。(『福沢諭吉全集』七)。

「帝室論」(明治十五年「時事新報」掲載)

わが皇室は、よろしく政治の局外に立って、慈善救済事業や、人民の善行美徳の表彰・学問芸術の奨励・文化の振興等に専念せらるべきである、という趣旨の論説である。これは自由民権運動の激しかった当時、政府と政党との対立の結果、皇室が政争の具に利用されるのを憂えての配慮であった。君臨すれども統治せず、という英国王室の性格をイメージに描いたものであろうが、今日のいわゆる天皇象徴説の走りにほかならない。こののち成立した大日本帝国憲法は、もとよりこうした説を採用せず、天皇に絶大な政治権力を与えたが、昭和にはいり、第二次世界大戦後に象徴天皇制が実現するに及んで、福沢の先見が再認識されるようになった。(『福沢諭吉全集』五)。

「瘠我慢《やせがまん》の説」(明治二十四年執筆。明治三十四年「時事新報」掲載)

国民にやせ我慢の気性がなければ国家の独立はおぼつかないという立場から、維新の際、幕府の責任者勝海舟が一戦にも及ばず江戸城を官軍に明け渡したのみならず、新政府の顕要な地位についた態度を非難した論文。かたわら幕臣榎本武揚《えのもとたけあき》の進退をも批判した。この論旨には賛否両論があるが、福沢の武士的気骨の一面を示したものとして名高い。執筆後、久しく公開しなかったが、勝の死（明治三十二年）後、「時事新報」に掲載されて評判となったものである。（『福沢諭吉全集』六）。

「修身要領」（明治三十三年発表）

これは福沢自身の執筆ではなく、明治三十一年、病にたおれて筆を絶ってのち、慶応義塾の首脳者数人に草案をつくらせ、自ら校閲を加えて、公表した倫理綱領である。福沢精神の中核が〝独立自尊〟の四字の標語に決められたのはこのときである。独立自尊主義に立脚した彼のモラルを簡潔に要約したものと言えよう。福沢は晩年すこぶる倫理運動に熱意を示し、これを発表後、塾の有力者を全国各地に派遣して、講演会を開かせ、その精神の普及宣伝につとめたので、少なからぬ反響を生んだ。（『福沢諭吉全集』二十一）。

福沢の書簡

福沢の書簡は二千通余り残っているが（『福沢諭吉全集』十七・十八等）、彼は手紙の名手で、その人柄を躍如《やくじょ》たらしめる傑作が多い。著書以外に彼の人物を知る資料としては、書簡を逸することができない。なかんずく、一生のうちもっとも重要な手紙百通を選んで、詳しい解説を加えた『福沢諭吉――人と書翰――』(小泉信三編・解説。新潮文庫)、および明治十六(一八八三)年から数年間アメリカ留学中の二子、一太郎・捨次郎に送った百十余通(関係文書も含めて)をまとめた『愛児への手紙』(小泉信三解題・富田正文注。岩波書店。昭和二十八年刊)は、必読に値《あたい》するものである。

参考文献（主要なもののみに限る）

〔著作集〕

『福沢諭吉全集』全二十一巻　岩波書店　一九五八〜六四年

＊全集は前後三回出たが、もっとも完全なもの。

『福沢諭吉選集』全八巻　岩波書店　一九五一〜五二年

『福沢諭吉』　現代日本思想大系　筑摩書房　一九六三年

『福沢諭吉集』　明治文学全集　筑摩書房　一九六六年

『福沢諭吉』　日本の名著　中央公論社　一九六九年

〔伝　記〕

『福沢諭吉伝』全四巻　石河幹明　岩波書店　一九三二年

＊もっとも詳細で忠実な標準的伝記。

『福沢諭吉』　石河幹明　岩波書店　一九三五年

＊前者の簡約版。

『福沢諭吉』　高橋誠一郎　実業之日本社　一九四四年

『福沢諭吉』　河野健二　講談社現代新書　講談社　一九六七年

『福沢諭吉』　鹿野政直　清水書院　一九六七年

＊三書とも思想の叙述に重きをおく。

〔遺墨集・図録〕

『福沢諭吉の遺風』　時事新報社　一九五五年

『福沢諭吉』　岩波写真文庫　岩波書店　一九五五年

『図説・慶応義塾百年史』　慶応義塾　一九五八年

〔回想録〕

『福沢先生哀悼録』　慶応義塾学報臨時増刊　一九〇一年

『福沢先生を語る　諸名士の実話』　箒庵高橋義雄編　岩波書店　一九三四年

『父諭吉を語る』　福沢先生研究会編・発行　一九五八年
＊福沢の子女数人の回顧談。
『父福沢諭吉』　福沢大四郎　東京書房　一九五九年

〔評　論〕

『福沢諭吉』　田中王堂　実業之世界社　一九一五年
『我が福沢先生』　慶応義塾福沢先生研究会編　丸善　一九三一年
＊複数の人の評論が収められている。
『福沢諭吉の人と思想』　慶応義塾福沢先生研究会編　岩波書店　一九四〇年
＊多くの人の評論を集めてある。
『福沢諭吉襍攷《ざっこう》』　富田正文　三田文学出版部　一九四二年
『近代日本と福沢諭吉』　中村菊男　泉文堂　一九五三年
『福沢諭吉　人とその思想』　野村兼太郎　慶応通信　一九五八年
『思想家としての福沢諭吉』　加田哲二　慶応通信　一九五八年
『福沢諭吉とその周囲』　慶応義塾編・発行　一九六四年
＊研究家十人の講演集。
『福沢諭吉』　小泉信三　岩波新書　一九六六年
『福沢諭吉論考』　伊藤正雄　吉川弘文館　一九六九年

〔注　釈〕

『「学問のすゝめ」講説』　伊藤正雄　風間書房　一九六八年
『福沢諭吉入門――その言葉と解説――』　伊藤正雄編　毎日新聞社　一九五八年
＊全著作中、急所の部分の抜粋と解説。
『福沢諭吉名言集』　富田正文　ポプラ社　一九六七年
＊全著作中、急所の部分の抜粋と解説。
『福沢諭吉のことば』　近代思想研究会編　芳賀書店　一九六八年
＊全著作中、急所の部分の抜粋と解説。

年譜

年次	事績	社会事項
一八三四(天保五)	十二月十二日、大坂堂島の中津藩蔵屋敷に出生。(西暦では一八三五年一月十日にあたる)。	一八三四年 水野忠邦、老中となる
一八三六(天保七)	一歳 六月、父百助死亡。母および一兄三姉と中津に引きあげる。兄三之助家督相続。	一八三七年 大塩平八郎の乱 一八三八年 緒方洪庵《こうあん》大坂に適塾を開く 一八四一年 天保の改革 渡辺崋山自殺 一八五三年 ペリー浦賀に来る
一八五四(安政元)	十九歳 十二、三歳ごろから藩儒白石常人(照山)について漢学を学んでいたが、封建の気風にあきたらず、二月、兄の勧めによ	一八五四年 米・英・露と和親条約

一八五五（安政二）	り、蘭学修業に長崎遊学。 二十歳　二月、長崎を去り、三月、大坂の緒方洪庵の適塾に入る。在塾三年余、塾長に進む。	一八五五年　幕府洋学所創設（翌年蕃書調所と改称） 安政大地震 日蘭和親条約
一八五六（安政三）	二十一歳　幼時より叔父の養子となり、中村姓を名のっていたが、九月、兄三之助の死により福沢姓に復籍。	一八五六年　アメリカ総領事ハリス着任
一八五八（安政五）	二十三歳　十月、藩命により江戸に下り、築地鉄砲洲《てっぽうず》の奥平家中屋敷に蘭学塾を開く。後の慶応義塾の起源。	一八五八年　井伊直弼、大老となる 米・蘭・露・英・仏と修好通商条約 安政の大獄
一八五九（安政六）	二十四歳　横浜に遊び、蘭学のもはや用に立たぬことを悟る。英学に転向、独学で英語	一八五九年　神奈川（横浜）・長崎・箱館開港

年次	事績	社会事項
	に励む。	
一八六〇(万延元)	二十五歳　一月、遣米使節新見《しんみ》豊前守《ぶぜんのかみ》一行の護衛の軍艦咸臨丸《かんりんまる》に乗り込み、軍艦奉行木村摂津守の従僕の名義で渡米。五月、帰朝。（第一回の洋行）。	一八六〇年　桜田門外の変　水戸斉昭《なりあき》死す
一八六一(文久元)	二十六歳　中津藩士土岐氏の女錦《きん》と結婚。帰朝後幕府に雇われ、翻訳に従事。処女著作『増訂華英通語』出版。十二月、遣欧使節竹内下野守《しもつけのかみ》等に従い、翻訳方として渡欧。（第二回の洋行）。	一八六一年　和宮東下
一八六二(文久二)	二十七歳　仏・英・蘭・独・露・葡を経て、十二月、帰朝。	一八六二年　坂下門外の変　緒方洪庵、将軍侍医として江戸移住（翌年死亡）
一八六四(元治元)	二十九歳　正式に幕府に抱えられ、外国方翻	一八六四年　蛤《はまぐり》御《ご》門《もん》の変

	訳局に出仕。禄高百五十俵、正味百俵ばかり。	
一八六五（慶応元）	**三十歳**　『唐人往来』稿。	
一八六六（慶応二）	**三十一歳**　『西洋事情』初編刊。（明治元年に外編、三年に二編続刊）。『雷銃操法』巻之一刊。（巻之二は明治元年、巻之三は同三年刊）。	一八六六年　幕府、二度目の長州征伐軍を起こす 徳川慶喜、将軍となる 孝明天皇崩御
一八六七（慶応三）	**三十二歳**　一月、遣米使節小野友五郎の一行に従い、再び渡米。六月帰朝。（第三回の洋行）。アメリカから多くの原書を持ち帰る。『西洋旅案内』『条約十一国記』『西洋衣食住』刊。	一八六七年　明治天皇践祚 大政奉還
一八六八（明治元）	**三十三歳**　四月、塾を芝新銭座に移し、はじめて慶応義塾と称した。（九月、明治と改元）。	一八六八年　官軍東下 五箇条の御誓文 江戸城明け渡し

年次	事績	社会事項
	明治政府からしばしば出仕の命があったが、辞退。『兵士懐中便覧』『窮理図解』刊。	上野の戦争
一八六九（明治二）	三十四歳　『洋兵明鑑』『掌中万国一覧』『英国議事院談』『清英交際始末』『世界国尽』刊。	一八六九年　版籍奉還 五稜郭《ごりょうかく》落ちる 東京・横浜間電信開通
一八七〇（明治三）	三十五歳　「中津留別の書」稿。	一八七〇年　平民の苗字許可
一八七一（明治四）	三十六歳　四月、塾を三田（旧島原藩邸）の現地に移す。 『啓蒙手習之文』刊。	一八七一年　東京・京都・大阪間に郵便開始 廃藩置県 文部省設置 全権大使岩倉具視ら欧米に出発
一八七二（明治五）	三十七歳　二月『学問のすゝめ』初編刊。（九	一八七二年　僧侶の肉食妻帯

年十一月まで第十七編続刊）。『童蒙をしへ草』『かたわ娘』刊。

許可
学制頒布
東京・横浜間鉄道開通
太陽暦採用

一八七三（明治六）

三十八歳　森有礼らの明六社結成に参加。翌七年刊の「明六雑誌」にも執筆。
この年ごろより演説を練習。
『改暦弁』『帳合之法』初編（第二編は七年）『日本地図草紙』『文字之教』刊。

一八七三年
徴兵令発布
仇討禁止
キリスト教解禁
地租改正
征韓論破裂

一八七四（明治七）

三十九歳　二月、「民間雑誌」創刊。（八年六月廃刊）。
六月、三田演説会発足。
楠公権助論、世を騒がす。
『会議弁』刊はこの年か。

一八七四年
民選議院設立の建白
佐賀の乱
台湾征討
立志社創立

一八七五（明治八）

四十歳　五月、三田演説館開館。
九月、政府の新聞条例にかんがみ、自ら発議

一八七五年
讒謗律《ざんぼうりつ》・新聞紙条例頒布

年次	事績	社会事項
	して「明六雑誌」を廃刊。『文明論之概略』刊。『覚書』稿。(十一年までの手記)。	同志社創立
一八七六(明治九)	四十一歳　九月、雑誌「家庭叢談」創刊。(十年四月、「民間雑誌」と改題、十一年三月、日刊としたが、五月、廃刊)。『学者安心論』刊。	一八七六年　廃刀令 金禄公債発行条例制定 熊本・秋月・萩の乱
一八七七(明治十)	四十二歳　七月、西南戦争を休戦に導くため、建白書を京都行在所《あんざいしょ》に奉呈。『旧藩情』『丁丑《ていちゅう》公論』稿。『分権論』『民間経済録』初編(二編は十三年)刊。	一八七七年　西南戦争 東京大学開設
一八七八(明治十一)	四十三歳　十二月、最初の東京府会議員に選出。翌十二年一月、副議長に選ばれたが、直ちに辞し、十三年一月、議員をも辞した。	一八七八年　大久保利通暗殺 自由民権運動高まる

	『福沢文集』一編（二編は十二年）『通貨論』『通俗民権論』『通俗国権論』（同二編は十二年）刊。	
一八七九（明治十二）	**四十四歳**　一月、東京学士会院（のちの帝国学士院、現在の日本学士院）の創立とともに会員に選ばれ、初代会長となったが、十四年二月、会員を辞した。国会開設論を唱え始める。『民情一新』『国会論』刊。	一八七九年　国会開設請願運動激化
一八八〇（明治十三）	**四十五歳**　一月、交詢社《こうじゅんしゃ》設立。	一八八〇年　集会条例制定
一八八一（明治十四）	**四十六歳**　一月、政府機関新聞の発行を承諾したが、十月政変により政府の嫌疑を受け、右の件中止。『時事小言』刊。「明治辛巳紀事」稿。	一八八一年　明治十四年の政変 自由党成立 一八九〇年、国会開設の期と定まる
一八八二（明治十五）	**四十七歳**　三月、「時事新報」創刊。	一八八二年　軍人勅諭発布

年次	事績	社会事項
	七月、朝鮮に壬午《じんご》の変起こり、これより強硬な東洋政略論を主張。『時事大勢論』『帝室論』『徳育如何』『兵論』刊。	立憲改進党成立 東京専門学校（後の早稲田大学）創立
一八八三（明治十六）	四十八歳 『学問之独立』刊。	一八八三年 鹿鳴館開館
一八八四（明治十七）	四十九歳 『全国徴兵論』『通俗外交論』刊。	一八八四年 華族令公布 自由党解党
一八八五（明治十八）	五十歳 『日本婦人論』『日本婦人論』後編『品行論』『士人処世論』刊。	一八八五年 太政官廃止・内閣制度成立
一八八六（明治十九）	五十一歳 『男女交際論』刊。	一八八六年 帝国大学令公布
		一八八七年 学位令公布 保安条例公布
一八八八（明治二十一）	五十三歳 『日本男子論』『尊王論』刊。	一八八九年 帝国憲法発布
一八九〇（明治二十三）	五十五歳 一月、慶応義塾大学部設置。『国会の前途』新報に発表。（二十五年刊）。	一八九〇年 教育勅語発布 第一回帝国議会

一八九一(明治二十四)	五十六歳　『瘠我慢《やせがまん》の説』稿。(三十四年刊)。	一八九一年　大津事件
一八九二(明治二十五)	五十七歳　北里柴三郎の伝染病研究所設立に尽力。『国会難局の由来』『治安小言』『地租論』刊。	一八九二年　松方内閣の選挙大干渉
一八九三(明治二十六)	五十八歳　『実業論』刊。	
一八九四(明治二十七)	五十九歳　八月、日清戦争の軍費を集める運動を起こし、自ら一万円献金。	一八九四年　日清戦争(翌年まで)
		一八九五年　三国干渉・遼東半島還付
一八九七(明治三十)	六十二歳　『福翁百話』『福沢全集緒言』刊。「福翁百余話」を三十三年まで断続的に新報に発表。(三十四年刊)。	一八九七年　足尾鉱毒事件高まる
一八九八(明治三十一)	六十三歳　『福沢諭吉全集』(五巻)、『福沢先生浮世談』刊。『福翁自伝』『女大学評論』『新女大学』成る。(いずれも三十二年刊)。九月、脳出血発病。発病後、一旦回復する。	一八九八年　大隈・板垣内閣成立、程なく崩壊

年次	事績	社会事項
一九〇〇（明治三十三）	六十五歳　二月、『修身要領』発表。五月、著訳教育の功労により皇室から金五万円下賜。直ちに慶応義塾基本金中に寄付。	一八九九年　条約改正による外国人の内地雑居実施 一九〇〇年　北清事変　伊藤博文、立憲政友会組織
一九〇一（明治三十四）	六十六歳　一月、脳出血再発。二月三日没。法名大観院独立自尊居士。東京府下大崎村本願寺（現在の品川区上大崎一丁目常光寺）に葬る。	一九〇一年　日本女子大学校創立　五月、社会民主党結成。同月、禁止

KODANSHA

本書は、一九六七年十二月、旺文社刊行の『学問のすゝめ』を底本とした。
なお、本書には、現在では不適切とされる表現が用いられている箇所があるが、原文が書かれた時代背景等を考慮し、原本発表時のままとした。

（編集部）

福沢諭吉（ふくざわ　ゆきち）

1835 ～ 1901。幕府遣外使節に随行して渡欧・渡米。慶応義塾を創設，啓蒙思想家として活動した。著書に『福翁自伝』など多数。

伊藤正雄（いとう　まさお）

1902～1978，大阪生まれ。東京帝国大学文学部国文学科卒業。神宮皇学館・甲南大学教授。著書に，『心中天の網島詳解』『小林一茶』『福沢諭吉入門』『近世日本文学管見』『福沢諭吉論考』『俳諧七部集 芭蕉連句全解』他多数。

講談社学術文庫

定価はカバーに表示してあります。

学問《がくもん》のすゝめ

福沢諭吉《ふくざわゆきち》／伊藤正雄《いとうまさお》校注

2006年4月10日　第1刷発行
2024年6月24日　第26刷発行

発行者　森田浩章
発行所　株式会社講談社
東京都文京区音羽 2-12-21 〒112-8001
電話　編集（03）5395-3512
販売（03）5395-5817
業務（03）5395-3615
装　幀　蟹江征治
印　刷　株式会社ＫＰＳプロダクツ
製　本　株式会社国宝社
本文データ制作　講談社デジタル製作

ISBN4-06-159759-0

「講談社学術文庫」の刊行に当たって

これは、学術をポケットに入れることをモットーとして生まれた文庫である。学術は少年の心を養い、成年の心を満たす。その学術がポケットにはいる形で、万人のものになることは、生涯教育をうたう現代の理想である。

こうした考え方は、学術を巨大な城のように見る世間の常識に反するかもしれない。また、一部の人たちからは、学術の権威をおとすものと非難されるかもしれない。しかし、それはいずれも学術の新しい在り方を解しないものといわざるをえない。

学術は、まず魔術への挑戦から始まった。やがて、いわゆる常識をつぎつぎに改めていった。学術の権威は、幾百年、幾千年にわたる、苦しい戦いの成果である。こうしてきずきあげられた城が、一見して近づきがたいものにうつるのは、そのためである。しかし、学術の権威を、その形の上だけで判断してはならない。その生成のあとをかえりみれば、その根は常に人々の生活の中にあった。学術が大きな力たりうるのはそのためであって、生活をはなれた学術は、どこにもない。

開かれた社会といわれる現代にとって、これはまったく自明である。生活と学術との間に、もし距離があるとすれば、何をおいてもこれを埋めねばならない。もしこの距離が形の上の迷信からきているとすれば、その迷信をうち破らねばならぬ。

学術文庫は、内外の迷信を打破し、学術のために新しい天地をひらく意図をもって生まれた。文庫という小さい形と、学術という壮大な城とが、完全に両立するためには、なおいくらかの時を必要とするであろう。しかし、学術をポケットにした社会が、人間の生活にとってより豊かな社会であることは、たしかである。そうした社会の実現のために、文庫の世界に新しいジャンルを加えることができれば幸いである。

野間省一

一九七六年六月

人生・教育

アメリカ教育使節団報告書
村井　実全訳・解説

戦後日本に民主主義を導入した決定的文献。臣民教育を否定し、戦後の我が国の民主主義教育を創出した不朽の原典。本書は、「戦後」を考え、今日の教育問題を考える際の第一級の現代史資料である。

253

森鷗外の『智恵袋』
小堀桂一郎訳・解説

文豪鷗外の著わした人生智にあふれる箴言集。世間へ船出する若者の心得、逆境での身の処し方、朋友・異性との交際法など、人生百般の実践的な教訓を満載。鷗外研究の第一人者による格調高い口語訳付き。

523

西国立志編《さいこくりつしへん》
サミュエル・スマイルズ著／中村正直訳（解説・渡部昇一）

原著『自助論』は、世界十数ヵ国語に訳されたベストセラーの書。「天は自ら助くる者を助く」という精神を思想的根幹とした、三百余人の成功立志談。福沢諭吉の『学問のすゝめ』と並ぶ明治の二大啓蒙書の一つ。

527

自警録《じけいろく》　心のもちかた
新《に》渡《と》戸《べ》稲造《いなぞう》著（解説・佐藤全弘）

日本を代表する教育者であり国際人であった新渡戸稲造が、若い読者に人生の要諦を語りかける。人生の妙味はどこにあるか、広く世を渡る心がけは何か、全力主義は正しいのかなど、処世の指針を与える。

567

養生訓《ようじょうくん》　全現代語訳
貝原益軒著／伊藤友信訳

大儒益軒は八十三歳でまだ一本も歯が脱けていなかった。その全体験から、庶民のために日常の健康、飲食飲酒色欲洗浴用薬幼育養老鍼灸など、四百七十項に分けて、噛んで含めるように述べた養生の百科である。

577

平生《へいぜい》の心がけ
小泉信三著（解説・阿川弘之）

慶応義塾塾長を務め、「小泉先生」と誰からも敬愛された著者の平明にして力強い人生論。「知識と智慧」など日常の心支度を説いたものを始め、実際有用の助言に富む。一代の碩学が説く味わい深い人生の心得集。

852

保苅瑞穂著
モンテーニュ　よく生き、よく死ぬために
「もっとも美しい魂とは、もっとも多くの多様さと柔軟さをもった魂である」。モンテーニュは宗教戦争の時代にあって生と死の真実を刻んだ。名文家として知られる仏文学者が、その生涯と『エセー』の神髄を描く。

2322

木村　敏著（解説・野家啓一）
からだ・こころ・生命
精神病理学と哲学を往還する独創的思索の地平に「生命論」は拓かれた。こころはどこにあるのか？「からだ」と「こころ」はどう関係しあっているのか。「生きる」とは、そして「死」とは？　木村生命論の精髄。

2324

小泉義之著
ドゥルーズの哲学　生命・自然・未来のために
「反復」とはどういうことか？　ドゥルーズをファッションとしての現代思想から解き放ち、新しい哲学への衝迫として描ききった、記念碑的名著にして必読の入門書！『差異と反復』は、まずこれを読んでから。

2325

D・P・シュレーバー著／渡辺哲夫訳
ある神経病者の回想録
フロイト、ラカン、カネッティ、ドゥルーズ&ガタリなど知の巨人たちに衝撃を与え、二〇世紀思想に不可逆の影響を与えた稀代の書物。壮絶な記録を明快な日本語で伝える、第一級の精神科医による渾身の全訳！

2326

岸田　秀著
史的唯幻論で読む世界史
古代ギリシアは黒人文明であり、栄光のアーリア人は存在しなかった――。白人中心主義の歴史観が今なお世界を覆っている欺瞞と危うさを鮮やかに剔抉、その思想がいかにして成立・発展したかを大胆に描き出す。

2343

中島義道著
カントの時間論
物体の運動を可能にする客観的時間が、自我のあり方を決める時間であることをいかに精確に記述することができるのか……。『純粋理性批判』全体に浸透している時間構成に関するカントの深い思索を読み解く。

2362